華中科技大學自主創新研究基金重點項目（人文社科）"孫詒讓的文字學研究與《契文舉例》校注"（2016 AE002）階段性研究成果

孫詒讓文字學之研究

程 邦 雄 著

中 華 書 局

圖書在版編目(CIP)數據

孫詒讓文字學之研究/程邦雄著. —北京:中華書局,2018.1
ISBN 978-7-101-12869-7

Ⅰ.孫… Ⅱ.程… Ⅲ.漢字–古文字學–研究 Ⅳ.H121

中國版本圖書館 CIP 數據核字(2017)第 251717 號

書　　名	孫詒讓文字學之研究	
著　　者	程邦雄	
責任編輯	杜清雨	
出版發行	中華書局	
	(北京市豐臺區太平橋西里 38 號　100073)	
	http://www.zhbc.com.cn	
	E-mail:zhbc@zhbc.com.cn	
印　　刷	北京瑞古冠中印刷廠	
版　　次	2018 年 1 月北京第 1 版	
	2018 年 1 月北京第 1 次印刷	
規　　格	開本/700×1000 毫米　1/16	
	印張 14¾　插頁 2　字數 230 千字	
印　　數	1-1500 册	
國際書號	ISBN 978-7-101-12869-7	
定　　價	55.00 元	

目　　録

序

　　一部優秀的論著,除了把顯性的論證成果奉獻給讀者之外,往往以其深層的内涵傳達着作者隱性的思辨智慧。邦雄君的新著《孫詒讓文字學之研究》就是這樣一部論著。既客觀地評價了原著的顯性論證成果,又善於將前賢著述的隱性思辨明細化,從而給人以啟迪。

　　上世紀80年代圍繞着如何推進出土古文字研究的深入發展曾發生過一場爭論。一種觀點認爲,阻礙古文字研究深入發展的原因是知識不足;另一種觀點則認爲,阻礙古文字研究深入發展的原因是理論方法的研究不够。兩種觀點始終未能統一起來,祇得以不了而了之。這一爭論讓人聯想到了文化傳統。有人認爲文化傳統存在着注釋學與思辨學兩大分野,而中國文化傳統與西方文化傳統的差異在於前者爲注釋學而後者爲思辨學。如果我們從宏觀與微觀相結合的視角加以考察的話,就不難發現,注釋學與思辨學之間却既是相對相反,又是相輔相成的,祇不過中國文化傳統所表現出來的往往是顯性的注釋學,而躲在背後的却是隱性的思辨學罷了。可以這樣説,凡是在中國學術史上占有重要地位的大家及其代表作,無不表現出注釋學與思辨學相得益彰的特點。

　　在對待孫詒讓古文字研究成果的評價方面也同樣存在着前面所説的現象,例如《契文舉例》。由於《契文舉例》是我國第一部系統考釋甲骨文字的著作,所收錄的甲骨文材料又是依據第一部著錄甲骨卜辭的《鐵雲藏龜》,因而備受學界重視。但是,人們多以孫氏在這部著作中考釋出了多少個可信從的甲骨文字作爲評價學術價值的依據,這就在一定程度上減弱了孫氏關於整個古文字研究理論方法的分析評價。比方説,孫氏關於正統文字的理性思辨。

儘管孫氏並没有直接闡述他的正統文字思想,但是,他對秦漢小篆以前的西周及其以後的鐘鼎文研究,已經透露出他對西周至秦漢所使用的文字性質的判斷。他在撰寫多種古文字研究著作的過程中,又投入了《古文大小篆沿革表》的撰集,這明顯表現出孫氏歷時迭加、垂直考察通語雅言的發展綫索和正統文字發展面貌的理念,並爲進一步考察甲骨文語言與文字的沿革脉絡提供了堅實的基礎。我們知道,凡有人群集聚的地方就必然有通行語言。尤其是文字產生之後,凡是有官吏階層和知識分子群體存在的地方,必然存在着通語雅言,也必然存在着記録通語雅言的正統文字。歷朝歷代,概莫能外。祇是語言文字有精粗雅俗之分和地域廣狹之別罷了。如果説許慎的《説文解字》篆書是一次歷時正統文字的選擇,那麼,孫詒讓的《契文舉例》就是上自殷商甲骨文,中經西周、春秋、戰國金文和石刻文以及秦漢篆書的一次歷時正統文字的貫通。我們可以推想,甲骨文的出土面世,孫氏是懷着極度興奮的心情將正統文字的上限上溯到了殷商時代,把《説文解字》所收傳世文獻文字系統與出土古文字文獻文字系統融爲一體,相互比照,在中國學術史的大背景上,爲漢語通語雅言的發展史和記録通語雅言的正統文字的發展史提供了隱性的思辨邏輯。又如孫氏關於正統文字本體功能的特別關注。不難看出,他全面系統地繼承了許慎《説文解字》的分析方法,包括以詞義(單音節語素義)爲軸心,對字的結構成分的分切、結構關係的認定,在整個文字考釋中努力尋繹字的本體功能。雖然受到那時卜辭材料的限制,但是這種理論的思辨和方法的運用,都是值得重視的。以上兩點已爲孫氏身後的學界所證實。有的學者曾根據春秋戰國時期的文字差異,尤其是戰國文字的差異,把它們分爲西土文字和東土文字。其實,中華正統文字發源於中土,即史稱“中原、中國”之“中”。中土文字從商代開始,經歷着西移東漸,最終形成了以中土爲中心的地域廣闊的中華正統文字。對歷代正統文字載體的認識也是趨同的。商承祚的《説文中之古文考》以及他所撰集的《石刻篆文編》,研究的目標已集中在甲、金、石三類文字,而出土文獻中之甲骨、鐘鼎和石刻正是商周春秋戰國以至秦漢正統文字的承載者。馬敘倫的《説文解字六書疏證》出,進一步把秦漢及其以前的古文字(主要是甲骨文、金文和石刻文)聯繫起來,進一步強化了文字的本體功能。我們在編纂《古文字詁林》的過程中也發現,《説文解字》字頭字之外的出土古文字考釋字,僅占已考釋的全部古文字總量的十分之一左右,而且多爲方域性文字,由於未能確指其本體功能,所以相當數量的字還有待進一步的考證。總之,在中國文字學史乃至中國學術史上,孫氏不僅是系統研究甲骨文字的第一人,歷時考察自殷商至秦漢中國正統文字的第一人,而且也是全面繼承和發展許慎文字學理念和分析方法的第一人。

邦雄君敏而好學,務實求真,不畏險遠,志在非常之觀。細心的讀者從《孫詒讓文字學之研究》一書的標目中即可看到一個錐體結構,所表現出的是作者在前人研究的基礎上,站在中國文字學史和中國學術史的高度來考察孫詒讓的古文字學研究成果,針對孫氏的治學特點,把顯性的解釋與隱性的思辨結合起來,實現研究方法上的優化組合;把多層次多側面的立體比較貫穿於論著的始終,努力做到臧否有度,評價中肯。可以説,這是迄今爲止第一部全面系統地研究孫詒讓文字學著述的專著。

邦雄君這部新著撰成之時,恰值《契文舉例》成書百年。我們常説,真正的學術成果總是能够穿透時空,與時俱進的。時光流逝雖已百年,而孫氏的古文字學研究著述却越來越顯示出他那思辨智慧的光芒。這也正應了邦雄君選題立意的初衷。

李　圃

2005年5月5日於上海

第一章　緒　論

第一節　研究孫詒讓文字學的目的

孫詒讓（1848—1908），字仲容，號籀廎。浙江瑞安人，同治舉人，《清史稿》有傳①。清末樸學大師，與德清俞樾、定海黄以周齊名，世稱“清末三先生”，其一生致力於學術研究和興辦地方教育。

孫詒讓的學術研究涉及領域較廣，經學、諸子學、文字學、訓詁學、校勘學、地方文獻學等方面都有著述②。但歸納起來，其學術上的主要成就還是在訓詁校勘與文字學研究兩大方面③。其治學之法兼及錢大昕、段玉裁、王念孫諸家，爲有清一代樸學之殿軍。其文字學研究的著作主要有《契文舉例》《古籀餘論》《古籀拾遺》《名原》及《籀廎述林》（部分章節）等。孫詒讓著作的著述時間大都有一百多年的歷史，然而，一百多年來，對孫氏學術的研究不很充分，也不平衡。目前，關於孫詒讓訓詁校勘、總論方面的研究相對多一些，而關於其他方面，比如文字學的研究則相對較少，也不夠深入，僅有的一些研究局限於以下幾個方面：

① 見《清史稿·儒林傳》（二十五史本）卷四百八十二，上海古籍出版社、上海書店1986年。
② “經學”的如《周禮正義》《大戴禮記斠補》等；“諸子”的如《墨子閒詁》；“訓詁校勘”的如《札迻》《廣韻姓氏刊誤》等；“地方文獻”的如《温州經籍志》《永嘉叢書札記》等。孫詒讓著述宏富，各家分類互有微異。據董樸垞《孫詒讓著述考略》統計，“已成者二十六種，未成者七種，別有題跋書牘之屬，不在著纂者，不可勝記。顧其書内容，未有簡明記述，兹考其著述，分内編，屬於自己所著各書的，曰經術類、小學類、諸子類、文獻類、結集類；外編，屬於批校他人所著各書的”。此計著述之數本章太炎爲孫詒讓之子孫延釗《孫徵君籀廎公年譜》所撰敘語。
③ 蔣維喬在《中國近三百年哲學史》第五章“考證學派”中説（第76頁）：“著述甚多，大抵不出經學、小學範圍，詒讓誠不愧爲清代三百年最後之樸學大師也。”“不出經學、小學範圍”之説，概括得有一定道理。

　　一是對孫詒讓的文字學著作進行了初步的整理和校勘。如白玉峥的《契文舉例校讀》、樓學禮的《契文舉例》校點、戴家祥的《名原》《古籀餘論》校點等,這些整理、校勘是非常必要的,爲進一步研究提供了條件和便利。

　　二是就孫詒讓文字學著述與相關問題,設立具體專題展開討論。如周予同、胡奇光的《孫詒讓與中國近代語文學》、王宇信的《從〈契文舉例〉到〈殷卜辭中所見先公先王考〉》、杜廼松的《孫詒讓在甲骨金文研究上的貢獻》、王超六的《孫詒讓與甲骨文字學的創始與發展》、裘錫圭的《談談孫詒讓的〈契文舉例〉》、蕭艾的《第一部考釋甲骨文的專著——〈契文舉例〉》等等。這些專題性研究有一定深度,對於全面認識孫詒讓的文字學研究有相當的幫助。

　　三是就孫詒讓某一具體字詞的考釋發表見解。這一類研究常表現爲,研究者在論述某一問題時,對孫詒讓的相關觀點多提及即止。如張秉權、白玉峥、詹鄞鑫等在討論"鑿"字時,均論及孫詒讓釋爲"報"或"設"的觀點[①];又如湯餘惠、黃德寬等在討論▨中之▨形時,均列舉了孫詒讓釋▨爲"束"的觀點[②]。這些研究爲今後比較孫詒讓與其他各家的考釋,進而斷定某字考釋的得與失打下了初步的基礎[③]。

　　但是,從總體上看,對孫詒讓的文字學研究還存在着嚴重的不足,這主要表現在:

　　第一,過去的研究過於零散,不成系統,不夠全面,缺乏綜合的分析評價。

　　第二,過去的研究不夠深入細致,特別是那些宏觀的評價,泛泛之論多,確鑿之據少;主觀之論多,客觀之證少。

　　第三,過去的研究討論《契文舉例》等甲骨文著作的相對較多,討論金文的專文較少。

　　第四,過去的研究對孫詒讓甲骨文研究批評得多,對其成就的理論性總結少。

　　針對上述情況,本研究在全面考察孫詒讓文字學著作的基礎上,系統、客觀地總結孫詒讓在文字學研究方面成功的經驗,同時指出其失誤的教訓。這

① 　參于省吾主編《甲骨文字詁林》第920—922頁。

② 　參湯餘惠《讀金文瑣記》(八篇)之《釋▨》,黃德寬《釋金文▨字》。

③ 　這一類探究,出現得最早,量也最大。如郭沫若在甲骨、金文的考釋中就經常提及孫詒讓的觀點,參江淑惠《郭沫若之金石文字學研究》。

一研究將有助於正確認識孫詒讓及其學術水平、有助於文字考釋方法的建立和完善、有助於文字學史的研究。

爲了實現上述目標，我們確定了本研究的以下内容：

第一，孫詒讓的甲骨文研究。這一内容，以《契文舉例》爲主要材料，參考孫詒讓的金文研究，比較孫詒讓與羅振玉、王國維等後出各家的觀點，總結出孫詒讓在甲骨文研究方面的主要成就。

第二，孫詒讓的金文研究。這一内容，以《古籀餘論》《古籀拾遺》等爲主要材料，結合孫詒讓的訓詁研究，比較孫詒讓與其他金文研究者的異同，歸納出孫詒讓在金文研究方面的主要成果。

第三，孫詒讓的文字學理論研究。這一内容，以《名原》及散見於其他著作中的論述爲主要材料，結合孫詒讓的訓詁學思想，甲骨、金文研究成就，總結出孫詒讓在文字學理論研究上的貢獻。

這些内容將按專題的性質，分解在各有關章節中進行討論。根據本研究的主要内容及所包涉的材料，我們將采取以下研究方法：

第一，調查統計的方法。孫詒讓的甲骨文、金文研究是一個封閉的體系，適合用全面調查統計之法進行量的分析。通過這種方法的運用，我們可以得到孫詒讓考釋甲骨文等的相關數據，爲我們得出質的評述提供依據。

第二，個案分析與宏觀評述相結合的方法。所謂個案分析就是在全面調查的基礎上，在每一個具體的章節中，均選取一定量的具有典型意義的實例材料進行重點分析，在這種重點材料分析的基礎上，再進行宏觀的把握和評述。

第三，比較的方法。比較的方法貫穿本研究的始終。這種比較，有歷時的縱向比較，有共時的橫向比較，也有孫詒讓研究的不同領域内容的比較。所謂縱向比較，是把孫詒讓的文字學研究拿來與其前後的文字學學者的研究進行比較，以發現孫詒讓研究體現出的時代特徵，進而確定孫詒讓在文字學史上的地位；橫向的比較，是把孫詒讓的文字學研究拿來與孫詒讓大致同時代的文字學學者的研究進行比較，以探究孫詒讓研究的個性特徵；孫詒讓研究的内部比較，是把孫詒讓對不同領域、不同專題（或具體論述）的研究拿來進行比較，如把他的甲骨文研究與金文研究拿來進行比較。通過這種比較，便可發現孫詒讓的研究因研究對象、材料的不同而在研究方法、手段上呈現出的靈活性、多樣性和差異性。

這些方法將綜合運用在本研究的各個部分，具體而言，可能會因各部分討論內容的不同有所側重。

第二節　孫詒讓研究文字學的背景

孫詒讓時處晚清，其時社會動蕩不安，外憂内患日益加劇，這種情勢反映到思想文化、學術領域裏，就是新、舊學術觀念的碰撞，舊方法的揚棄，新方法的誕生和運用。具體到孫詒讓，他一方面繼承了自乾嘉以來的樸學傳統和精髓，另一方面，又根據新的材料和背景，創立了新的治學途徑和方法。如他提倡的以《説文》上推金文、以金文上溯甲骨文的據形比較系聯的方法，以甲骨文、金文證經典，以經典證甲骨文、金文的比較互證的方法等等，無不具有這種鮮明的時代特徵。

孫詒讓文字學研究的背景，可以從兩個方面看：一是他自身的主觀方面的背景；一是外在的客觀方面的背景。從主觀背景看，首先，孫詒讓生於書香門第，自幼就養成了讀書爲學的良好習慣。孫詒讓在《札迻·敘》中就説："詒讓少受性迂拙，於世事無所解，顧竊嗜讀古書。咸豐丙辰丁巳間，年八九歲，侍家大人於京師澄裏園時，甫受四子書，略識文義。庋閣有明人所刻《漢魏叢書》，愛其多古册，輒竊觀之，雖不能解，然瀏覽篇目，自以爲樂也。"這種良好的讀書習慣，"於世事無所解"的秉性，爲其後從事文字學的研究作好了性格上的準備。其次，孫詒讓有良好的訓詁學、古代典章制度知識的功底，這些知識的積累是做好文字學，特別是古文字學研究的重要條件。

從客觀方面看，又可分爲兩系。一是家庭爲其創造的從事學術研究的條件和環境。其父孫衣言歷任安慶知府、江寧布政使及太僕寺卿等職，和當時顯貴名流如曾國藩、翁同龢、潘祖蔭等有密切的政治聯繫。其叔父孫鏘鳴官至廣西提學使，是李鴻章的座師[①]。這樣，孫詒讓從小就有機會接受良好的教育和受到較好的學術氛圍熏染。十六七歲就開始讀江藩《漢學師承記》，阮元刻《皇清經解》，始知清儒治經、史、小學家法；其時，得元大德本《白虎通德論》、

---

① 孫詒讓本人雖未正式入仕爲官，但他仰賴父輩的關係，與當時的顯貴也有一定的來往，如在戊戌政變、秋瑾被捕等事件中，孫詒讓都曾函請張之洞設法營救。參周立人《孫詒讓與章太炎》。

阮元校刻本薛尚功《鐘鼎彝器款識法帖》，並取吕大臨《考古圖》、王黼《博古圖》、王俅《集古録》諸書校各器款識，始爲鑒藏善本及治金石學。二十一歲，即開始收藏古代文獻，深善王念孫《讀書雜志》，並取其義法以治古書，時與金陵諸公切磋學問，爲重疏《周官》、研治經子及古文字之學打下了基礎①。這些學術活動的開展，都是孫詒讓在年少隨父宦游京畿、江淮時所爲。二是社會時代爲其從事學術研究提供的條件，其中有以下幾點特別值得注意。第一，清代學術主流乾嘉考據學的深刻影響；第二，自宋以來，金石學資料的發掘、整理及其相關研究成果的刊行；第三，19世紀末，甲骨文的發現及其材料的初步刊印。

第三節　本課題研究範圍

本研究主要集中在孫詒讓的下述幾部著作。

1.《古籀拾遺》，撰成於同治十一年（1872），其中有些章節開始寫作的時間當更早。其書《自敘》曰：“此書成於同治壬申，時在金陵。光緒戊子重校定，刊於温州。同里周孝廉璪亦耆篆籀之學，爲手書以上版，並是正其文字。中牽於它事，三載始畢工……庚寅正月刊成記之。”據此，該書初刊之時，當爲光緒十六年（庚寅），即1890年。1918年上海掃葉山房據此出了影印本。上世紀60年代香港崇基書店又出了影印本，我們所據即爲此影印本。稿本今藏浙江大學圖書館。

2.《古籀餘論》，撰成於光緒二十九年（1903），孫詒讓在《後敘》中説：“余前著《拾遺》，於三家書略有補正，近又得海豐吴子苾侍郎《攗古録金文》九卷……攬涉之餘，間獲新義，又有足證余舊説之疏繆者，並録爲二卷……光緒癸卯六月，籀廎居士書。”書末有容庚跋。有籀經樓校刊本。1988年華東師範大學出版社出版了戴家祥點校本，本書所據即爲此本。稿本今藏浙江大學圖書館。

---

① 參孫延釗《孫徵君籀廎公年譜》，朱芳圃《孫詒讓年譜》。孫詒讓賴父望所交之學界名流有治《詩》之陳奐，治《禮》之黄以周，治《春秋》之戴望，治術數之李善，治詞章之梅曾亮、王闓運、吴汝綸，治百氏之俞樾、張文虎、汪士鐸等；達官顯貴有端方、張之洞等。名流的影響，使得孫詒讓的學識益進。

　　3.《契文舉例》，書成於光緒三十年（1904），是第一部考釋甲骨文字的著作。其中提出的“以商周文字展轉變易之迹，上推書契之初軌”的研究方法，對後世甲骨文的研究有很大推進。全書分上下兩卷，上卷爲“釋月日、釋貞、釋卜事、釋鬼神、釋人、釋官、釋地、釋禮”等八章，下卷爲“釋文字、雜例”兩章。該書有1917年羅振玉《吉石盦叢書》本（下簡稱“吉本”）。1927年又有上海蟫隱廬本問世（下簡稱“蟫本”）。1987年，齊魯書社出版了樓學禮點校的《契文舉例》（下簡稱“樓本”），本書即以此爲據，另參吉本、蟫本。稿本今藏浙江大學圖書館。

　　4.《名原》，書成於光緒三十一年（1905），是一部文字學理論著作。朱芳圃《孫詒讓年譜》（第93頁）曰：“晚清之際，古文字學有名著二：一爲吳大澂之《説文古籀補》，二則先生所撰之《名原》也。”有光緒三十一年浙江孫氏自刻本、民國千頃堂石印本。1986年，齊魯書社出版了戴家祥點校本，本書以此本爲據。

　　5.《籀庼述林》（部分章節）。1908年，《撏藝宧雜著》改名《籀庼述林》，1916年刊行。

第二章　孫詒讓考釋文字的方法（上）
——據形考釋

第一節　形體分析法

一、偏旁分析

　　形體分析是考釋文字最基本、最傳統的方法。其中通過文字構成偏旁的分析來考釋文字是人們常用的手段和方法。這種方法的歷史可以追溯到先秦典籍裏。如"止戈爲武""皿蟲爲蠱""自環者謂之私,背私者謂之公"發其端①,這種説解雖不以分析文字結構爲目的,但客觀上是在通過文字偏旁的拆分整合分析説明字的意義。而從文字學的角度來看,東漢許慎就已采用這種偏旁分析的方法來説明字體、分析字形結構、解釋字義②。後來的文字學家在分析字形、考釋古文字時,大都或多或少使用了這種方法。而把這種方法"提高到一種具有科學意義的研究手段,是從清末孫詒讓開始的。他的做法是先把已經認識的古文字,按照偏旁分析爲一個個單體,然後把各個單體偏旁的不同形式收集起來,研究它們的發展變化;在認識偏旁的基礎上,最後再來認識每個文字"③,"從孫開始,掃除了隨意推測的習氣,全'以分析、綜合之

---

① 分別見《左傳·宣公十二年》《左傳·昭公元年》《韓非子·五蠹》。

② 陳夢家《殷虚卜辭綜述》(第56頁)認爲:"偏旁的分析不能算作孫氏的創見,因爲許慎的《説文解字》最先分別部居、剖析形聲,乃鋪陳文字於平列的不動的静態中加以分析。孫氏將不同時代的銘文加以偏旁分析,藉此種手段,用來追尋文字在演變發展之中的沿革大例——書契之初軌、省變之原或流變之迹。他對於古文字學的最大貢獻,就在於此。"

③ 高明《中國古文字學通論》第170—171頁。

術爲經緯＇，通過不同時期古文偏旁的辨析，追尋古文字的歷史演變規律＂①。這些評價都是十分公允的。孫氏的確是系統、較爲科學地運用這種方法來考釋甲骨文、金文的第一人。孫詒讓能熟練地運用偏旁分析法已是不爭的事實，在《契文舉例》《古籀拾遺》《古籀餘論》《名原》等著作中隨處可見，此不贅述。這裏我們將具體討論分析孫詒讓是如何運用這一方法來考釋古文字的。

（一）孫詒讓運用偏旁分析的方法來考釋"群字"

如：

> 龜文从"Ψ、Ψ、Ａ、ユ、ｆ"諸形最多，而用各不同，今綜合著之，以便斠覈。古文Ψ蓋象足迹形，此則以爲"止"字，《説文》："止，下基也。象艸木出有阯，故以止爲足。"據許説是止有足義，_{金文大保敦降字偏旁夆从二Ａ，即象足形，又其變也。}假借爲行止之止。此文"止"亦皆作"Ψ"，或反書作"Ψ"，如云："□□其雨庚Ψ"、_{十六之四。}"□□□雨克Ψ□"、_{七十四之三。}"固云雨佳多Ψ"、_{二百卅八之三。}皆多雨而卜其止不是也②。因之，凡字偏旁从止者亦作Ψ，如云"卜出今日□ち庚允□"，_{六十七之四。}"ち"即"武"字，爲止戈會意。《説文·戈部》_{據《左傳》楚莊王説。}是也。　　　　　　　　　　　　　（《釋文字》，第72頁）③

這段文字孫詒讓詳細列舉、分析了"止"字的構形及其各種變體，偏旁形體分析得相當精辟。他先從"止"的獨體及各種變體入手，進而推進到从止的合體字。分析邏輯（過程）條理清晰，結論十分可信。此段文字後孫詒讓又列舉了"正、征、步、歲④、陟、出、追、遹⑤、復、韋、衛、咎⑥、各、夆、降、采⑦、先"等近20個从止之字以證之，其中絕大多數釋讀爲後來學術界所接受。後來，他

---

① 　胡奇光《中國小學史》第338頁。

② 　"皆多雨而卜其止不是也"，"不"通"否"。

③ 　"《釋文字》"爲引文所在篇章名，其後頁碼爲樓學禮點校本《契文舉例》頁碼。下文類似情況皆如此處理，不再注明。

④ 　"歲"字考釋誤，其字从水从雙止，當爲"涉"字。

⑤ 　"遹"字考釋可商，原字从冂从Ψ，上下結構。此可作爲孫氏"一省再省"説失誤的例證，詳後第五章第二節及相關部分。

⑥ 　"咎"字考釋誤。其字从雙Ａ相反居上，从口居下，似亦當爲"韋"字之異體。

⑦ 　"采"字考釋可商，甲骨文原字上从Ａ（即"止"）下从木，从"止"與从"爪"有別。

又在《名原》（上第18頁）中作了總結性的論述："綜考金文甲文，疑古文𐊽爲足止，本象足迹而有三指，猶《説文》𠬞字注云'手之列多略不過三'是也。金文足迹則實繪其形①，甲文爲𐊽，則粗具匡郭，猶▲▲之爲♛，其原本同。由是反正顛倒，從横緐列，則成異字。'止'到之爲'𐊽'、爲'𐊽'。'𐊽'直緐之爲㐄，横列之爲𢆉；'㐄'横列之爲舛、爲𣥖，直緐之爲韋，形皆相似，要並象足止形也。"這段對"止"這個偏旁的總結性分析之所以相當精密和正確，是因爲他在《契文舉例》及《古籀拾遺》《古籀餘論》等著作裏對"止"這個偏旁已有了十分深入的研究。

　　高明説："如果翻開《名原》，看孫氏所釋的字，幾乎對每個字體的偏旁都作了非常精密的分析，他把古文字學的研究向前推進了一大步。後來，唐蘭、于省吾等一些古文字學家，進一步發展了對偏旁分析法的研究。唐蘭提倡通過偏旁分析考釋群字，他在《古文字學導論》中説：'如其僅拿一兩字來説，這種方法應用的範圍，似乎太瑣小狹隘了。這種方法最大的效驗是我們衹要認識一個偏旁，就可以認識很多的字。'"②這段話是相當正確的，衹是用偏旁分析法來考釋群字，孫詒讓已導夫先路。唐蘭的確是第一個明確提倡"通過偏旁分析來考釋群字"的學者，但首先實踐這一方法的仍是孫詒讓，上面孫氏對"止"字及從止之字的考釋就是典型的例子。或者應該這樣説，"通過偏旁分析來考釋群字"是"偏旁分析"考釋方法的伴生物，孫詒讓、唐蘭以前乃至以後，之所以沒有更多的人使用和提倡這種方法，是因爲應用這種方法的各方面條件不具備③。

　　孫詒讓運用偏旁分析法來考釋群字的顯著例子還有：

---

① 　"金文足迹則實繪其形"，參金文母卣、祖辛尊、大保敦等器中之"止"及從止之字。

② 　高明《中國古文字學通論》第171頁。

③ 　各方面的條件，包括主觀和客觀兩個層面。客觀條件，包括古文字考釋（甲骨、金文等的考釋）初期有未考釋的"群字"存在，偏旁分析法的發現、應用等等。"群字"的概念可多可少，衹要是有意窮盡考釋含有某一偏旁的字（不論多少）的，都可以算作群字考釋。主觀條件，則指考釋學者的知識儲備和文字學的理論素養等等。這兩者缺一不可，我們綜觀曾用這一考釋方法取得較大成績的孫詒讓、唐蘭、于省吾等大家，無不如此。

1."目"條群字系列:"龡①、躬、德、省、置②、𭥆③、瞂(敻)、眾(𤓵、𤔣)④、寡、見、眔⑤、蜀、瞏"等⑥(《釋文字》,第79—81頁)。

2."戈"條群字系列:"哉、武、戛、我、戠、或(國)、伐、戉"等⑦(《釋文字》,第91—93頁)。

3."手(又、攵)"條群字系列:"鬥、及、敏、報(設)、服、受、得、叚"等(《釋文字》,第88—90頁)。

4."女"條群字系列:"姅、妾、奴⑧、妣、妝、嬪"等(《釋文字》,第94—95頁)。

5."隹(鳥)"條群字系列:"雀、隻、雄、翟、鷺、萑、獲、鳳、雝"等(《釋文字》,第125—128頁)。

孫詒讓在利用偏旁分析法考釋群字方面,雖未能像唐蘭那樣考釋"斤"之後,又準確考釋出"折、兵、昕、斧、新、斫"等二十餘字,但客觀地講,孫氏在這方面的成就、貢獻並不遜色於後來任何考釋甲骨文者。這是因爲他見到的甲骨文非常有限,僅有劉鶚的《鐵雲藏龜》,再加上甲骨文的考釋剛剛起步,前面沒有可供借鑒的方法,連失敗的教訓也沒有。除了我們專門討論的"止"條群字系

---

① "龡"字分析又見《釋人》篇,第33—34頁。龡,从蚰攵聲。《説文》蚰部或體作𧕟,从虫眾聲。無論正體還是或體,都與此甲骨文形體"从目从蚰"有較大差別。後商承祚釋"蜀",葉玉森釋"蠢",未能定於一。

② 此字自孫詒讓釋"置"後,王國維釋"麗、眔",陳邦懷釋"麗",楊樹達釋"眔"等等,白玉峥認爲,今多釋爲"眔"。參白玉峥《契文舉例校讀》(下簡稱《校讀》)第5816、5848頁。

③ 此字陳邦懷釋爲"視"之古文,葉玉森釋"省",金祥恒釋"視",白玉峥隸爲"視",似無定論。參白玉峥《校讀》第5849頁。

④ 此字釋"眾",可商。衹有从目之形,而無从伙之偏旁。

⑤ 此字上从目,下从"三點水",孫詒讓釋讀在"眇、省、眔"三字間猶豫不決,今擇其近是者舉之。孫氏在《古籀拾遺·周大蒐鼎》(第152頁)中釋"眔"甚是。可參閱。郭沫若《金文叢考·臣辰盉考釋》:"此當係'涕'之古字,象目垂涕之形。"如按字之構件隸之,與今"泪"字最近,構意也合:目下水示眼泪之義。但"泪"字早期作"淚",又有牴牾。甲骨、金文中又多作連詞"及"義用,故釋"眔"字較穩妥。

⑥ 列舉時,不典型者、不是有意者(一般不列於一起,如从又之"疲"字)、不易書寫者不錄,下同。

⑦ 輾轉相从者還有"咸"字等。

⑧ 因"又"與"力"甲骨、金文字形相近,孫詒讓將"奴、妠"混在一起,可商。如所引一九之四所釋之"奴",今多隸"妠",通"嘉"。參白玉峥《校讀》第5998頁。

列及列舉的"目、戈、手、女、隹"等系列之外,孫詒讓利用偏旁分析來考釋甲骨文,大都不是孤立地考釋一字一形,而是或多或少都要兼考幾個有相同偏旁的字,這裏我們不一一列舉,翻開《契文舉例》,隨處可見。因此,我們不能説,利用偏旁分析法來考釋群字是從唐蘭等開始的,更不能説孫詒讓還不知道用這種方法來考釋甲骨文等古文字。實際上孫詒讓通過偏旁分析法考群字的思路還可以從下面幾個方面得到印證。

第一,以偏旁證單字。如:

"貝今□月𤔔米□𠈌"、七十二之三。"貝□躬□□𠈌",二百卅三之一。此亦"眾"之異文,變目爲日,與前"眾"字異。① 　　　　（《釋文字》,第98頁）

又:

"貝立𠈌于羌□",二百卅一之四。此"𠈌"以眾作𠈌偏旁較之,似即"仈"字。《説文·仈部》:"眾立也。从三人,讀若欽崟。" 　　（《釋文字》,第98頁）

這裏孫詒讓首先釋出甲骨文形體𠈌即"眾"字,然後利用"眾"字作𠈌,其偏旁爲𠈌的材料,證明甲骨文單字𠈌即"仈"字。這是十分正確的。這類例子甚多,不贅舉,可參閲"甲骨文與金文、甲骨文與其他古文字"等章節的相關內容。

第二,以單字證偏旁。如:

"冊冉立□"。百六十五之三。《説文·冊部》:"冊,符命也,諸侯進受于王者也。象其札一長一短,中有二編之形。" 　　　　（《釋文字》,第83頁）

又:

"嗇"字甚多,字皆作"嗇",如云:"□貝立□□不嗇"、廿一之四。"百牛嗇牢"、六十五之一。……或作"穡"字。如云:"多穡兄于豕",廿五之二。"嗇"作"穡"。兩字皆《説文》所無,今考从"𥝋"者即"禾"之古文,與"年"字偏旁同,詳《釋禮

---

① "今"字,蟫本、白玉峥《校讀》均作"令";"月"字,蟫本、白玉峥《校讀》均無此字。"變目爲日,與前'眾'字異"指《釋文字》第79頁从目之"眾"字。甲骨文从目之"眾"的考釋,可商。説从目之𠈌是"'眾'之異文",則未免太拘泥於《説文》。

篇》。从"卌"者,"册"之省。"龠册"者,《説文·龠部》:"龠,樂之竹管,三孔,以和眾聲也,从品龠,龠,理也。""龢,調也,从龠,禾聲。"此"龠册"當爲"龢"之省,"龠册"又省則成"龠册"矣。《説文·曰部》有"龠册"字①,與此異。……"龠册"似即調和之義。"不龠册"者,卜不吉,猶云神不和也。　　(《釋文字》,第83—84頁)

這兩段文字中,三次使用以單字證偏旁的方法。一是龠册的考釋,孫詒讓首先釋出甲骨文作爲單字的卌爲"册"字。然後通過卌在龠册中作偏旁,認定龠册从册,最後釋出龠册即"龠册"字;二是龢字的考釋,兩次使用以單字證偏旁的方法。一次是以單字形體龠册或卌在龢中作偏旁,認定龢(龢所从卌爲卌之省)从龠册或册;一次是利用《釋禮篇》中已釋單字的禾爲"禾"字,而禾又在龢中作偏旁,這又證成龢从禾,最終得出龢即"龢"字。從這個例子可以看出,孫詒讓已能相當自如地運用這種方法來考釋甲骨文。所釋之字基本可信②。此類例子甚多,不繁舉。可參閱第二章第二節的相關内容。

孫詒讓之所以用龠字所从偏旁來證明甲骨文裏的單字龠是龠字,用甲骨文裏的單字卌、禾等形體來證明甲骨文的龠册、龢等合體字所从之偏旁是"册、禾",是因爲孫詒讓已明確認識到文字是成系統的,這個系統裏的各個單獨的偏旁符號不是孤立存在的,同一個偏旁符號既可以與其他偏旁符號對立,單獨成字,也可以與其他偏旁符號相互組合,共同構字。這既是孫詒讓利用偏旁分析法考釋群字的基礎,也是孫詒讓以偏旁證單字的依據和原因。

(二)通過偏旁分析法辨析形近異字

如:

"辛未卜但父京它"、十四之四。"癸亥殻貝于京萑",二百六十二之一。"京"當即京字。《説文·京部》:"京,人所爲絶高丘也。从高省,丨象高形。"金文靜敦京作京,公姒敦作京……並與此略同。　　(《釋文字》,第108—109頁)

又:

---

① "《説文·曰部》有'龠册'字"中之"龠册"字,今本《説文》作龠册,从曰,古从曰从口多通用,可互换。
② 孫詒讓釋"册"、釋"龠册"、釋"龢"得到大多數學者的認同。參白玉崢《校讀》第5878、3841、4805頁。

"癸卯卜兄貝我□龠"。九十三之四。"龠"當即亭字。《説文·高部》："亭，
民所安定也，亭有樓，从高省，丁聲。"　　　　　　　　　　（《釋文字》，第109頁）

這裏把甲骨文的龠釋爲"京"，而把龠釋爲"亭"，主要方法是仔細辨析它們在偏
旁形體上的細微差别，在孫詒讓看來，"京"有"丨"，象高之形，"亭"則有"丁"，
示其讀音。如依孫氏所分析，彼此之區别實在太細微了。而孫氏正是通過這
種十分細微的偏旁形體的分析和體察來達到考釋有微異之字的目的的①。

這種例子在《契文舉例》等著作中隨處可見，又如對"豊、豐"（第107—
108頁）兩形的辨析，對"旡、先"（第78頁）兩形的分析等等。孫氏對"豊、先"
等的考釋雖不正確，特别是對"先"的形體判斷有誤，但其通過甲骨、金文等
字相關偏旁形體的辨析，來區分形近異字，還是有價值的②。"旡"字直畫不上
出，而"先"直畫上出則是不争的事實。

（三）通過偏旁分析法確定異形同字

如：

"丁子□貝申□似弗字。戈□"，一之三。"申"似即"毌"字。《説文·毌部》：
"毌，穿物得之也，从一横毌象寶貨之形，讀若貫。"此變横爲從，其形義亦可
通。又云："申弗戈周"，廿六之一。"申"疑亦"毌"之異文。《詩·大雅》"串夷
載路"，串字《説文》不載，疑即因"毌"變爲"申"，與二中形近，復又變作串，

---

① "京、亭"兩字的字形差别實在太小，而甲骨文能提供的語言環境又十分有限，故孫詒讓
把這兩個形體區分爲兩字的結論，實不好妄作評論。但有一點是可以肯定的，孫氏對
字形的嚴格區分、仔細辨析的態度是值得肯定的。大多數學者都認同孫氏對"京"的
考釋。朱歧祥《殷墟甲骨文字通釋稿》（第260頁第956字）"京、亭"不分，代表了一部
分學者的看法。

② 關於甲骨文"豊"字的形體，自孫詒讓首釋爲"豊"之後，葉玉森釋"亞"、郭沫若釋
"蝕"、唐蘭釋"良"、于省吾釋"盟"。朱歧祥認爲（《殷墟甲骨文字通釋稿》第372頁第
1419條）："今從于説爲長，隸作盟，《説文》：'鎣，酒器也，从金，盟象器形。盟，鎣或省
金。'卜辭用法有四。"關於"豐"字，朱歧祥認爲"豐"从壴从二玉，實即"豊"字，爲"禮
體"字初文（同前，第371頁第1416條），與孫所指甲骨文形體不同。近詹鄞鑫把孫詒讓
對"豐"的考釋歸入正確的一類，是有見地的，見《孫詒讓甲骨文研究的貢獻》。孫詒讓
對"先"字考釋錯誤的原因，在於誤定誤判了甲骨文的形體。"旡"字舉金文"既"等的
偏旁爲證則十分正確。

經典俗字亦有所本也。①　　　　　　　　　　　　　　　（《釋文字》,第113—114頁）

　　考龜甲文有⊕字,當即毌之原始象形文,又有作⊕者,則⊕之省變也。蓋回爲寶貨有空好之形,以丨貫之,從横小異,而於貫穿寶貨之義,則尤明確。又《毛詩·大雅·皇矣》"串夷載路",串亦即毌字之異文。蓋因古文⊕,本從兩口大小相函,變之爲兩口直列,則成串字,因其流變,以推其原始本形,亦可知初文之必從兩口也。　　　　　　　　　　　（《名原》上第28頁）

　　《説文》毌部:"貫,錢貝之貫也。從毌貝。"金文南宫中鼎作圖,字從兩貝,而丨貫之……蓋古穿寶貨之毌作⊕,從兩口;穿貝之毌作圖,從兩貝,其字形異而例同。後省變作貫,則參合兩文爲之,兼寶貨與貝爲一字,而毌字變直爲横,遂與貝字不得相貫,遠不及古文字例之精。　　　（同上）

孫詒讓通過甲骨文之⊕、⊕,金文之圖及經典之"串"等形體偏旁的分析,認爲它們雖在偏旁構件、偏旁所處部位(内外、上下、縱横)等方面有所不同,但實可視爲同字,因爲它們實是"字形異而例同",均有"同意"之構字意圖。孫詒讓這種"形異而例同、同意"結論的得出,是建立在對相關字形的偏旁及其結構方式等的細致分析之上的。在孫詒讓看來,穿寶貨也好,穿貝也罷;穿一物也好,穿兩物也罷;横穿也好,直穿也罷;兩物内外套穿也好,分開貫穿也罷,這都不是本質的區別,重要的、本質的是它們都表"貫穿"之義。認識到字形與表義的關係,對於歸納異形同字有特别重要的意義。顯然,孫詒讓對此是有他特别的理解的。又如他在考釋"躬"字時,能够把⊕、⊕、⊕、⊕和⊕、⊕,乃至⊕、⊕等形體都釋爲"躬",也得力於他對這些字形的偏旁及其組合方式的精確分析。又如"韋"(第10頁)字諸形的考定,"鼎(第115頁)、酒(第107—108頁)"等字的考釋,從止諸字的釋讀都是典型的例子。特别是從止諸字的考釋,如果没有這種方法把⊕、⊕、⊕、⊕、⊕、⊕、⊕等衆多的異寫異形定於一、釋爲"止"字,那將是不可想象的。

　　"通過偏旁分析法辨析形近異字"和"通過偏旁分析法確定異形同字"是考釋古文字、運用偏旁分析法時的兩個相互對立而又相互依存的具體方法。這是由早期漢字的特點所決定的。早期漢字形體尚未定形,異寫衆多,這就要

---

① "丁子"當爲"丁巳",孫詒讓誤釋干支字"巳"爲"子",故有此不合干支配合規律之記日。"穿物得之也",今本《説文》"得"作"持",當據正。

求我們通過偏旁分析，在最基本的漢字單位上，做確定"異形同字"的工作；早期漢字在書寫工具、書寫材料、書寫方式以及其他相關方面，都還相當落後，或多或少存在着不科學性。因此，造字或書寫使用時，就會出現一些形體相似而又不是一字的情況，這又要求我們使用偏旁分析等方法做"形近異字"的辨析工作。

偏旁形體的辨析和確立對古文字的考釋具有十分重要的意義，要對一個未識字進行考釋，首先應該做的工作，就是對其形體構成的各個部分進行偏旁分析和整理，得出其基本單位。這一工作，後來的古文字學家都或多或少認識到了，有的爲此做了大量的收集整理工作，出版了一些最基本的文字形體演變過程的字形資料，對後來的考釋工作大有裨益①。特別應該提到的是高明在《中國古文字學通論》（第59—129頁）中列舉了120種形旁的各種字形及其例字，使用十分方便。

二、形符通用通作②

古文字形體尚未定形，意義相近的形旁常通作通用，這種現象是研究古文字的人所必須了解的。首先明文提出這一規律的是唐蘭，他在《古文字學導論》中說："凡義相近的字，在偏旁裏可以通轉。"他又以"人"與"女"、"衣"與"巾"、"土"與"阜"爲例，說明"凡是研究語言音韻的人，都知道字音是有通轉的，但字形也有通轉，這是以前學者所不知道的。通轉和演變是不同的，演變是由時代不同而變化……至於通轉，却不是時間的關係，在文字的型式没有十分固定以前，同時的文字，會有好多樣寫法，既非特別摹古，也不是有意創造新體，祇是有許多通用的寫法，是當時人所公認的"③。其後，楊樹達在《積微居金文説·新識字之由來》中列第八條爲"義近形旁任作"，並舉從舛與從艸、從人與從女、從儿與從女、從女與從卩、從荼與從豕、從彳與從止同以證之④。後來，高明在《古體漢字義近形旁通用例》中"通過古文字體和古

---

① 這類著作有徐中舒主編的《漢語古文字字形表》，高明編撰的《古文字類編》。

② 此部分内容曾整理成《孫詒讓的甲骨文考釋與義近形符通用》，發表於《語言研究》2005年第4期，可參考。

③ 唐蘭《古文字學導論》（增訂本）第231頁。

④ 見楊樹達《積微居金文説》（增訂本）第9—10頁。

代文獻的通用字例,共整理出義近形旁彼此通用的計三十二例",如"人"與
"女","儿"與"女","首"與"頁","目"與"見","口"與"言","心"與"言",
"音"與"言","肉"與"骨","牛、羊、豕、馬、鹿、犬","鳥"與"隹","艸"與
"屮","宀"與"广","瓦"與"缶、皿","土"與"田","土"與"阜","日"與"月"
等等①。

　　"義近形旁通用"是利用偏旁分析來研究古文字形體的一種重要的方法,
高明認爲,在唐蘭提出之前,確"是以前學者所不知道的",並舉許慎《説文解
字》所釋"詭、恑"和段玉裁注爲例以證之②。進一步認定唐蘭"以前學者不知
道"義近形旁通用的結論。而實際上晚清的孫詒讓已對這種現象有所認識,
並在考釋古文字、研究古文字形體的實踐中有所利用。

　　如:"隹"與"鳥"

　　　"且□𩾏于"。百十之一。……"𩾏"字似从隹、从冂,字書未見,或即"鳳"
　　字。古从鳥、从隹字多互易。如《説文・隹部》雞、鷄、雛、鶵之類恒見,不足
　　異也。　　　　　　　　　　　　　　　　　　　　　　　　（《釋文字》,第128頁）

　　從孫詒讓把本从隹的𩾏釋爲从鳥的"鳳"及"古从鳥、从隹字多互易"看,
他不僅知道古文字形體中的這種現象,而且似乎也明白這是古文字形體結構
的一個特點,但祇是一種感性的、個別的、局部的認識,還没有像唐蘭那樣從理
論上、總體上來認識這種現象,把它上升爲一種規律。另從孫氏的舉例中,還
可看出許慎也並不是一概不知這種現象。許慎把从鳥的"鷄、鶵"籀文放在从
隹的"雞、雛"字頭之下,視爲同字,應看作是對這種現象的初步認識③;另外
《説文》隹部𪆰、雊、雥等字頭下收有从鳥的或體鷇、雊、鸛,這進一步説明許慎對這
種偏旁的通作通用現象是有所認識的,並非一概不知。

　　再如:"牛"與"羊"

────────────

①　見《中國語文研究》第4期第20頁;又見高明《中國古文字學通論》第129－159頁。
②　見高明《中國古文字學通論》第130頁。另江淑惠《郭沫若之金石文字學研究》第93－
　　94頁也有類似認識。
③　高明也把這些字作爲"鳥隹形旁通用"的例子,見《中國古文字學通論》第143－145頁。
　　這與唐蘭的"至於通轉,却不是時間的關係"有了一定的差異,籀文與小篆在時間上有了
　　一定的距離,但作爲"義近形旁通用"的一個方面的例證還是可取的。

龜文自"躲牢"外，紀牲牢者甚多，"牢"字皆作"牢"，八十之三。而作"牢"者尤多，十四之三、廿四之四。或作"牢"，四十二之二，七十八之二。又作"牢"，六十四之二。作"牢"，百七十五之三。……从羊者文之變也。①　　　（《釋禮》，第56—57頁）

又：

龜文奇古，出於商代。或篆體妻變，如"庚"、"申"數體，詳《釋月日篇》。"戈"、"韋"兩形，詳《釋貞篇》。"牢"兼牛、羊，詳《釋典禮篇》。"它"殊蚰、虫，詳《釋人篇》。是也。　　　　　　　　　　（《釋文字》，第71頁）

釋"牢"條雖未像釋"鳳"條那樣明言"古从鳥、从隹字多互易"，但是我們還是可以從"从羊者文之變也""'牢'兼牛、羊"及其他禮儀典章制度用"牢"兼用牛、羊、豕的分析中，體會出孫氏"古从牛、从羊字多通作"這層意思的。所以我們上面説孫詒讓的這種認識還停留在感性的、個別的、局部的階段，還未能像唐蘭那樣總結出規律來。而且，即使是這種認識，孫詒讓也還大多局限於義近形似的字形偏旁中。如：

"盟"當即"盟"字，《説文·囧部》："盟，从囧，皿聲。"此从目者，古字目與囧形近多互通。《説文·目部》："睦，古文作睦。"《眉部》："省，古文作省。"皆其比例。

（《釋禮》，第53頁）

這裏孫詒讓是利用古文字形體相近往往互通的事實來證明盟即"盟"。雖然孫詒讓的這個考釋未被大家接受②，但這種"古字形近多互通"的思想實與"義近形旁通用"有一定相關性，是"義近形旁通用"現象的一種特殊表現形式、一個方面。因爲形近字或偏旁往往在意義上也有一定的關聯性。當然這並不是説所有的形近字都有意義上的關聯性，如果有意義上的相關性和其他字形結構中的相關偏旁用例進行旁證，利用"形近多互通"的手段考釋出的字還是可以成立的。也就是説，孫詒讓此條的考釋，如果對字形盟的認定沒有錯誤，其釋盟爲"盟"是可以接受的。

---

① 孫氏在這段論述後還舉典籍禮制中"太牢、少牢"等爲證，證明"牢"字構形可兼牛羊。

② 甲骨文此形體僅一見，今無定説。除孫詒讓釋爲"盟"之外，羅振玉釋爲"爵"，較有影響。從目前考釋水平看，孫氏之説，並非完全沒有道理。參白玉峥《校讀》第3894頁。

另外，孫詒讓論及這種現象時，多與“省形説”連在一起，這也是他對這種現象的認識還没有理性化的一種表現。如孫詒讓在考釋甲骨文的从止不从辵的“逐、追”等字時，就説“‘止’有爲‘辵’之省者”“此省‘彳’”等（參下歸納條例i條）。實際上這種能用“省形説”解釋的兩個偏旁的關係不過是“義近形旁通用通作”的一種特殊現象罷了。孫詒讓在《古籀拾遺·毛公鼎釋文坿》（第178頁）考“緎”字時説得就更爲明白：“此（按，指“緎”字）即諴字之省，緎从言者，古文言口二形多互通。”這裏既言从口爲从言之省，又言“言口二形多互通”，顯而易見，孫詒讓的這種“省形説”是與“義近形旁通用”密切相關的。

孫詒讓這種認識的例子，我們從《契文舉例》中還可以抽繹出下面一些條例：

a.“言”與“口”通用①（第11頁）；

b.“叒”與“若”通用（第18—19頁）；

c.“匚”與“方”通用（第25頁）；

d.“魚”與“鰲”通用（第32頁）；

e.“蚰”與“虫”通用（第33頁）；

f.“象”與“豕”通用（第37頁）；

① 除上文所引“緎”字外，孫詒讓在《古籀拾遺·毛公鼎釋文坿》（第177頁）考“嘚”字時説：“此諤字之古文也。《説文》彳部‘德’从諤聲，而言部無諤字。蓋誤捝也。諤从言此从口者，小篆从言之字古文多从口。《説文》‘謀’古文作[illegible]，‘謨’古文作[illegible]，‘信’古文作㐰，是其例也。”又齊侯鎛鐘（第37頁）考“譽”字時説：“其字从與从口，孫（按，指孫星衍）釋是也。古从言之字多變从口。”綜合這些例子來看，孫詒讓對“義近形旁通用”的認識還是有一定深度的。孫詒讓《名原》（下第11頁）在討論甲骨、金文的“德”字時，認爲有从心从言从又之别，但都是“德”字。這説明孫詒讓已經發現構字功能上的“義近形旁通作通用”現象。也就是説單獨看“心、言、又”三個偏旁，意義並不相近，甚至毫無關係，但是，它們在作爲“德”字的構件偏旁時，所表示出的結構意義却是相同的。對這種情況的“義近形旁通作通用”的認識，應該説比那種簡單的、静態的“義近形旁通作通用”更難，意義也更大。這一點與李圃把字素區分爲“穩性字素”和“活性字素”有相同的意義（參《甲骨文文字學》第28—33頁）。孫詒讓雖然發現並利用了這種現象，但還没能上升到理性認識的高度，所以又説（《名原》下第13頁）“蓋轉注以形著義，與假借以聲通讀，其例皆廣無畔岸，故古文偏旁多任意變易。如宫縣之樂謂之牆，鐘磬之縣半爲堵全爲肆，而因鐘爲金樂，則作‘鐳’作‘鍺’作‘銉’”，“簴有鑄金刻木”，故有从金从木从米等不同的形體。“古文偏旁任意變易”實有悖於通用通作事理。

g.“止”與“之”通用（第76—77頁）；

h.“止”與“正”、“足”與“正”通用（第72—73頁）；

i.“止”與“辵”通用（第74、119頁）①；

j.“手”與“又”、“又”與“寸”、“廾”與“拜”、“手”與“爪”通用（第83、87、88、90、96頁）②；

k.“工”與“珡”通用（第111頁）；

l.“口”與“凵”通用（第113頁）；

m.“豕”與“羊”通用（第119頁）；

另外，我們想仿孫詒讓等“義近形旁通作”之體例建立一條“八與水通作”的條例，以豐富補充前賢的成果③。先看孫詒讓引用的例子。

　　龜文“漁”字从象形魚。又有从魚字，如云：“🐟貝□”、十二之二。“卜出今日🐟武庚允🐟”、末字與第五字同，僅存上尚。六十七之四。“卯卜出今日🐟正日□”、百十五之三。“出貝🐟求正日人🐟”，二百廿三之二。此諸文皆从魚，亦象形，而文略簡。上从八者，篆文魚作🐟，尾有八形。此迻著於上也。旁从又，疑即叙字。《説文·竹部》：“籞（按，今本《説文》作籅，無下部“示”字），禁苑也。或从叙。”从又从魚，此或借爲御字。《周禮·天官》“戫人”字从膚从又。石鼓漁字作🐟，从漁从寸，古文又寸二字亦略同。④

（《釋文字》，第128—129頁）。

---

① 孫詒讓在《古籀拾遺·毛公鼎釋文坿》（第181頁）考“遷”字時説：“此下从止者，辵之省。”孫氏的“某爲某之省”常與“義近形旁通用”有關。前面已舉的“緘”條：“此即諴字之省，緘从言者，古文言口二形多互通。”既言从口爲从言之省，又言“言口二形多互通”，即其證。“古文又寸二字亦略同”，實已爲“義近形旁通用”之例證。

② 孫詒讓《名原》（下第2頁）“古文从手从廾，字多互通”。又（下第10頁）“小篆从寸字，古文或从支从又……古文偏旁‘手’‘支’‘又’形多互通……古文爪與又亦多互變”。“互通、或从、互變”用詞不一樣，但都是説的“義近形旁通用通作”現象。孫氏在文中都舉了例證，此處不再列舉。

③ 此部分內容曾整理成《“八”、“水”通作考》，發表於《語言研究》2011年第2期，可參考。

④ 此段據蟫本和白玉崢《校讀》補入“又有从魚字”中之“从”字和末尾“旁从又……亦略同”一段。樓本與蟫本和白玉崢《校讀》本多有出入，優劣互見。此處之差異，蟫本和白玉崢《校讀》本顯然優於樓本，故從之補入。另六十七之四條末字🐟是據孫詒讓引文後小字注文補全的。

孫詒讓還没能釋🐟、🐟爲"漁"①,但釋🐟爲"叙",是相當有見地的。孫氏"叙"字之釋已舉石鼓文"導"字爲證,確不可移。其"或借爲御字",與字形結構本身無關,此不予討論。孫詒讓在這條考釋中,未能認識到🐟、🐟所从之"八"爲水,反而認爲"上从八者,篆文魚作🐟,尾有八形。此逐著於上也",隨意比附,實不足取。此🐟所从之"八"實取水的意思。即古文字中"八"與"水"當有"義近形旁通用"的特徵。下面試證之。

第一,甲骨文中有从水的"漁"字作🐟②。🐟和🐟都是"漁"字,通過偏旁分析代換,即可得出"八、水通作"的結論。

第二,甲骨文、金文"益"字形體,上所从偏旁正多作"八"形,亦有作"水"形的③,而小篆形體則从水。這個變化,孫詒讓自己已説得十分清楚。他説:

> "申卜出□日征🏺",二百廿三之四。此疑即"益"字。《説文·皿部》:"益,饒也。从水皿,益之意也。"此从🏺即皿形,从🔹即水之省。金文益公鐘益作🏺、畢鬻敦益公作🏺,形亦相近。此云"征益",疑亦國名。
>
> 　　　　　　　　　　　　　　　　　　　（《釋地》,第47頁）

🏺、🏺與🏺三個形體一脉相承,會皿中有饒溢之水,由於其在皿中,不似在江河湖海那麼舒展流暢,故寫成了如"八"之形,甲骨文和益公鐘"八"之下,還另有小點畫,亦是水液之成分。特別是畢鬻敦之🏺,皿中祇剩"八"字,水的意義祇由"八"來承擔、表示了。

關於"益"字,孫詒讓在《名原·古籀撰異》中又有專門討論,認爲甲金文"益"字與《説文》小篆不同,小篆"益"具全水之形,而甲金文"益"字"上皆从水省",進而以"公、谷、酉"等爲證,推證"古文益字蓋'从水半見',與公、谷、酉三字略同"（下第4頁）。"从水半見"之説,至今人們均習焉以爲是。殊不

---

① 孫氏在《名原·象形原始》（上第14頁）中也有類似認識:"魚字作🐟……諸形,而左右各爲一髻,不分脊腹,唯首著八形,不知何義,又有漁字作🐟……諸形,則尤簡省。"

② 見《契文舉例》第32頁"漁"字條。从水从魚的"漁"字甲骨文中字體寫法頗多,此舉其一而已。白玉峥《校讀》（第3682頁）:"🐟,同漁字。甲考。"

③ 參朱歧祥《殷墟甲骨文字通釋稿》第352頁第1334"益"字條,"益"字作🏺,从水从皿,水居上,皿處下。但朱氏把類似於孫詒讓考釋的形體釋爲"血",可再研究。我們傾向於把孫詒讓所考釋的字形和朱歧祥所釋"益"的字形看作是"益"的不同寫法。

知"半見、全見"之水,何以分別? "水之半見"是什麼樣子? "水之全見"又是何形? 實無確據。我們認爲"水"字是一般的通常寫法,作字之偏旁時,多居左右側,偶或處其他部位。"八"字及表示水的其他形體是水在不同部位、不同情況下的變體,"八"字可看作是"水"在上部的一種變體寫法。不然,如真像許慎所説,水在皿中一定是半見的,那何以有小篆從全水在皿中的𥁕字? "水"和"八"是一而二的關係,從抽象意義(概念)上看,它們是一個東西,均表示"水流",從具體字形上看,"水"是水流暢通無阻之象,"八"則是水流有所阻滯破開分流之象,一般處字之上部,時或處字之兩側。它們是兩個不同的偏旁形體。因此,當它們以偏旁的身份,出現在同一個字的不同寫法中時(大致共時),我們可以認定它們是"義近偏旁通作"。

第三,孫詒讓已舉證的"㕡、谷、酋"三字。

㕡:《説文》口部:"㕡,山間陷泥地,從口、從水敗皃,讀若沇州之沇,九州之渥地也,故以沇名焉。𣶒,古文㕡。"又水部:"沇,水出河東東垣王屋山,東爲泲,從水允聲。𣶒,古文沇。"段玉裁注:"㕡,古文沇如此。各本篆作𣶒,誤,今正。臣鉉等曰:'口部已有,此重出。'按,口部小篆有㕡,然則鉉時不從水旁也,口部㕡下曰:'山間陷泥地,從口、從水敗貌。'蓋㕡字在古文,則爲沇水、沇州;在小篆則訓山間陷泥地。如變字在籀文則訓順,在小篆則訓慕。皆同形而古今異義也。古文作㕡,小篆作沇,隸變作兗。此同義而古今異形也。"[1] 在段玉裁看來,"㕡"有兩種身份:一是古文的身份,即水部"沇"的古文,意思是"沇水";一是小篆的身份,即《説文》口部正篆㕡字,意思是"山間陷泥地"。這個説法值得再研究。對"㕡"字形體結構的意義,段玉裁在口部的注中作了分析,他説:"㕡,山間陷泥地。間,《玉篇》作澗。陷當作𣽷,字之誤。水部曰:'𣽷,泥水𣽷𣽷也。'從口。謂山間。從水敗皃,謂𣽷泥,谷字、酋字皆從水半見。㕡亦從水半見,出於口也。水敗土而𣽷泥多,是曰㕡。"[2] 許慎的"從口",是解説"㕡"中所從

---

① 段玉裁《説文解字注》第532—533頁"沇"條。商承祚《説文中之古文考》(第11、96—97頁)對古文𣶒未作太多分析,於𣶒字則有長篇討論,基本結論爲"沇之古文當作㕡,固無可疑,然即𣶒亦後人所增"。與段玉裁同中有異:同者,"沇之古文當作㕡";異者,商承祚以爲"㕡之訛𣶒,在大徐未校之前",段玉裁則以爲"㕡本當有,祇是宋後誤爲𣶒"。

② 凡引用《説文》而兼及其他注文時,《説文》正文用大字,其他注文則用小字,以示區別。

之"口","從水敗兒",是解釋"臽"中所從之"八"。段玉裁則用許慎釋義中的"山間"對應"從口",用許慎釋義的"陷泥"對應"從水敗兒",並用"水敗土而洺泥多,是曰臽"作總結。"敗"是什麼意義呢?《説文》支部的解釋是"毀也。从支貝。敗、賊皆从貝,會意。䏁,籀文敗从賏",從籀文看,"敗"似乎是擊之使毀破(爲二)。這個想法,我們在《説文》土部"毀,缺也,从土毇省聲"裏得到了印證,段玉裁注説:"缺者,器破也,因爲凡破之稱。"以段玉裁"凡破之稱"推之,器破爲缺、土破爲毀、貝破爲敗,水破則爲八。這裏我們通過"敗、毀"注解的輾轉考索,終於找到了"水敗兒"的真正意義:水破分流的形象。造之以字則成"八"分之形。説白了,"八"是水流遇阻滯而破分之象。"臽"則爲"水流從山間破口而出",後亦因指"水流從山間破口而出"之處所,及所造成的"山間陷泥地",許慎所釋當已是其引申之義。

谷:《説文》谷部:"谷,泉出通川爲谷。从水半見出於口,凡谷之屬皆从谷。"[1]"谷"字之構形與"臽"同意,當爲从八从臼,其字形亦是水流遇阻滯分流之象。泉流之入川口有似水流之出山間口。祇有水破開分流之狀,並無水半見之形。谷从八从臼,其義自通,无需多作解釋[2]。

酋:《説文》酋部:"酋,繹酒也。从酉水半見於上,禮有大酋,掌酒官也,凡酋之屬皆从酋。"依許慎的解釋,"酋"上亦从水半見於上,按我們的分析,亦當爲引酒注酉之中,故以"酋"名掌酒官,"酋"字構形意圖與"益"字同意。"益"爲注水於皿而呈分流之狀,"酋"爲注酒於酉(酒器)而呈分流之態。注之液體不同,盛之器皿有別,然注液體入器分流之象則相同。這就像上面討論的"臽"和"谷"一樣,"臽"爲水流從山間破口而出,"谷"爲泉流出口入川。水流性質不同,破口出入處所有異,然其水破阻分流之形則相同。甲骨文無"酋"而有"猷"字,其所從"酋"字正作充注酒水(呈三點水橫列於上)於酉之狀,右从犬。是爲旁證[3]。

---

① 《説文》谷部另收7字,重文2個。它們是"谿、谾、䜭、谼、峪、睿(溶或體、濬古文)、㕎"。

② 朱歧祥《殷墟甲骨文字通釋稿》(第451—452頁)認爲甲骨文的"谷"从重八从口,字與"公"同,重八與"八"同。可參考。

③ "猷"字甲骨文字形,參朱歧祥《殷墟甲骨文字通釋稿》第362頁。另外,"繹"字古代有"充"的義項,《廣雅·釋詁四》:"繹,充也。"《説文》"酋,繹酒也"之"繹",如解釋爲"充",似與"酋"字从八从酉的形體所表示的意義比較接近,但沒有其他文獻的證據,不敢冒然采其説,此録存以備參。

第四，八部諸字的證據。

《説文》八部列録12個單字字頭，另録重文一個。我們重點討論"八、氼、必"等字。

八：《説文》："八，別也。象分別相背之形，凡八之屬皆从八。"段玉裁注："別也。此以雙聲疊韻説其義。今江浙俗語以物與人謂之八，與人則分別也。"段玉裁以江浙俗語釋"八"，難能可貴。"以物與人"很多地方讀音似"八"，今書爲"把"字，文獻中也未見"八"用爲"以物與人"的例子，段説可商，至於據此推出之"與人則分別也"自然牽强附會，不可信從。據我們上面對从八之字的分析，"八"本爲"水流遇阻分流之象"，分流則其旁支別流各相分背而流，彼此亦各有別也。這就是凡从八之字都具有分、別等意義的根本原因。

氼：《説文》："氼，分也，从重八。八，別也，亦聲。《孝經》説曰：故上下有別。"段玉裁注："氼从重八者，分之甚也。龜兆其一也，凡言朕兆者，如舟之縫、如龜之坼……此引緯説字形重八之意也。上別下別，則二八矣，《集韻》改爲上下有氼，非也。"①段玉裁解字"重八"之意爲"分之甚也"，並説"龜兆"祇是其形的表現形式之一，"舟之縫、龜之坼"等皆是。氼與"兆"有沒有關係，我們暫且不論，但有一點則是可以肯定的，甲骨、金文中的"重八"之氼不是"龜兆坼裂"等形象。也就是説，即使氼可以表"舟之縫、龜之坼"等意義，那也是後起的，不是原生的②。也許段玉裁"分之甚也"才是氼的初始造字之義，但如果再追問一下，"分之甚"如何獲取的？那還得從"八"上去找原因，"八"爲"分"，"重八"當然爲强化"分"義，故爲"分之甚也"。據此，氼當爲會意字。甲骨文

---

① 段玉裁認爲"八別也亦聲"五字，《説文》本無，爲後人誤增，並予以删除。可討論。"朕兆"字通"微"。

② 段玉裁注曰："此即今之兆字也。《廣韻》'兆，治小切'，引《説文》'分也'。此可證孫愐以前，氼即兆矣。又云：'氼，灼龜坼也，出《文字指歸》。'《文字指歸》者，曹憲所作。此可證孫愐以前，卜部無兆、氼字矣。顧野王《玉篇》八部有氼，兵列切。卜部之後出兆部，又云：'氼，同兆。'此可證顧氏始不謂氼即兆也。虞翻説《尚書》'分北三苗'云'北，古別字'，不知其所本，要與重八之氼無涉。豈希馮始牽合而歧誤與？治《説文》者，乃於卜部增爲小篆，兆爲古文，於氼下增之云'八，別也，亦聲。兵列切'，以證其非兆字，而《説文》之面目全非矣。"又説："會意，治小切，二部。楚金云：'或本音兆。'按，此相承古説也。"可供參考，亦可再研究。

中有"八、川、仑、谷"諸字,其構形意義與此所論均合①。

必:《說文》:"必,分極也,从八弋,弋亦聲。"段玉裁注:"極,猶準也。木部棟、極二字互訓,橦字下云'帳極也'。凡高處謂之極,立表爲分判之準,故云分極。引申爲詞之必然。"段玉裁引《說文》"棟、極、橦"諸字證"必爲分準"之義,甚爲有理。今引其注文如下:"棟,極也。極者謂屋至高之處。《繫辭》曰:'上棟下宇。'五架之屋,正中曰棟。《釋名》曰:'棟,中也,居屋之中。'""極,棟也。李奇注《五行志》、薛綜注《西京賦》皆曰'三輔名梁爲極',按,此正名棟爲極耳,今俗語皆呼棟爲梁也。《搜神記》:'漢蔡茂夢坐太殿,極上有禾三穗。主薄郭賀曰:極而有禾,人臣之上禄也。'此則似謂梁。按,《喪大紀》注曰:'危棟上也。'引伸之義,凡至高至遠皆謂之極。""橦,帳極也。極,棟也。帳屋高處也。宋本、葉鈔本、小徐本作'帳柱'。按,《西京賦》'都盧尋橦'謂植者也。"按段氏注說,棟、極、橦都是屋上最高處之梁木,此屋上最高之梁木,何以有分準之義呢? 這還得從古代架構建屋上找原因,誠如《繫辭》所說,古之爲屋規格,多爲五架之制,即用十根長短不一但有一定之制的柱子穿榫連接搭爲兩架,每一架五根柱子,且兩架之尺寸規格完全相同。再用梁棟之類的大橫木,在相對應的每根直柱的頂端,把兩個架子連接固定起來,這就成了屋的空間架子輪廓。這時,架上的五根大橫木以最上的那根棟爲中軸構成呈八字形的兩個傾斜的平面,一般是後屋的坡度大於前屋的坡度。然後再在橫木上按一定間距釘上前後對應呈八(以棟爲準、爲中介)字形的木條,最後才在這兩個平面上蓋瓦或鋪草,以防日曬雨淋,抵御風寒。無論是蓋瓦,還是鋪草,在屋極(今多作"脊"),也就是那根大橫木棟上都要另外多蓋多鋪,使之成爲一條"分水嶺",一般在這條分水嶺的中間要做一個呈一定形狀的圖案,這個圖案也許就是所謂"必"中所從的弋。從上

---

① 參朱歧祥《殷墟甲骨文字通釋稿》第451—452頁。朱氏均沿《說文》之說以解字,時雜己說於其間,可供參考討論。關於川字,既從《說文》"八亦聲"之說,又說是"兆"字,兩字語音實不兼容,不可並存。關於"仑"字,隸爲"公",可商。當爲《說文》"山間陷泥地"之"仑",與"公"形似相關("公"之"平分"義取自"水之分流",應是"仑"的分化字),但不是"公"字。關於"谷"字,言"字當與公同。从川與从八通用"。在古文字系統中,从川與从八可通用,這是對的,但不能據此就說"谷"字就是"仑",更不能說就是"公"字,因爲"通用"是有一定的環境和條件的,有其適用的範圍。川與"八"有通用的關係,但也有彼此對立的時候,我們不能以一個方面代替另一個方面,或者說以一個事實掩蓋另一個事實。特別是不能用後出的"通用"現象來解釋前出的字形事實。朱歧祥所舉多爲《說文》的例子,且以从"公"的字爲多,也許這就是川與"八"通用的一個條件。

面的分析看，《説文》"必，分極也，从八弋"的解釋是極有理據的，从八、分極等之説各有實據。屋頂蓋成呈八之狀的終極原因還是爲了便於流水。

第五，八部之外从八之字的證據。

州：《説文》川部："州，水中可居曰州，周遶其旁，从重川。昔堯遭洪水，民居水中高土，或曰九州。《詩》曰'在河之州'。一曰：州，疇也，各疇其土而生之。州，古文州。""州"之古文州，从八。段玉裁注："此像前後左右皆水。"其説的話。八分高地兩旁，其爲水無疑。从八即从水矣。

小：《説文》小部："小，物之微也。从八，丨見而分之，凡小之屬皆从小。"段玉裁注："八，别也。象分别之形，故解从八爲分之，丨纔見而輒分之，會意也。凡榍物分之則小。"段説乃據小篆，"分之則小"，自能通之，但非其朔義。甲骨文、金文已有"小"字，並不从八，用三小點或四小點表示，其取象爲何物，今説解未能定於一。我們曾相信"小"的早期形體，取自"散碎沙粒"①，現在看來，應該作些小的修正，甲骨文之小亦可能是小水滴形，故到小篆時，才有了从八的構形，也就是説，"小"字在小篆體系裏从八，可能是兩種力量作用的結果，一是小篆筆畫篆勢特點的影響，二是"小"字原始構形，本取自於水滴，而"八"的初始義又是水分流的形象，故取"八"以存"水"之意。另外，"小"的滋生之字"沙（沙粒）"，本就从水，是存"水"之意的另外一種表現形式。此可相互發明。

綜上，"八與水通用"之説可成，今仿高明所舉之例列表於下②：

	漁	益	州
从八	𩵋 《鐵》12.1	𥁃 畢鬻敦	州 古文 《説文》川部
从水	𩵋 《鐵》264.1	𥁃 《菁》3	州 小篆 《説文》川部

① 参拙文《釋"對"》。

② 表中"鐵"指劉鶚《鐵雲藏龜》，字後數字爲《契文舉例》引用《鐵雲藏龜》時的編號，點號前數字表《鐵雲藏龜》之頁碼，點號後數字表版數。如鐵12.1，表示《鐵雲藏龜》第12頁第1版。餘類推。"菁"指羅振玉《殷墟書契菁華》，字後之數字指該書頁碼。甲骨文、小篆"州"从川，从川即从水。如甲骨文𩵋字（見方法斂《庫方二氏所藏甲骨卜辭》第402版），从川省从豕，小篆作"㳭"，从水从豕。另外，孫詒讓在《名原・象形原始》（上第16頁）中釋"祼盟"時，舉金文魯侯角"祼"字从重八者，"疑象灌酒形，與㳭从水略同"。此説極是，从八、从重八都當與水液有關，惜孫氏未能推論到从八之𩵋等字。

　　由於孫詒讓對"義近形旁通用"的認識還不是很理性的,所以,我們在上面列舉的例子,難免會有缺陷,有些通用的例子,在當時可能就是一個字的繁簡不同的寫法,但是,這些形旁在後來的字書中,都成了不同的偏旁,故我們把它們歸納成了上面那些條例①。

　　另外,使用這種"義近形旁通作通用"方法時,還應該注意以下幾點。

　　一是使用這種方法是有條件的,不能據某一通用通作之例,類推所有與此相關的字。這一條我們在討論"谷、仏、八、氺"等字時已有所説明,此處不再展開,下面僅舉例子,以引起大家的注意。如我們已證"八與水通用",但切不可據此推證甲骨文从八从豕的𤏳即"涿"字②。

　　二是使用這種"義近形旁通作通用"方法時,要注意義近形旁的判定及形旁在字體結構中的部位。這一點我們在前面的相關内容中已有討論,此也衹舉例以伸之。大家都認可"口與言通用、止與正通用",但切不可據此推證从口从止的𧾷即"証"字,因爲𧾷上之"口"非言語之口,故不可以"口言通作"之例等之,在古文字系統中,這種用一個相同(或近似)的偏旁符號表示幾個在意義上毫不相干的實體的現象是非常普遍的。因此,在使用"義近形旁通作通用"時,也要特別注意區分同形異義的情況。

　　三是這種"義近形旁通作通用"可兼及"聲兼義"的字符(或符號)。如:

　　𩜈字吕圖釋爲饌,薛從之,《宣和圖》及王録並釋爲養。按,養从食羊聲,饌从食巽聲。此銘餪字爲食旁𥭯,與羊巽皆不類。以古文偏旁考之,當爲餪。其字从食算聲。即籑字也。《説文》饌爲籑之或體。《説文》竹部:"筭,長六寸,計歷數者。从竹从弄,言常弄乃不誤也。""算,數也。从竹从具,讀若筭。"經典二字多通用。《禮記》"投壺算長尺二寸",以算爲筭。故籑从食算聲。亦

---

① 孫詒讓的其他古文字考釋著作中也使用了這種方法。如《古籀拾遺》中就有"口"與"言"、"止"與"辵"、"彳"與"辵"、"日"與"夕"(第9頁)、"丮"與"㚒"(第20、30頁)、"也"與"它"(第50頁)、"筭"與"算"(第53頁)、"寸"與"攴"(第65頁)、"又"與"攴"(第75、176頁)、"辵"與"舟"(第144頁)、"䀠"("目")與"䀠"(第177頁)等通用的例子。《名原》中有"手"與"廾"(下第2頁)、"丮"與"攴"(下第6頁)、"又"與"手"與"攴"與"爪"與"寸"(下第10頁)、"心"與"言"(下第11頁)、"彳"與"女"(下第23頁)、"厽"與"晶"(下第23頁)等例子。

② 甲骨文的𤏳,一般釋爲"豕"。參朱歧祥《殷墟甲骨文字通釋稿》第198頁第698"豕"條。

可从筭作餰。筭上从竹而此銘从川（者，古文之省。凡从竹之字，古籀皆省爲∧∧，《説文》韚，古文韛；䇂，籀文蕭；䇅，古文䈼，从竹。復省爲川。《説文》箕古文亦作𠀤。

（《古籀拾遺》第52—53頁）

孫詒讓"經典二字多通用"，似乎衹是説"算"與"筭"因音同而常通用。進而證明它們作爲構字的聲符偏旁時可以相互替換，得出"餰"即"餐"字。這也就是人們通常所説的"音近聲符通作"現象。這種現象多發生在文字的表詞階段（即通假現象），而在文字構字階段，這種通作現象也是比較普遍的，過去關注亦較多。對於"聲兼義"或"義兼聲"這種複雜現象，人們則往往簡單化處理爲"音近形旁通作"或"義近形旁通作"。"餰"與"餐"確有因偏旁"算"與"筭"音近音同的原因而通用，但"算"與"筭"也確有形近義近的特點，這也應是"餰"與"餐"通用通作的原因之一。"筭、算"二字，段玉裁分別注爲："《漢志》云：'筭法用竹，徑一分，長六寸，二百七十一枚，而成六觚爲一握。'此謂筭籌，與算數字各用。計之所謂算也，古書多不別。""筭爲算之器，算爲筭之用，二字音同而義別。从竹者，謂必用筭以計也。从具者，具數也。"段氏的"義別"是指兩字的意義略微有別，不是没有關係的大別，而是有密切關係的小別。這種"微別、小別"與"義近形旁通作"之"義近"一致。凡"義近形旁通作"的偏旁，它們都有彼此對立、各自獨立的意義，"通作"衹是在特定的不需要區別的環境裏的表現形式。段玉裁的所謂"筭爲算之器，算爲筭之用，二字音同而義別"即言"算"與"筭"彼此對立、各自獨立的意義，"此謂筭籌，與算數字各用。計之所謂算也，古書多不別"，則言它們在特定環境裏的"通作"表現形式。段玉裁所言"筭、算"的器、用之別正是"義近形旁通作"的一種重要的表現特徵。江淑惠説："形旁通作之條例，可以發現義近形旁通作實際可分爲三種層次：第一種是偏旁本身的直接義近甚至義同，如艸中、鳥隹、土田、彳辵止、首頁，凡从艸可以从中，从鳥可以从隹，从土可以从田，从彳可以从辵从止，从首可以从頁，各偏旁多取自具體的形象。第二種是通作的偏旁爲實體的形象及其所代表的抽象概念，如目與見、口與言、心與言、米與食、羽與飛。第三種則是偏旁本身義不相屬，其通作乃造字的間接關係，如缶皿瓦形旁通用例，如牛羊豕鳥鹿犬通用例。"[1]這個分析是比較切合實際的，其中之第二種與

---

① 江淑惠《郭沫若之金石文字學研究》第94—95頁。

"箅算"通用有關。通觀"義近形旁通作"例,"義近形旁通作"的偏旁在字中可作形符,也可在字中作聲符或者作"聲兼義"字符。現對孫詒讓"饌"與"籑"兩字通作例總結如下:

	形符	聲同義近字符	通作替換
饌(𩞦)	食	算从竹从弄	籑
籑	食	算从竹从具	籑

　　聲兼義字符的通作通用現象,過去人們關注的是聲同,很少注意義近這一面,實際上,如果能夠注意到這種義近現象,對於正確釋讀被釋字也是很有幫助的,至少可以增加釋讀的可信程度。

　　"義近形旁通作通用"是古文字中常見的現象,做古文字考釋的人不可不知。孫詒讓發其端,用其法;其後唐蘭、楊樹達等述其例,律其法;再後,高明總其成,列通作之例32個。但正如高明所説,古文字的實際情況遠不止他列舉的32例之數,我們在做具體字的考釋時,要儘可能地利用發掘這種有限的資源。另一方面,利用這種通作之法時,也要儘可能注意我們上面提到的那些問題。

第二節　歷史比較法

一、甲骨文與《説文》

(一)甲骨文形體與《説文》小篆 ①

　　後世研究甲骨文等古文字考釋方法的人,無不把《説文》放在重要的位置。特別是在進行形體比較、分析的時候,無論是逆推,還是順推,都離不開《説文》提供的小篆及時代更早的其他字形。楊樹達在其《新識字之由來》一文中歸納了考釋古文字的一些基本的方法,其中第一條就是"據《説文》釋字",並説:"據《説文》所記之字形以識字,此至簡單至易爲之事也。然而

① 　此部分内容曾整理成《孫詒讓的甲骨文考釋與〈説文〉小篆》一文,發表於《語言研究》2003年第4期,署名金鐘贊、程邦雄,可參考。

字形繁簡小異，位置略殊，則人多忽而不察焉。"①羅振玉在其《殷虛書契考釋・序》中提出"由許書以溯金文，由金文以窺書契"，同樣强調了《説文解字》在考釋古文字中，特別是在考釋甲骨文、金文中的重要性。過去，人們在談到運用這種理論方法時，首先提到的總是羅振玉，羅振玉的確把這種考釋的實踐活動，首先進行了理論上的總結和概括，但是我們也應該看到，最早應用這種方法來進行甲骨文考釋的，還是孫詒讓。本節我們重點探討孫詒讓是如何通過《説文》提供的小篆字形來隸定考釋甲骨文的。

　　許慎《説文解字》中提供的古代字形是多方面的。有小篆、古文、籀文，還有或體、俗體等，據趙平安研究，《説文》"全書收録重文1163個，明注古文和籀文的有七百多，其餘大體上是小篆。這些小篆附著在字頭後面，有時説解特別指出它是篆文，那麽字頭便是古文或籀文"②。我們認爲，趙説大體上是可信的。因此，本文所涉及的小篆包括《説文》字頭正篆，也包括《説文》釋文中的其他篆文形體。

1. 非直接引述《説文》小篆的例子

　　孫詒讓《契文舉例》共提及《説文》379次，其中有26例不是直接引述《説文》的原文。這26例，雖没有直接引述《説文》原文，或根本不可能有《説文》原文，但從孫詒讓具體的考釋段落看，這種近似於零形式的引用或比較，對於確定甲骨文被釋字的字形、字義等還是起到了相當的作用。換個角度來説，孫詒讓在考釋甲骨文時，是把《説文》的小篆及其相關字形作爲最基本、最重要的參照的。因爲，儘管《説文》中没有合適的形體與甲骨文字形相對應，孫詒讓還是要列舉《説文》爲證。這些例證，細加分析，包括

①　楊樹達《積微居金文説》（增訂本）第1頁。楊樹達把考釋文字的方法歸納爲十四種：一曰據《説文》釋字，二曰據甲文釋字，三曰據甲文定偏旁釋字，四曰據銘文釋字，五曰據形體釋字，六曰據文義釋字，七曰據古禮俗釋字，八曰義近形旁任作，九曰音近形旁任作，十曰古文形繁，十一曰古文形簡，十二曰古文象形會意字加聲旁，十三曰古文位置與篆書不同，十四曰二字形近混用。這十四種條目不一定都是考釋方法，有的屬於古文字形體演變、發展的規律和結構特點，如"古文形繁、古文形簡、義近形旁任作、音近形旁任作"等等。

②　參趙平安《〈説文〉小篆研究》第47頁。關於"小篆"是否是《説文》中所列正篆的問題，孫詒讓有他的看法，認爲"《説文》九千文則以秦篆爲正"（《名原・敍録》第1頁）。目前學術界則多傾向於《説文》中的正篆包含古文、籀文、篆文等多種成分。參陸宗達《説文解字通論》第28頁。

以下幾種情況。

（1）説明某字《説文》所無。從而建立甲骨文某字與《説文》或後來某字的關係

如："紹"與"詔"

"丙申卜參卯雀于兄丁"百四十五之三。……"卯"皆作"ᙏ"十九之三。……以字形考之，當爲從卩從糸，疑"紹"之省文……"紹"、"詔"字通。《説文》無"詔"字。《一切經音義》引《三蒼》"詔，告也"。"卯雀"者，"雀"、"爵"通。詳《釋文字篇》。謂詔告獻爵於神，即薦酒也。（《釋卜事》"紹"條，第19—20頁）

又如："媐"與"嬉"

按此字從女、從壹，《説文》無此字，疑即"嬉"之省①。《説文·女部》亦無"媐"字。（《釋文字》"嬉"條，第105頁）

"紹"條，通過《説文》所無（指"詔"字），來推論甲骨文中"詔"字意義是借用"紹"字表示的，從而建立甲骨文字"紹"與後出字"詔"的關係。"嬉"條，則通過《説文》所無（指"媐"字），來證明甲骨文從女從壹的"媐"，是"嬉"之省，從而建立甲骨文"媐"字與《説文》"嬉"字的關係。此類最多，共15例。如果加上字書所無、未見的9個例子，《契文舉例》共有24例《説文》所無②。這些例子均是通過字形的隱性比較來説明確定某一甲骨文字形的形體結構或意義等。

（2）説明甲骨文某字與《説文》某字構形有別，不當爲一字，常用"《説文》別有"來表述

如："它"與"虫（虺）"

---

① 從女、從壹的"媐"字，明梅膺祚《字匯》女部："媐，與嬉同，女字。"作爲"嬉"的異體收錄。

② 字書所無、字書未見，當然是《説文》這部最早、最重要的字書中也没有，故9條定爲字書所無、未見的例子都可歸爲《説文》所無之中。字書所無的例子如《釋文字》"牵"條："此諸文上從'大'，下似從'豕'，字書所無。"（按，1927年蟫本作"此諸文似從大、從豕，字書所無"，亦通。）字書未見例如《釋文字》"冏"（按，此爲作者隸定）條（第130頁）："此似從弓、從口，字書未見。"這個字在陳煒湛、唐鈺明《古文字學綱要》（第59頁）中有另外一個外弓内口的寫法。

即《爾雅·釋魚》之蝮虺。《説文》別有"虺"字，與虫異。

（《釋人》"它"條，第33頁）

又如："賓"與"穷"

亦讀爲"賓"，飲酒當賓賢能，不賓者蓋變禮，故特志之。《説文·貝部》別有穷字，爲貧之古文，與此亦不相涉也。

（《釋禮》"豊"條，第54頁）

"它"條，孫詒讓不贊成劉鶚釋"虺"，故舉《説文》另有與被釋字（甲骨文）構形有別的"虺"字，以駁劉釋之非，證被釋字與"虺"或"虫"非一字[1]。"豊"條，孫詒讓通過《説文》別有"來説明被釋字"賓"與《説文》"穷"字構形有別，不是一個字。

（3）以《説文》的相關情況證其説

如："由"與从"由"得聲之字（"笛、迪、宙、胄、油、妯、軸"等）

其字《説文》未見，竊疑當爲"由"字。《説文》無"由"篆而有"由"聲。

（《釋文字》"由"條，第115頁）

又如："武"與《左傳》楚莊王説

"𢧵"即"武"字，爲止戈會意[2]。《説文·戈部》據《左傳》楚莊王説。

（《釋文字》"止"條，第72頁）

又如："德"與"德、悳"所从聲母

當即"德"之省文。《説文》德、悳皆以"直"爲聲母。

（《釋文字》"目"條，第79頁）

---

[1]　此條劉鶚釋"虺、虺父"，孫詒讓釋"它、它父"，均誤。"虺"小篆作𧓕，劉鶚實際上是釋爲"虫"，"虫"小篆作𧋙，無論"虺、虫"，小篆形體都與甲骨文"旬"的形體有很大差別，在這一點上，孫詒讓的批評是對的。孫詒讓釋"它"，"它"小篆作𧉚，與被釋字"旬"的形體亦不合。後多从王國維釋爲"旬、旬無（禍）"，已成定論。參見《觀堂集林》卷六第285頁《釋旬》。

[2]　《説文》戈部："武，楚莊王曰：夫武，定功戢兵，故止戈爲武。"《左傳·宣公十二年》："夫武，禁暴戢兵，保大定功，安民和眾，豐財者也。""武"字從甲骨文看，从戈从止，當以征伐用兵等軍事行動爲其構字本義。

"由"條,指出《説文》没有"由"字的篆字字頭,却有以"由"作聲符的字①,以此來證明甲骨文的相關形體、構件隸爲"由"是有根據的;"止"條則在通過舉證《説文》釋"武"立論的依據,來説明釋<unk>爲"武"的正確性;"目"條則在指明《説文》中的"德、惪"均以"直"爲聲符,進而認定<unk>爲"目"字、<unk>即"直"字。

（4）轉述《説文》大意

　　"<unk>昌",二百廿七之三。首字右半似帚之省,詳前。左<unk>字難識。考《説文·青部》:"静,从青,争聲。"……此右从<unk>,或即争之省,左从杏或變<unk>爲<unk>。《説文》青从生丹。　　　　　　　　　　（《釋文字》"静"條,第130頁）

這是用《説文》青字"从生丹"的形體結構來印證所論甲骨文"静"字左邊字形的結構②。《説文》原作"<unk>,東方色也,木生火,从生丹,丹青之信言象然。凡青之屬皆从青。<unk>,古文青"。兩相比較,孫詒讓所述關於"静"的内容,顯然不是《説文》原貌,祇是轉述《説文》大意而已。又如:

　　古从鳥、从隹字多互易,如《説文·隹部》雞、鷄,雛、鶵之類恒見,不足異也。　　　　　　　　　　　　　　　　　（《釋文字》"鳳"條,第128頁）

　　這是概括《説文》中从隹从鳥通作的相關情況,進而論定从凡从隹之甲骨文形體即"鳳"字。

2. 甲骨文與小篆的比較

（1）《契文舉例》引述《説文》基本情況

　　《契文舉例》直接引述《説文》原文的有353例,其中涉及《説文》古文的有65例,65例中有2例是一條《説文》中有兩個不同古文的列舉。這2例是:《釋文字》"止"條（第72頁）:"《説文·正部》:'正,是也。从一,一以止。古文作正,

---

① 朱駿聲《説文通訓定聲》第235—237頁收録从"由"得聲的19字。
② 孫詒讓此條討論的甲骨文形體,實際上是一例誤釋。這個形體後來釋讀頗多,但没有認同孫説者。于省吾在《雙劍誃殷契駢枝》第1—4頁釋爲"蓍",後多從之。陸宗達、王寧在《訓詁方法論》（第38頁）也討論過該字,釋爲"春"。另拙文《説"屯"》第30頁也曾討論過"春"字,可參考。另"此右从<unk>",依例<unk>、<unk>當作<unk>。

从二,二,古文上字。又作㞜,从一足,足亦止也。'"①《釋文字》"我"條（第91頁）:"我,施身自謂也。从戈手。手,古文垂也,一曰古文殺字,古文作𢧑。"②孫詒讓引《説文》與今本《説文》在字詞上有一定出入,我們在計算使用次數時,一般以孫説爲據,但當孫引《説文》有明顯訛誤時,則以今本《説文》爲準。此處"我"條"一曰古文殺字",顯衍一"文"字,今本《説文》無"文"字。"殺"字,《説文》收有3個古文形體,無作"手"者。故此處統計時,依今本《説文》不予計入。減去一例中出現兩次古文的復出數2例,實際上在353例引用《説文》的例子中,有63例含有古文。含有籀文的有14例,其中有2例與古文同條。這2例是《釋日月》"申"字條（第2頁）的"《説文·申部》'申,古文作𨑃,籀文作𨑓'"③和《釋文字》"馬"字條（第121頁）的"《説文·馬部》'馬,怒也,武也。象馬頭、髦尾、四足之形,古文作𢒉,籀文作𢒋。皆有髦'"④。這樣,減去古文63例和獨立出現的籀文12例,餘下的278例大致可以定爲小篆的例⑤。

---

① 今本《説文》作:"正,是也。从止,一以止。凡正之屬皆从正。㞄,古文正,从二,二,古文上字。㞜,古文正,从一足。足者亦止也。"

② 今本《説文》作:"我,施身自謂也。或説我,頃頓也。从戈从手,手,或説古垂字,一曰古殺字。凡我之屬皆从我。𢧑,古文我。"

③ 《契文舉例》舉《説文》古文"申"作𨑃,其形與金文近,更像閃電之形,而與今本《説文》"申"的古文𨑃不同。今本《説文》申部作:"申,神也。七月陰氣成體自申束。从臼自持也。吏鋪時聽事申旦政也。凡申之屬皆从申。𨑃古文申,𨑓籀文申。"

④ 孫詒讓此條釋甲骨文諸字形爲"馬",誤。今本《説文》馬部作:"馬,怒也,武也。象馬頭、毛尾、四足之形。凡馬之屬皆从馬。𢒉,古文;𢒋,籀文。"

⑤ 孫詒讓《契文舉例》引《説文》的例子中,另有6例"篆文作某"的情況。這種情況下的《説文》字頭可能是古文或籀文,但孫詒讓基本上是把《説文》字頭看作小篆的。參閱趙平安《〈説文〉小篆研究》第47頁和陸宗達《説文解字通論》第28頁的相關論述。無論是孫説,還是趙説、陸説,從《説文》的實際情況和我們所討論的問題看,這6個"篆文作某"例子,都可以算作小篆的例子。因爲不管字頭的性質如何,關鍵是"篆文作某"已説得相當明確,説明孫詒讓是在拿甲骨文與篆文（即小篆）比較。這6例是:《釋人》"漁"條（第32頁）:"《説文·鱻部》:'𤉡,博魚也,从鱻水,篆文作𤋳,从魚。'"《釋文字》"學"條（第90頁）:"《説文·教部》:'斆,覺悟也。从教冂,冂,尚矇也,篆文作學,从教省。'"《釋文字》"盟"條（第97頁）:"《説文·囧部》:'盟从囧,皿聲。篆文作盟。'"《釋文字》"韋"條（第109頁）:"《説文·㐭部》:'韋,熟也。从㐭羊,讀若純。一曰鬻。篆文作𦋺。'"《釋文字》"射"條（第116頁）:"《説文·矢部》:'躲,弓弩發於身而中於遠也。从矢从身。篆文作射,从寸,寸,法度也,亦手也。'"《釋文字》"豚"字條（第119頁）:"《説文·豚部》:'腞,小豕也。从彖省,象形。又持肉以給祠祀也。篆文作豚,从肉豕。'"

（2）直接引用《説文》小篆及相關原文來與甲骨文比較

①通過甲骨文與《説文》小篆的比較，隸定甲骨文字的字形

如："才（才）"與屮

　　"□服屮或乎正酉"……"屮"當爲"才"之異文。《説文·才部》："才，艸木之初也。从丨，上貫一，將生枝葉也①，一，地也。"金文虡彝屮，與此正同。此亦假"才"爲"在"，"才或"即在國也。（《釋文字》"才"條，第112頁）

　　"才"條的考釋，可看作是這種類型的典型例子。這裏首先拿《説文》小篆的"才（才）"來與甲骨文屮進行比較，認爲屮是"才"的異文，接着指出此處假"才"爲"在"字，最後確定甲骨文的"才或"即"在國"。

　　又如："自（自）"與㕮

　　"丁子卜殻貝㕮"……"㕮"即"自"字。《説文·自部》："自，鼻也，象鼻形。"此上象鼻準，下象兩空，於形尤切也。②　　　　　（《釋文字》"自"條，第96頁）

　　"自"條的考釋非常精彩，孫詒讓通過《説文》小篆"自"的形體及其釋義的舉證，斷定甲骨文㕮就是小篆鼻子義的"自"。從該條列舉的甲骨文的13個"自"的例子看，都不是鼻子本義的用例，因此，上下文語境提供不了多少幫助。而孫氏能够釋出甲骨文的"自"，其主要依據在於：第一，甲骨文㕮字的字形和鼻子的形狀上的相似性；第二，《説文》關於"自"的釋義和釋形，儘管小篆自已不太"象鼻形"，但許慎仍然歷史性地分析"自"的形體爲"象鼻形"。此後學界都予采納，成爲定論。

　　這兩例孫氏都是先斷定甲骨文的形體爲某字，然後舉《説文》小篆比較證之。這是孫氏考釋甲骨文時，引述《説文》以證甲骨文例子的最大宗。

———————————

① 今本《説文》"將生枝葉"後無"也"字。

② 自，《説文》小篆作自，上部鼻準之象猶存，與甲骨文相似，祇是下部與甲骨文有了差別。陸宗達《説文解字通論》（第75頁）："是'自''鼻''準'三字古通用。惟'自'何以象鼻形？上有三杈，中有二橫，不知其取象。契文作'㕮'……諸形，亦頗相似。因懷疑自本以'凵'象鼻形。因以凵注明，説明凵形在口上……篆書書寫緊湊，因而變爲'自'，也是筆勢（至於契文諸形尚不可解，以俟來哲）。"可備一説。實際上，甲骨文及早周金文"自"字下部均不封口，"象兩空"之形可意會，祇是到了周中晚期才出現下部封口的"自"字（參高明《中國古文字學通論》第79—80頁），"兩空"形始不顯於字形。

②通過甲骨文與《説文》小篆的比較，指出《説文》釋讀的不足，批評乃至否定許説

孫詒讓考釋甲骨文，多以許慎《説文》之説爲證，經常拿《説文》來作爲進行比較的前提。但同時，孫氏也不是盲目地信從許慎，而是根據實際情況，進行合理的取捨。

如：ㄓ與屮

"出"字亦皆从ㄓ，如"出貝"字皆作"ㄓ"詳《釋貞篇》……考《説文·出部》作屮，云："進也，象艸木益兹上出達也。"金文則毛公鼎作屮、伯矩鼎作屮、石鼓文亦作屮，皆从止。與許説不同。此文从ㄓ，亦即从止，與金文、石鼓符合，足徵商、周古文皆同从止。許説恐非倉、史之本恉也。①

（《釋文字》"出"條，第74頁）

《説文》"出"的小篆字形屮，實際上是甲金文字的筆畫化的結果，其形仍與甲骨文、金文等古文字形體有比較明顯的聯繫和相似性，特別是與石鼓文的形體更爲接近。由於許慎没能看到這些古文字的形體，故作出了"非倉、史之本恉"的錯誤解釋。孫詒讓對甲骨文"出"字的考定及其字形的系聯（包括小篆形體）都是十分正確的，因此對許慎説解（包括釋義和形體分析）的批評就顯得合情合理。

又如：囟與𩰰（𩰰，古文冬）

---

① "出貝"之"貝"當釋"貞"，甲骨文中"貞、貝"區別明顯。孫詒讓雖誤釋"貞"爲"貝"，但他在《釋貞》篇"貝"條（第8頁）中又指出："以義求之，當爲'貞'之省。《説文·卜部》：'貞，卜問也，从卜貝，貝以爲贄。一曰鼎省聲。'"（按，《説文》"貞"字條末尾另有"京房所説"四字，注明"一曰"出於京房。這同時也表明京房時，"貞"字的形體來源就已不太清楚，故有京房"一曰"之説。劉鶚釋爲"問"是從上下文的意義猜測的。）不僅如此，孫氏還在劉鶚《鐵雲藏龜》概括的"四貝（按，當爲'貞'）"之外，另總結出"十貞"，其中就有此處舉的"出貝"，作"出貞"（第13頁）。又説（第9頁）："劉（按，指劉鶚）所謂'問'，皆當爲'貝'，實'貞'之省。"綜上可見，孫詒讓在釋"貞"的問題上，是功過相兼的，甚至是功大於過的。今人一味地批評孫氏釋"貝"，而忽略其"貞之省、讀爲貞"的見解，是不公允的。再説"鼎"與"貝"的確有相似易混之點，而"鼎"與"貞"又幾乎可認爲是同字分化。因此，在甲骨文考釋的創始期孫詒讓出現這種錯誤是可以理解的。關於這一點，可參看《説文解字》"鼎"條（古文以貞爲鼎，籀文以鼎爲貞）、孫海波《卜辭文字小記》（第73—74頁）、郭沫若《卜辭通纂》（第6頁）。又今本《説文》"兹"作"滋"。

龜文自"躬牢"外，紀牲牢者甚多，"牢"字皆作"⊞"，而作"⊞"者尤多，或作"⊞"，又作"⊞"，作"⊞"。《説文·牛部》："⊞，閑養牛、馬圈也。从牛冬省，取其四周帀。"金文貉子卣作⊞，此省作"⊞"與彼同。从羊者文之變也。考《説文·夂部》："⊞，古文冬字。"依小篆，牢字則是从古文冬字，殆無所省。而説解云取四周帀，則又是象形，與冬古文殊不相涉。而誼舛馳不能並立。況金文、龜文牢字咸無下橫畫，而金文井人鐘、頌鼎、頌敦需冬字又皆作∧，下復不相連，許説究不可通。竊謂古文牢字止取周帀形……固不必四合，亦非於冬得形也。① 　　　　　　　　　（《釋禮》"牢"條，第56—57頁）

"牢"條，孫詒讓通過引入《説文》牛部小篆"牢"和夂部古文"冬"等形體與甲骨、金文"牢、冬"等形體的比較，認爲：甲骨、金文的"牢"與"冬"的形體没有關係，故許慎根據小篆的形體説明"牢、冬"之間的形體上的聯繫是不可取的，"牢"字"止取周帀形""固不必四合，亦非於冬得形也"。這個批評，就所舉材料和方法言，亦當可取②。

③通過甲骨文與《説文》小篆的比較，確定甲骨文字的字義

如：⊀與⊀

"乙丑卜斤隻舛羌"，卅一之三。……"羌"字皆作"⊀"。《説文·羊部》云："⊀，西戎羊種也。从羊人，羊亦聲。"……《詩·商頌·殷武》："自彼氐羌，莫敢不來享，莫敢不來王。"《鄭箋》云：氐、羌、夷、狄，皆在西方。則商時西羌種族甚盛，故亦見於龜文。"斤隻舛羌"當讀爲"祈奪圍羌"，蓋其時羌有内犯者，圍之而被奪逸，卜於神求必獲之也。③ 　　　　　（《釋地》"羌"條，第51頁）

---

① "頌敦"之"敦"采用今通行寫法，孫詒讓原寫與此異，左半作㲉。古文⊞字形體，據今本《説文》，孫詒讓原寫與此異，無字中之構件"日"。今本《説文》作："⊞，古文冬从日。"

② 王襄亦認爲"冬之形誼與牢無關"，見《古文流變臆説》第68—69頁。于省吾主編《甲骨文字詁林》按："諸家均釋牢字，無異辭。問題在於牢字之含義。《説文》訓牢爲'閑養牛馬圈'乃後起引申義……許慎以爲从冬省，誤。"此皆可爲證。

③ 孫詒讓"祈奪圍羌、圍之而被奪逸"之"圍"用異體，中間構件與"衛"中間構件同。同條卜辭，孫詒讓在《釋貞》篇品字條（第10頁）釋"舛（品）"爲"韋"字，認爲此爲"圍"之借字，此據《釋貞》篇直接寫作"圍"。其原文如下："'乙丑卜斤隻舛羌'……以文義推之，似亦即'韋'字而變其形。舛字本从夊牛反正平列，不分著上下。《説文·舛部》：'舛，對臥也。从夊牛相背。'則字形當以夊牛平列爲正。此从本形，於字例固符合也。其義或當爲圍之借字。"詹鄞鑫充分肯定孫氏的這一見解，見《孫詒讓甲骨文研究的貢獻》。又釋"隻"爲"奪"，可商。

“羌”條,孫詒讓通過引用《説文》對“羌”的釋義,來確定甲骨文中“羌”字的意義當爲西方民族羌族,另舉《詩經》及鄭箋爲證,使其結論更加可靠。

④通過甲骨文與《説文》小篆的比較確定甲骨文字的通假關係(引《説文》以證甲骨文字的讀音)

如:𩍿與“葡、犕(通“服”)”①

　　“𩍿”字與葡字相近。考《説文·用部》:“葡,具也。从用苟省。”金文毛公鼎葡作𩍿,亦可互證。其讀當爲矢服之服……毛公鼎魚葡亦即《詩》之魚服,古服、葡聲近字通。《説文·牛部》:“犕,《易》曰:‘犕牛乘馬。’从牛,葡聲。”今《易》犕作服,是其例也。　　　　　　　　　　　　　　　　　　　　　　　　(《釋地》,第50—51頁)

這段文字引《説文》“葡”字釋文證甲骨文𩍿即“葡”字,接着又用小字注文形式引《説文》“犕”字釋文證甲金文之“葡”當讀爲“矢服”之“服”。

(3)孫詒讓自述“小篆”與甲骨文比較

在《契文舉例》中,除上面討論的直接引用《説文》小篆及原文來與甲骨文進行比較之外,還有52條不一定引用《説文》,但孫詒讓已明言是與小篆類字形的比較②。值得注意的是,孫詒讓在這一類問題的討論中已提出了一些頗有見地的觀點和見解。下面我們分條加以討論。

①批評小篆演變的不科學性

在第(1)部分裏,我們已經提到過,孫詒讓非常推重《説文》,但又不是盲目地信從《説文》,而是客觀地看待許慎的説解。這一部分裏,我們則將直接列舉孫氏批評小篆弊端的例子,以探討孫氏的文字史觀。

---

①　《説文》用部:“葡,具也。从用,苟省。”吳大澂《字説》:“葡爲盛矢之器,後人加牛爲犕,又通服,今經典通用服,而葡字之古義廢。”段玉裁《説文解字注》:“具,供置也。人部曰:‘備,慎也。’然則防備字當作‘備’,全具字當作‘葡’,義同而略有區別,今則專用‘備’,而‘葡’廢矣。”依《説文》,“葡、備”有別。

②　這52條例子的計算原則:一段相對完整、連貫的敘述中,使用了“小篆”等字詞1次的例子算1條。在這樣一段文字中如出現2次或更多次數的“小篆”類字眼,一般不重複計算。如《釋人》“漁”條:“是古文𩵋从二魚,小篆省从一魚,此文亦止一魚,或即小篆之濫觴與? 但象形較繁,與秦篆不同。”這段文字中使用2次“小篆”,1次“秦篆”,計算時,仍祇算1條。“小篆”類字眼包括“小篆、篆文、大篆、篆體、篆、篆形”等。

A. 指出小篆字形與甲骨、金文等古文字形體不同。

如:目與🔵、🔵

《說文·目部》:"目,人眼也,象形重瞳子也。"金文从目字多作🔵,與小篆从橫不同①,中爲瞳子形,亦較繁。龜文凡从"目"字……類此者甚多作🔵,衡目與金文同,而中略省。　　　　　　(《釋文字》"目"字條,第79頁)

又如:

龜文"漁"字从象形魚……此諸文皆从魚,亦象形,而文略簡。上从八者,篆文魚作🔵,尾有八形。此迻著於上也②。

(《釋文字》"漁"條,第128—129頁)

又如:品與🔵

有云"品貞"者,如云:"庚辰卜🔵貝尹牛。"五十六之一,又百五十四之二亦有"🔵貝"二字。《說文·品部》:"品,衆庶也,从三口。"此"品"皆作"🔵",上兩口,下一口,與篆文小異。金文盂鼎別器匜,偏旁品亦作🔵,與此相類。

(《釋貞》"品"條,第13頁)

又如:

是古文灙从二魚,小篆省从一魚,此文亦止一魚,或即小篆之灧鱵與?但象形較繁,與秦篆不同。　　　　　　　　(《釋人》"漁"條,第32頁)

這裏提到的"小篆、篆文、秦篆"的意思基本相同,均指小篆類字體。這些例子裏,孫詒讓雖未直接批評小篆等字形的不足,衹是說甲骨、金文等古文字形體與小篆等有所不同,但根據孫氏的漢字字形演變觀和上面這些例子中對甲骨、金文的描述,還是可以看出他的批評性傾向的。如"目"條,孫氏指出甲骨、金文的"目"與小篆相比,不僅有縱橫的差別,而且,甲金文有"中爲瞳子形"的特

---

① "从橫"字,樓本、白玉崢《校讀》、覃本均作"縱衡",與後"衡目"字同,是。
② 孫詒讓認爲篆文🔵从八形,誤。篆文魚的下部不从八,實爲甲骨、金文等古文字形體篆化的結果,故移八著其上之說自不能成立。

徵，其潛臺詞當然是小篆不如甲骨、金文等來得具體形象（瞳子形）、貼切真實（“衡目”比“縱目”更符合客觀）。

B. 從微觀上批評小篆。

這種批評主要用在進行具體字形的歷史比較時。如：

> ……當爲象形“燕”字。《説文·燕部》：“燕，玄鳥也，籥口、布翅、枝尾，象形。”……篆從廿口北火，於形殊遠，不及甲文之精也。①
>
> 　　　　　　　　　　　　　（《釋文字》“燕”條，第125頁）

又如：

> 此即“夔”字。《説文·夂部》：“夔，神魖也。如熊一足。從夂，象有角、手、人面之形。”……小篆變兩手爲止巳形，殆失其真矣。詳《古籀餘論》。②
>
> 　　　　　　　　　　　　　（《釋文字》“夔”條，第125頁）

又如：

> 龜文自有“角”字，如云：“丙申卜□虎令□👁□矣丞”，六十二之三。“庚申卜👁其夷”，又云“丁卯卜👁其夷”。七十一之三。《説文·角部》：“𧢲，獸角也，象形。”角與刀、魚相似。此省作“👁”，上象其峭及腮理，下象其柢，於形最切，勝於篆文。
>
> 　　　　　　　　　　　　　（《釋卜事》“角”條，第17頁）

這些例子中的“篆、小篆、篆文”，均是小篆的意思。文中的“篆從廿口北火，於形殊遠，不及甲文之精也”“小篆變兩手爲止巳形，殆失其真矣”“龜文……上象其峭及腮理，下象其柢，於形最切，勝於篆文”等都是在具體的考釋中，拿甲骨、金文等古文字形體來與小篆字形進行比較，進而認爲，就某一具體的字來說，甲骨、金文的形體優於小篆的字形，因爲甲骨、金文的字形能更好地體現最初的構字意圖。

---

① 此字釋“燕”，誤。

② 此字釋“夔”，白玉崢《校讀》（第6006—6007頁）引諸家説，其影響最大者有王國維、商承祚、唐蘭諸家，均釋爲“夔”。唐蘭曰（《殷虚文字記》第34頁）：“孫詒讓釋夔《古籀餘論》二六，至確。”對孫氏釋“夔”，給予充分肯定。

C.從宏觀上批評小篆演變後的字形（形體）。如：

象形爲六書之一，然大小篆婁經改易，率略存形似。龜文則多詘曲奇詭繪象全形。如它、虫，詳《釋人篇》禾、來詳《釋禮篇》之類是也。

（《釋文字》"象形"條，第115頁）

又如：

是古文𩺬从二魚，小篆省从一魚，此文（按，指甲骨文"漁"）亦止一魚，或即小篆之𩼪𩼪與？但象形較繁，與秦篆不同。考金文魚……與此略同。足證古文象形之精，小篆省變殊失其本意。　　（《釋人》"漁"條，第32頁）

又如：

翅上著口者，象其身也。後定象形字，變爲从廿、口、北、火，皆以近似之字易之，此篆書整齊之通弊也。　　（《名原·象形原始》，上第12頁）

又如：

《説文》虍部："𧆞，虎文也。象形。"又虎部："𧆜段若膺校从𠬞。山獸之君。从虍、从人，虎足象人足也。"……若然，虍當爲虎頭，猶互爲豕首，別爲一字。蓋象其侈口形，下則象腹背足尾形，皆不爲人足，此與許書篆文、古文咸不同。雖較之原形已有省變，然相去猶不甚遠也……以金文甲文證之，蓋原始象形虍字即作𠂍，而虎字从之。金文諸虎字，則沿襲而省變之。此字實全爲象形，後人省其足而存其尾，與人字略相近，後定遂以爲从"虍"从"人"會意，而有"虎足象人足"之説。不知虎足不得似人，而虍爲虎頭，亦非虎文，此後定字之失其本形本義也。①

（《名原·象形原始》，上第8—9頁）

這幾個例子中的"然大小篆婁經改易，率略存形似""足證古文象形之精，小篆

---

① 《説文》以"虍"爲"虎文"，誤。孫詒讓據甲骨、金文形體，認爲"虍"爲"虎頭"之演變，是。孫氏批評小篆"虎从人""虎足象人足"之説解，也是可取的。《名原》裏引《説文》某部時，多將"某部"（如"虍部、虎部"）用小字標出，本書統一處理成"《説文》某部"的形式，以便閲讀。

省變殊失其本意”“此篆書整齊之通弊也”“此後定字之失其本形本義也”①，都是從漢字形體演變史上來整體批評《説文》小篆形體的。孫氏在《名原·敘録》中討論字形演變時説得更爲直白：“故歷年益遠，則訛變益衆。而李斯之作小篆、廢古籀，尤爲文字之大厄。”

②通過甲骨、金文字形與小篆字形的比較，認同部分小篆的形體結構

如：且與　

> 龜文稱“祖甲”、“祖乙”之等“祖”皆借“且”爲之，詳《釋鬼神篇》。字多作“　”、卅三之一。或作“　”、廿四之四。或作“　”、三之三。或作“　”。十四之三。“且東”及“且方”字兩見，□□　則爲兄之假字，詳《釋地篇》。《説文·且部》：“且，薦也，从几，足有二橫，一，其下地也。”古文作　②。此第一字正象二橫相比之形，第二字略變之與篆文相近，第三字省作一橫，第四字無橫與許書古文同。
>
> （《釋文字》“且（祖）”條，第71頁）

又如：歸與　

> “貝参裏　或”，廿三之三。……《説文·止部》：“歸，女嫁也，从止、婦省，自聲。”此文與小篆同，惟省止小異。　　　　（《釋文字》“歸”條，第100頁）

又如：征與　

> “征”皆作“　”，如云：……“貝不其　雨”，又云“貝今月　雨”，九十八之二。是也。文中“征”字甚多，略詳《釋卜事篇》，兹不悉舉。《説文·辵部》：“延，正行也，从辵、正聲。或作征，从彳。”又：“征，从辵，止聲。或作延。”今隸變作徙。征與此形同而征伐義不合，故不據釋也。此與《説文》或體同，但以　爲正，字畫微

---

① 孫詒讓認爲“《説文》九千文，則以秦篆爲正”（見《名原·敘録》第1頁，此説欠妥，參前），“此後定象形字，今《説文》所載，大略如是”。相互參證，此條“後定、後定字”即指《説文》小篆之形體。

② 樓本把“古文作　”幾字作爲《説文》原文，是據孫詒讓“第四字無橫與許書古文同”。今查徐鉉本《説文》，“且”字下無古文重文，而徐鍇《説文解字繋傳》（下簡稱《繋傳》）有：“　，古文以爲且。”段玉裁《説文解字注》據徐鍇《繋傳》補入，並批評説：“此字大徐本挩去，從小徐本補入。”孫氏原文是另有所本，還是其據《繋傳》補入，不得而知。

省耳。①　　　　　　　　　　　　　　　（《釋文字》"征"條，第73頁）

前兩條，孫詒讓是拿甲骨文的𠂤、𠁁來與《説文》正篆且、𤪌相比，第三例是拿甲骨文的𬧻來與《説文》或體𬧻相比，或體亦屬"小篆"系列。此類例子甚多，此不贅舉。大家一看甲骨文與小篆的例字，就會對彼此在形體上的繼承性、連續性和關聯性一目了然。

　　從上面的討論可以看出，孫詒讓不僅是第一個考釋甲骨文的人，而且也是第一個運用歷史比較法來考釋甲骨文的人，後來的甲骨學家如羅振玉、王國維等提倡的"由許書以溯金文，由金文以窺書契"的方法，在《契文舉例》中已用得相當普遍和熟練。與此相關聯，孫詒讓雖然非常重視《説文》提供的小篆等字形在考釋甲金文等古文字中的作用，但他對小篆降低、甚至改變了古文字"象形、象義"特徵的事實，則是持嚴厲的批評態度的，這從考釋文字的角度看，無疑也是很有見地的。

　　（二）甲骨文與《説文》古文②

　　孫詒讓在考釋甲骨、金文時，經常引用《説文》等古文的資料來進行比較，以確定被考釋字的形體結構、意義等。有時也通過甲骨、金文等古文字的形體來指出《説文》所列古文之無據。如《名原·象形原始》（上第8頁）裏説："《説文》虍部：'𠂇，虎文也。象形。'又虎部：'𧆞段若膺校从𠃉。山獸之君。从虍、从人。虎足象人足也。'古文作𧆧，作𧆨。許書兩古文，於古未見。"③有時又用甲骨、金文等古文字的形體來與《説文》所列古文互證。如《名原·象形原始》（上

---

① 譚本、白玉崢《校讀》"行"上均無"正"字，樓本該條出注云："稿本行上'正'字，今據《説文》增入。"段玉裁《説文解字注》云："《釋言》《毛傳》皆曰：'征，行也。'許分別之，征爲正行，邁爲遠行。"今查徐鍇《繫傳》作："𨑙，正行也。从辵正聲。"與孫氏所引合，孫氏引《説文》時有據徐鍇《繫傳》者，不必如《校點》據徐鉉本補入"正"字。"征伐"，譚本、白玉崢《校讀》均作"伐征"，且其前有"與"字，比樓本更合語法規範。𬧻，從字形上看，與小篆𬧻的或體𬧻更爲切合，而與𨑙的或體𨑙稍遠，這一點孫詒讓已經作過解釋："（與）征伐義不合。"但另外幾個例子，並無"征伐"義的語境限制，故釋爲从彳从止的𬧻，似亦可通。今《漢語大字典》（湖北辭書出版社、四川辭書出版社1992年）从彳从止組合的或體"徙"字，所舉甲骨文例字即𬧻字，可爲一説之參考。

② 此節內容曾整理成《孫詒讓的甲骨文考釋與〈説文〉中之古文》一文，發表於《語言研究》2006年第4期，可參考。

③ 此條釋甲骨文"虎"字，字頭列甲骨文"虎"字，上舉引文後又列舉了金文師虎敦、虎彝、彔伯敦、師酉敦、毛公鼎諸器之"虎"字形體，與《説文》古文不同，故曰"於古未見"。

第13頁）："《説文》内部：'虎，蟲也。从虍，象形。'古文作虎。禹爲蟲名，則亦當象蟲形。金文未向敦云……又云：'廣啟厹身。'以形義考之，厹當即禹字……上从卪，即象蟲形，與甲文𧱁字及《説文》古文虎字亦相近，可以互證。"《契文舉例》涉及"古文"這個概念的例子有127條之多，其中標明《説文》的有62條（不包括一條中重出的例子。如《釋文字》"止"條（第72頁）："《説文·正部》：'正，是也。从一，一以止。古文作疋，从二，二古文上字。又作疋，从一足，足亦止也。"未標明《説文》的65例①（包括泛稱"古代文字"的例子、"《説文》所無古文"的例子）。

1. 引用《説文》古文的例子

（1）孫詒讓對《説文》古文的認識

孫詒讓對《説文》古文的認識，在他的《名原·敍録》中講得相當明確。他説：

> 《説文》九千文，則以秦篆爲正，其所録古文，蓋掇拾漆書經典及鼎彝款識爲之。籀文則出於《史篇》，要皆周以後文字也。　　　　　　　（第1頁）

這是談《説文》古文的來源、時間範圍。又在《名原·古籀撰異》中説：

> 古文爲李斯所變亂，漢時已無完書，《籀篇》復闕於建武之際，故其形聲義例，許君已不能盡釋。《説文》所載漢人説亦多皮傅之論，如"對"，古文本从士，不从口，而許以爲漢文帝所改，及"易"下引《祕書》"日月爲易"、"禿"下引王育謂"倉頡出見禿人伏禾中"之類。去古益遠，無從考正。然六書大義，要有較然不紊者，如古象形文，其偏旁離析之，皆不能獨成一字，而凡駢合文雖重象複畫，形聲必有所取，此不易之達例也。自䔈經改竄，失其本怡，而後定象形字，彊變詘曲爲整齊，或依傅它字以易其原形，蓋始於晚周，而秦篆爲尤甚。許書古籀重文，傳寫舛互，後人不寀所从，輒依形近字肒改之，以牽就篆法，此弊尤夥。如籀文車作𨌴，龜甲文作𨊰，此半象車雙輪，半象轅持衡及兩軶形。而《説文》訛作𨏠，則以其偏旁與戔相近也。古文射作𢎨，象手執弓注矢形。而篆文改作射，則以其偏旁與身寸相近也……若兹之類，小學家多知之，今更以

金文龜甲文校覈許書古籀，或舛誤昭然而沿襲莫辨，或義例兩通而意恉迥
異，考釋家未及詳者，更僕難數。雖未必原始舊文，而較之秦篆則猶近古，
略摭數名，以發疑辨例，不能盡著也。凡古文大篆訛變不可知者，儻以兹
例求之，或可得其大較耳。凡古文增省，瑑畫小差，無關字例者皆不著。①

（下第1—2頁）

這是談《説文》之古文、籀文已非“原始舊文”之舊，許慎已不能盡釋之。並指
出古、籀文失其原形之時間過程和原因：“去古益遠，無從考證”“强變詘曲爲
整齊，或依傅它字以易其原形”“輒依形近字肊改之”“或舛誤昭然而沿襲莫
辨，或義例兩通而意恉迥異”等等。故孫氏要作《古籀撰異》，通過甲骨、金文
以考變亂之古籀，還其近古之原形。由此可見，孫詒讓對漢字演變過程中的
“篆化”類古文是持嚴厲批評態度的。

但我們也應該看到，客觀上，孫詒讓還是有意借重《説文》提供的古文形
體來考釋甲骨、金文的。如他在《名原·敘錄》中就説：“今略摭金文、龜甲文、
石鼓文、貴州紅巖古刻，與《説文》古、籀互相勘校，楬其岐異以著省變之原。”
在甲骨、金文的具體考釋中，孫氏也的確是這樣做的，下面我們具體分析時，這
一點將看得尤爲清楚。

（2）孫詒讓對《説文》古文的利用

①以《説文》古文單字證甲骨文字形

如：𝌀（𝌀）與𝌁、𝌂

---

① 關於“對”字，《説文》举部：“𱍊，應無方也，从举从口从寸。𱍊，對或从士，漢文帝以爲
責對而爲言多非誠對，故去其口以从士也。”段玉裁注：“鍇曰：‘士，事也。’取事實也。
按，《篇》《韻》皆作土，未知孰是。趙氏明誠曰：據古鐘鼎皆作對。是漢文亦從古耳，非
肊更也。”孫詒讓以“對”爲例，批評許慎皮傅漢文帝所改，是正確的。但認爲“對”之古
文本从士不从口，則可商。段玉裁已有“皆作土，未知孰是”的疑問。拙文《釋“對”》對
此有專門討論，認爲既不从士，也不从土。可參考。
　　關於“射”字，孫氏在《契文舉例》之《釋禮》（第56頁）《釋文字》（第116—117頁）
也有充分的討論，合諸處而觀之，孫氏已非常正確地釋出了甲骨、金文裏的“射”字，指
出小篆致誤的原因也十分準確。後來商承祚《説文中之古文考》之“射”條（第51頁）
分析，與孫氏合。
　　關於《説文》所收“車”字籀文𨏐，孫詒讓認爲是從甲骨文的𤰜字演變來的，當作𨏖，
衹是由於部分構件與“戔”相似，而誤成了我們現在看到的形體𨏐，也是頗有見地，幾
可成爲定論。

　　“申”字多作“𤔲”，五之三。或作“𤔲”，二百五十之一。……《説文·申部》：“申，古文作𦥑（𤔲），籀文作𦥔。”金文宰槐角作𤔲，王子申鼎作𤔲，與此“𤔲”、“𤔲”兩形略同。①　　　　　　　　　　　　　　　　　　　（《釋月日》，第2頁）

這是以《説文》“申”的古文單字形體來證甲骨文的𤔲、𤔲等就是“申”字。又如：

　　𤕟（𤕟）與𤕟

　　“帝”字皆作“𤕟”。《説文·二部》：“帝，諦也，王天下之號，从二，朿聲，古文作𤕟（𤕟）。”此以二爲一，與彼略同。下从朿，朿形亦較葡。此並謂卜於帝也。《論語·堯曰篇》云：“予小子履，敢用玄牡，敢昭告于皇皇后帝。”孔安國注以爲伐桀告天之文，帝謂天帝。②　　　　　　　　　　　（《釋鬼神》，第24頁）

這是以《説文》“帝”的古文單字形體與甲骨文的𤕟進行比較，從而確定𤕟就是“帝”字。從上舉兩例看，孫詒讓的這種比較是相當成功的，特別是孫氏摹寫的《説文》古文字形與甲骨文字形更爲接近，稍作觀察，便覺兩者有一種自然的内在聯繫。由於有這種可靠的、比較科學的比較，故其所得結論，多被當今學術界所采納。其他如“辰、亥、回、完（讀賓）、兆、象、家、尹、岐、庸、共、南、且、正、旡、黄、省、旅、惠、更、友、得、遣、爲、我、求、叚、奴、備、克、侯、畏、卤、豆、柙、鳳、巽、上、下”等都不同程度地使用了這種比較的方法③。以這種方式利用《説文》古文的實例是孫詒讓引用《説文》古文材料的最大宗。

　　②以《説文》古文偏旁推證甲骨文字形

　　如：𤔲與𤔲、𤔲、𤔲（金文）

　　“酉”多作“𤔲”，五之四。或作“𤔲”，廿九之一。《説文·酉部》：“醬，古文作

---

① 　“申”的古文，今本《説文》作𤔲（此以括號框住，下類似情況亦如此處理，不另作説明），段玉裁《説文解字注》改𤔲爲𤔲，是。孫詒讓《契文舉例》據段注摹寫作𤔲，兩者有一定差別。“王子申鼎”，《金文編》作“王子申盞盂”。

② 　此段文字中，蟬本、白玉崢《校讀》無“以二爲一”“下从朿，朿形亦較葡”等十二字。

③ 　這裏是大致列舉，其中有一些不易處理的字未予列出，如“歆”等。另外，孫詒讓引用《説文》古文時，不一定是要證明甲骨文某字就是《説文》某字的古文。有時是通過這種比較，指出某甲骨文形體與《説文》古文的不同，進而確定考釋的甲骨文是某字。拿來進行這種比較的甲骨文與《説文》古文往往在形體或其他某方面有一定的相似性或關聯性。如“爲”字古文的引用，是要證明被考釋的那個甲骨文形體是“叟”字。在孫氏看來，“爲”與“叟”都从爪、手之類，故可比較。

𥐖。"偏旁與此略同。金文中酉爵作🏺，形亦相近。 ① 　　（《釋月日》，第2頁）

這是拿"醬"的古文𥐖所從偏旁"酉"來推證甲骨文🏺、🏺等形體即"酉"字。我們知道，《説文》酉部"酉"條下，是收有古文的："酉，就也。八月黍成，可爲酎酒，象古文酉之形，凡酉之屬皆从酉。🏺，古文酉，从卯，卯爲春門，萬物已出。酉爲秋門，萬物已入，一，閉門象也。"許慎所收"酉"的古文🏺，顯然是有問題的，故其説解顯得牽强附會，秋門之"酉"何以要从春門之"卯"，實無可析之緣由。文中既説小篆酉"象古文酉之形"，又舉"酉"古文作🏺，實無可象之理。故商承祚《説文中之古文考》（第125頁）曰："據石經及下文醬之偏旁，則此寫誤。"其説極是。從這個例子可以看出，孫氏是熟諳《説文》古文系統的，《説文》酉部共收8個重文，其中或體3個、籀文3個、古文2個。除錯録"酉"的古文🏺之外，另外6個或體、籀文中所從的"酉"字大都是小篆酉的標準寫法，與甲骨文字形關係並不十分明顯，剩下的就衹有一個"醬"的古文𥐖所從酉，與甲骨文"酉"的形體有明顯的相似性，而孫氏就抓住了這個唯一具有可比性的材料。又如：

🐢與🐢、🐢、🐢（金文）

　　龜文自"軗牢"外，紀牲牢者甚多，"牢"字皆作"🐢"，八十之三，而作"🐢"者尤多，十四之三、廿四之四。或作"🐢"，四十二之二、七十八之二。又作"🐢"，六十四之二。作"🐢"。百七十五之三。《説文·牛部》："𥎤，閑養牛、馬圈也。从牛冬省，取其四周帀。"金文貉子卣作🐢，此省作"🐢"與彼同。从羊者文之變也。考《説文·夂部》："🐢，古文冬字。"依小篆，牢字則是从古文冬字，殆無所省。而説解云取四周帀，則又是象形，與冬古文殊不相涉。兩誼舛馳不能並立。况金文、龜文牢字咸無下橫畫，而金文井人鐘、頌鼎、頌敦需冬字又皆作🐢，下復不相連，許説究不可通。竊謂古文牢字止取周帀形，故或🐢或🐢，惟變所適，固不必四合，亦非於冬得形也。② 　　（《釋禮》，第56—57頁）

---

① 孫詒讓所引甲骨文、金文形體與原圖版中的字形略有差異，但不影響構字意義的理解。

② 古文"冬"，今本《説文》作🐢，與孫詒讓引作🐢，有較大差異。若從孫氏所引古文🐢看，小篆"牢"字作🐢，的確是"从古文冬字，殆無所省"，但從今本《説文》古文🐢看，許慎"𥎤，从牛冬省"的説解還是能自圓其説的。至於從漢字構形理論、文字學史的角度看，小篆"牢"與"冬"古文、小篆有没有關係，則是值得討論的。孫氏之説是極有價值的，至少現在能看到的甲金文形體可以説明彼此之間没有太大的聯繫。另外，從《説文·夂部》至引文結束這一大段，蟫本、白玉峥《校讀》均無。

這是用《説文》古文﹝圖﹞所从偏旁構件﹝圖﹞來證明甲骨文的"牢"字不从冬。這雖不是通過"冬"的古文從正面證明甲骨文的﹝圖﹞等形體就是"牢"字，但實際上這種否定性證明與從正面證明有同樣的功效。排除了小篆﹝圖﹞所从外框之周帀形與古文﹝圖﹞之外框的關聯性，也就爲小篆形體的﹝圖﹞字與甲骨文形體的﹝圖﹞等建立起聯繫鋪平了道路。

以《説文》古文偏旁證甲骨文字形的還有"黎、市、睦、省、訪、叔"等字的考釋。

③通過《説文》古文與甲骨文的比較，批評《説文》古文之錯訛

如：﹝圖﹞與﹝圖﹞、﹝圖﹞

> "岳"字皆作"﹝圖﹞"，廿三之一。或作"﹝圖﹞"，百四十一之一。……考《説文·山部》："嶽，古文作﹝圖﹞，象高形。"龜文山作﹝圖﹞，詳《釋地篇》。此下从﹝圖﹞與彼同，或作﹝圖﹞則其變體也。上从﹝圖﹞、﹝圖﹞，鋭出如山之重絫即象高形，字例最精。《説文》古文﹝圖﹞即从﹝圖﹞之訛變，上作橫弓形，與山形迥異，失其本意矣。殷都朝歌，中岳嵩高正在畿内。此"岳"殆即指嵩高與？① 　　（《釋鬼神》，第26頁）

通過《説文》古文﹝圖﹞的形體與甲骨文﹝圖﹞、﹝圖﹞、﹝圖﹞等形體的比較，認定被釋的甲骨文﹝圖﹞、﹝圖﹞等就是"岳"字。同時又指出古文﹝圖﹞上部是甲骨文形體﹝圖﹞訛變的結果。這個分析也是相當精彩的②。

另外，孫詒讓在《名原·古籀撰異》中多有批評《説文》所收古文之弊者，

---

① 此字有種種釋讀，目前未能定於一，近詹鄞鑫釋爲"華"字，可備一説。見《華夏考》。

② 我們説"相當精彩"，主要是指孫詒讓對"岳"字的《説文》古文及甲骨文形體的分析，至於"岳"字在甲骨文語境裏的詞義則有待論定。另外，用"訛變"來給古文﹝圖﹞的上部演變定性，未免過於苛刻。從甲骨、金文等古文字形體到小篆形體的演變本身就有個書寫筆畫的轉換問題。那些繼承了甲骨、金文等古文字形體構形意義的小篆形體，能不能説成是"訛變"？值得研究。比如，從甲骨文的﹝圖﹞到小篆的﹝圖﹞，恐怕不宜叫作"訛變"。因爲它們有明顯的字形、字義和字音的繼承關係。作爲一個字的構成部分的構件，雖不能像一個單字那樣明析地分析出它們的形、音、義的繼承關係，但衹要至少能够明確地分析出它們在形上的繼承關係的，恐怕都不能叫作"訛變"。孫氏把古文﹝圖﹞字的上部看作是"橫弓形"，當然可以説是"訛變"，但是，對﹝圖﹞的上部的分析有一個理解認識的問題。如果把﹝圖﹞的上部構件理解成是甲骨文﹝圖﹞或﹝圖﹞的小篆化寫法，仍"象高形"（《説文》本身就説"象高形"，許慎是有見地的），那麼，這就不能定性爲"訛變"了。商承祚《説文中之古文考》（第86頁）對古文﹝圖﹞未作分析。

此不贅舉。

④其他

其他類的例子不多，主要有下面幾種情況。

A. 以《説文》小篆證甲骨文時，順引古文例。

如：韋（小篆）、𩏑（古文）與𢌜、𢎿

　　檢龜文有云："𢌜貝"七十七之四。者，或作"𢌜"、二百四十一之三。"𢎿"，百六十九
之三。……審文實當爲"韋"字。《説文・韋部》："韋，相背也，从舛，口聲。獸
皮之韋。枉戾相韋背①，故借以爲皮韋。古文作𩏑。"此上下从𢎿𢌜者，即舛
形，中从口，則尤明析矣。　　　　　　　　　　　　　　　（《釋貞》，第10頁）

這裏主要是用小篆字形的韋來與甲骨文形體的𢌜、𢎿等進行比較考釋，小篆字形
與甲骨文字形已相當吻合，可成同字結論。但孫氏在引用《説文》時，也順次
引用了古文字形的𩏑字，這個古文形體還不如小篆來得貼切，小篆更爲神似。
這裏的古文最多起一種輔助證明的作用。

這類例子還有"豕、馬、麗"等條。

B.《説文》所收古文，甲骨文未見例。

如：這種情況衹有ㅏ字一條。

　　《説文・卜部》文八，重二："卜、ㅏ古文、卦、卟、貞、𠧫、占、卟、𤰁、𤰇古
文。"……龜文則唯"卜"《説文》作卜，金文智鼎作卜，此作"卜"，與彼略同。古文ㅏ字未見。
"占"二字恒見。卜、占二字別有著方匡者，詳《雜例篇》。　　　　（《釋貞》，第14頁）

這裏孫詒讓用小字注文説明甲骨、金文中未見《説文》所收古文ㅏ形體的寫
法。從文字的區別性特徵和構形系統看，孫氏的這種見解或判斷未免過於
苛刻。

C. 因《説文》古文與甲骨文某形體形似、但實非一字而徵引例。如：

　　"□月豊□亥不㝴"。二百七之三。"豊"當讀爲"禮"，與《周禮》"禮賓"義
同。詳《釋文字篇》。……"㝴"似即"完"之省，亦讀爲"賓"，飲酒當賓賢能，不

_____

① 今查，《説文》"枉"字上有"可以束物"四字，當據補。

賓者蓋變禮,故特志之。《説文·貝部》别有穷字,爲貧之古文,與此亦不相涉也。"完"旁别有三點當是泑文。①　　　　　　　　　　　（《釋禮》,第54頁）

這是在討論甲骨文䆘字時,因《説文》"貧"的古文㝖與之相似,故特舉之,用以説明兩字没有關係,僅僅是形似而已。此類情況還有"旅"（第84頁）等字。

（3）《説文》"古文"而孫詒讓未出《説文》字樣以標識例

《釋地》（第49—50頁）:"'貝其自南之歊',百十五之三。……'歊'即'喜'古文。詳《釋文字篇》。"《説文》喜部:"喜,樂也,从壴从口。凡喜之屬皆从喜。欨,古文喜从欠,與歡同。"有古文。孫氏在《釋文字》（第105頁）中討論"歊"字時,"按《説文·喜部》古文喜作欨,从欠。當即此字"（按,孫氏原字脱失欨左下部的口字）。這説明孫氏衹是由於行文的原因（有的《説文》古文,幾個地方涉及到,孫詒讓一般衹在一處標示《説文》字樣）,未予標明《説文》字樣而已,切不可據此認爲《説文》没有古文。

此類例子還有"及（"市"之所从,第48頁）、讞（第82頁）、言（第82頁）、豕（第119頁）、亥（第119頁）"等。

2. 其他"古文"用例

（1）孫詒讓所説"古文"的含義及其時間範疇

孫詒讓提到的"古文",概念相對寬泛,有析言,亦有統言。析言時是指《説文》所列古文或與籀文、篆文（小篆）相對的形體,前一節我們已做過專門討論;統言時是指《説文》小篆以前的古文字形體。

前舉"籀文車作䡞,而《説文》訛作䡜,則以其偏旁與戔相近也。古文射作𢎨,而篆文改作䠶,則以其偏旁與身寸相近也",這裏的"古文"是與"籀文、篆文"相對的概念。又如"古文大篆訛變不可知者,僅以兹例求之,或可得其大較耳",此"古文、大篆"對舉,亦當爲析言之例。又如（《名原》下第3頁）:"……形亦相類,但此與古文、籀、篆並異,姑識以竢考。"此古文、籀、篆

---

① 關於䆘字的釋讀,可參閲《契文舉例·釋貞》"完"條（第12頁）:"'完'即'完'字。然此'完貝'疑當讀爲賓貞,蓋賓敬之意。《説文·貝部》:'賓,所敬也,从貝,宀聲。'古文作賓,从完。此疑即賓之省。"蟫本、白玉峥《校讀》均爲"宀部",是從孫氏原本,誤。"貧"字,《説文》貝部:"貧,財分少也。从貝从分,分亦聲。㝖,古文从宀分。"

分別指《說文》所收"昏"的古文、籀文、篆文①,亦當爲析言。再如(《古籀拾遺》上第41頁):"磬上🈂字,頗似寶字古文。薛釋爲窨,於形殊不類,義亦不可解……細審之,實即造之變體。"②這裏的"古文"指《說文》所錄"寶"之古文,亦是析言。

統言例如:"古文从手从収字多互通"(《名原》下第2頁),"古文凡國名,多注'邑'於旁"(《名原》下第3頁),"古文言口二形多互通"(《古籀拾遺》下第178頁),"古文多省形用聲,然亦有省聲用形者。如本書高克尊'既生霸','霸'省作'雨';吳錄周大鼎'趣馬','趣'省作'走'是也"(《古籀拾遺》上第52頁)等等皆是。再如(《古籀拾遺》上第10—11頁):"《說文》公从八从厶會意,金刻公字多作🈂,《韓非子·五蠹篇》'古者倉頡之作書也,自環者謂之私,背私謂之公'。故古文厶或作🈂。"③又如(《古籀拾遺》上第58頁):"吏讀爲使。魏三體石經《春秋左氏桓十五年經》'天王使家伯來求車',使古文作🈂。見《隸續》。"這兩例"古文"一指古銅印上之璽印字,一指石經所錄之文字,自當屬"統言"。

這種"古文"指稱的寬泛性與孫詒讓對文字發展階段劃分的認識有直接關係,與統言、析言也有一定的聯繫。他認爲李斯定小篆,變亂古籀,是漢字發展的一個關鍵時期。儘管"自婁經改竄,失其本恉,而後定象形字,強變詘曲爲整齊,或依傅它字以易其原形,蓋始於晚周",但"秦篆爲尤甚"。指出《說文》中之古文,來源相對複雜,"蓋掃拾漆書經典及鼎彝窾識爲之",不易概括把握。但從時間上看,"要皆周以後文字",則便於認定。據此可以看出,孫氏對古文的時間範疇是相當重視的,他認定的《說文》古文的時間界限大致在小篆前到周代之間。因此,這之間的文字不管以什麼形態出現,"漆書經典"也好,"鼎彝窾識"也罷,在孫氏看來都可以統言之爲"古文"。當然,周以前的甲骨文更可以稱爲"古文"了。如:《名原·象形原始》(上第26頁):"金文录伯

---

① 這段文字是在討論甲骨、金文的"爵"字時論及的。《說文》女部:"婚……㜈,籀文婚。"《說文》車部:"轐……㚩,古昏字,讀若閔。"孫詒讓引作"㚩,古文婚字,讀若閔",這些內容,孫氏已在前面作了引述說明,故此祇簡言"與古文、籀、篆並異"。段玉裁《說文解字注》:"㚩,古文婚字。各本作古昏字,今正。女部婚篆下曰'㜈,籀文婚',若依女部,則此當作籀文婚字。"

② 《說文》宀部:"𡧊,古文寶省貝。"按,𡧊與🈂形似,實非一字。

③ 此古文爲孫詒讓自得之銅印摹本字,見該段引文後孫氏小字自注。

敦説金車之飾有‘金𫐐’。金車即《周禮·巾車》之金路，同姓以封者也。毛公鼎云‘右𫐐’
亦同。𫐐當爲輗原始象形字，蓋古乘車兵車並以輈持衡，衡著兩輗，以扼兩服
馬頸，𫐐上从一以象衡，中从Ϸ以象軏，下从𠘧以象輗，其義甚精。《説文》車
部云：‘輗，轅前也。从車，𠘧聲。’則變爲形聲字，而無古文𫐐。蓋許君未見
此字，故不免遺漏也。”① 這裏“古文”指金文。指甲骨文的例子如：《契文舉
例·釋文字》（第89頁）：“‘貝壬𫐐’，廿八之三。‘貝𫐐一月’，百十八之一。‘五月𫐐
之□’。百五十五之四。此即‘受’之古文。《説文·受部》：‘受，相付也。从受、
舟省聲。’此从舟不省。”

（2）泛稱之古文

①非具體指稱某字之通稱性“古文”

這類“古文”，其意義大致相當於小篆前之古文字。大都用於指稱時間跨
度相對較大的古代文字的場合裏。一般是通過這種“古文”的指稱來通論古
文字的某種性質或説明一個與古文字相關的事實、現象、理論等。如：

是古文灤从二魚，小篆省从一魚，此文亦止一魚，或即小篆之灤鰩與？
但象形較繁，與秦篆不同……足證古文象形之精，小篆省變殊失其本意。
（《釋人》,第32頁）

這段話的第一個“古文”指《説文》之古文，第二個“古文”則指與小篆相對的
甲骨、金文等古文字，意在用這種“古文”來概述古文字象形之精當的特點。
又如：

今甄其篆形殊異及義訓略涉隱詭者，爲發疑正讀，以遺治古文大篆之學
者，其形聲易識者不復出也。　　　　　　　　　　（《釋文字》,第71頁）

這裏的“古文”指小篆之前的古文字。又如《釋文字》之“今綜列之，以質治古
文大篆之學者”（第129頁），“文字權輿出於圖畫，故古文作火字亦爲半圜”（第
102頁），“古文變易不居恒例如此”“則古文之異也”（第104頁），“古文之變

---

① 趙平安《説文小篆研究》（第40頁）認爲“在西漢早期以前，均寫成車軏之形，西漢中期
以後訛變成从户乙聲，因此，《説文》小篆應是漢篆”。

也”（第111頁），“古文豕亥形略同”[①]（第119頁）等等皆是。

②《説文》所無之“古文”

《説文》所無之“古文”包括兩層含義：一是《説文》雖有古文，但孫氏所言“古文”非《説文》所收之古文；二是《説文》中根本就没有收録古文，孫氏所言“古文”自然是《説文》所無之古文。

A.《説文》收録了古文形體，但孫氏所言“古文”非《説文》之古文。如：

> 諸文大同小異，實即一字，[illegible]即古文正字。詳《釋文字篇》[②]。
>
> （《釋人》，第37頁）

《説文》正部：“正，是也，从止一，一以止。凡正之屬皆从正。[illegible]，古文正，从二，二，古文上字。[illegible]，古文正，从一足，足者亦止也。”《説文》所收的兩個“正”的古文顯然與孫詒讓所述“古文”不是一回事。孫氏所説“古文”是指古代的文字形體（此指甲骨文形體）。又如：

> “[illegible]”即古文“啚”字。《説文・㐭部》：“啚。嗇也。从口、从㐭，㐭，受也。”金文圖卣圖字从[illegible]，與此形近。　（《釋文字》，第98頁）

《説文》“啚”字另有古文作[illegible]，孫氏未引。[illegible]與[illegible]，形體差異太大，其來源不同，這也可能是孫詒讓未引《説文》古文的原因。也就是説，孫氏此條所説“古文”亦非《説文》之古文，實亦指古文字言之（具體仍是稱甲骨文等古文字形體）。

---

① 此例比較特殊，孫詒讓之“古文”既指甲骨文等古文字之“亥、豕”，同時又接着以小字注明：“《説文・亥部》：‘亥爲豕，與豕同。’”查《説文》亥部和豕部，“亥、豕”均有古文，都作[illegible]，同字無别。段玉裁《説文解字注》“亥”字條：“[illegible]，古文亥各本篆體訛繆，今依宋本舊本更正。[illegible]、[illegible]字皆與豕形略相似。亥爲豕猶巳下云：巳爲蛇也，與豕同謂二篆之古文，實一字也。豕之古文，見九篇豕部，與亥古文無二字。故《吕氏春秋》曰：‘子夏之晉過衛，有讀史記者曰：晉師三豕涉河。子夏曰：非也，是己亥也。夫己與三相近，豕與亥相似。至於晉而問之，則曰：晉師己亥渡河也。”因此，孫氏此例“古文”似當涵蓋《説文》“古文”和甲骨、金文等古文字。

② 見《釋文字》“正”條（第72頁），其所論甲骨文字形與本條所論字形没有直接關係。相同點在於：兩處討論的内容均與“正”字有關。“正”條專論“正”字，本條討論其他字而兼及所論字之偏旁“正”字，且所舉甲骨文形體也不相同。

B.《説文》未録古文形體，孫氏言稱"古文"例。如：

"出"字亦皆从⊌，如"出貝"字皆作"⊌"……考《説文·出部》作屮，云："進也，象艸木益茲上出達也。"金文則毛公鼎作屮、伯矩鼎作屮、石鼓文亦作屮，皆从止。與許説不同。此文从⊌，亦即从止，與金文、石鼓符合，足徵商、周古文皆同从止。許説恐非倉、史之本恉也。　　　　（《釋文字》，第74頁）

《説文》"出"字未録古文，孫氏所言"古文"指商、周之甲骨文、金文、石鼓文等古文字形體。又如：

龜文从"⊌、⊌、Λ、ﺭ、Ͼ"諸形最多，而用各不同，今綜合著之，以便斠覈。古文⊌蓋象足迹形，此則以爲"止"字，《説文》："止，下基也。象艸木出有阯，故以止爲足。"據許説是止有足義，金文大保敦降字偏旁夅从二Λ，即象足形，又其變也。段借爲行止之止。此文"止"亦皆作"⊌"，或反書作"⊌"，如云："□□其雨庚⊌"、十六之四。"□□□雨克⊌□"，七十四之三。……皆多雨而卜其止不是也。　　　　　　（《釋文字》，第72頁）

《説文》"止"字未録古文，孫氏所言"古文"，蓋指甲骨文等古文字。許慎對"止"字字形的分析是錯誤的，認爲"止"的"足"義不是其本義，而是其表詞引申義，當然也是不正確的。孫氏據古文（甲骨文）⊌，以爲其"象足迹形"，極是。

此類例子甚多。其它如"六（第6頁）、貝（第8頁）、皿（第53頁）、來（第56頁）、欠（第78、105頁）、昏（第78、129頁）、百（第80頁）、禾（第83頁）、受（第89頁）、或（第92頁）、司（第93頁）、并（第95頁）、亩（第97頁）、氐（第101頁）、饎（第104頁）、壺（第106頁）、少（第111頁）、凡（第128頁）"等等皆是。

（三）甲骨文與《説文》籀文

1. 孫詒讓的"籀文"及其相關術語

孫詒讓考釋甲骨、金文等古文字時，也常利用《説文》中的籀文材料來進行比較。從"籀文"術語的使用看，其所指、含義相對單純，不像"古文"那麼複雜。《契文舉例》中使用"籀文"20條次，基本上指《説文》中所録之籀文。在《名原》《古籀拾遺》《古籀餘論》等著作裏，當"籀（指籀文）"與"古（指古文）"連綴成"古籀"時，所指和意義就相對複雜一些。《名原》中專門立有《古籀撰異》的章節,討論甲骨、金文等古文字,以尋《説文》中古文、籀文、篆文等的演變之迹,其中的"古籀"似不限於《説文》中古文、籀文。《古籀拾遺》《古籀餘論》本身即是考釋鐘鼎金文的,《古籀拾遺》初名爲《商周金識拾遺》已很明確地説明了這一點①。其中之"古籀"自相當於"商周金識",正文之中,"古籀"的實際使用也不僅僅是《説文》中之"古文、籀文",亦可指《説文》古文、籀文之外的其他古文字,涵蓋較廣。如:

> 凡从竹之字,古籀皆省爲〰〰,《説文》䈞,古文䈞;𥫤,籀文籤;𠕋,古文册,从竹。復省爲儿。《説文》箕,古文亦作𠥓。② （《古籀拾遺》上第53頁）

這裏的"古籀"是古文、籀文的合稱,指《説文》中之古文和籀文。又如:

> 古籀偏旁多絫字,若敆作𢼸,見本書敆敦及阮款識敆戈。邎作邎,見石鼓文。悟作㤿,《説文》心部古文。荆作𠛬,見吳録畢中孫子敦。敗作𢽝,《説文》攴部籀文。則作𠛧,《説文》刀部古文。征作徎見洪适《隸續·魏三體石經》。之類,是其例也。 （《古籀拾遺》上第11頁）

這裏的"古籀"既包括《説文》古文、籀文,也包括金文、石鼓文、魏三體石經等多種形態的字體。自不能與《説文》中的"古文、籀文"等之。又如:

> 諦審其形,實當爲絇之異文。右从糸,左从句,形甚明晢。下增夂者,《説文》夂部云:"夂,行遲曳夂夂也。"經典通用絇爲履絇字,故又从行遲之夂。《説文》糸部"絇,纑繩絇也",是其本義。古籀文字或增或省,形義則無不相册也。 （《古籀拾遺》上第56頁）

這個例子中的"古籀",則指《説文》古文、籀文之外的金文等古文字形體。

2. 孫詒讓利用籀文材料考釋甲骨文等古文字

下面,我們以《契文舉例》爲例,分析孫詒讓利用《説文》籀文的情況。《契

---

① 《古籀拾遺》後附劉恭冕《跋》言:"《商周金識拾遺》者,瑞安孫君仲容之所作也。"跋尾有孫詒讓小字自注:"此書初成,名《商周金識拾遺》而劉君爲跋其後。今重定改名《古籀拾遺》,而劉君已物故,不欲追改,故仍之。詒讓記。"

② 䈞、𥫤、𠥓等字,在《説文》竹部。𠕋在《説文》册部。另《説文》竹部"典"的古文也从竹作𠔓,孫説是。

文舉例》使用"籀文"20條次，其中16次是引用《說文》的，這些字是"子（第2—3、17頁）、申（第2頁）、癸（第2頁，兩見）、亾（第25、113頁）、昌（第44頁）、系（第88頁）、妣（第95頁）、輝（第95頁）、皮（第96頁）、西（第102、106頁）、登（第106頁）、飴（第110頁）、辭（第114頁）、車（第115—116頁）、馬（第121頁）、黽（第135頁）"。這16次中，有3次與引《說文》古文同條。另外幾次是在敘述中使用"籀文"，但所指仍是《說文》中之籀文的含義。

（1）以《說文》籀文證甲骨文單字

如：𠕋與𡿺

"子"又有作籀文者，如云："甲𡿺卜八王今十月父□"，二百五十六之一。《說文·子部》："𠕋，籀文子，囟有髮，臂脛在几上也。"此"𡿺"即籀文子之省。① 　　　　　　　　　　　　　　　　　　　（《釋月日》，第2—3頁）

孫詒讓考釋甲骨文中的十二支時，誤釋"辰巳"的"巳"爲子，而又把本該釋"子"的凵字釋爲"申"字。並據此作出錯誤的判斷，發出疑問"十二支中'巳'、'午'兩字獨未見，未詳其故"②，實際上在"甲子"之"子"的考釋上，我們不能一棍子把孫氏打死，孫氏在上舉例子中把偽刻的𡿺字拿來與籀文𠕋字進行的比較是相當成功的，這就像做數學題時，誤引了其中一個不真實的數據，但所用的其他數據、公式定理以及全部推演求證的方法等都是正確的，我們在作出判定時，祇能說它的結論是錯誤的，而不能全部否定它，說它完全沒有意義。相反，應該充分肯定它的意義和價值。特別是這種開創性的求證，更應該如此。

又如：𢇍與𦃃

"尋馬□𦃃"、二之二。"貝今月𦃃米□眔"。七十二之三。《說文·系部》系

---

① 《鐵雲藏龜》"甲𡿺卜八王今十月父□"（二百五十六之一）片甲骨，後經董作賓考證，定爲偽刻。見白玉峥《校讀》第3633頁引。董氏之說原載《甲骨學六十年》第61頁。孫氏據此進行的考釋，就字詞而論，當然是錯誤的。但就其使用的比較方法而言，則是可取的。在甲骨文考釋的創始期，不能發現偽刻而誤引，是可以理解的。我們這裏舉這個例子的目的，在於探究孫氏使用的比較方法。

② 見《釋月日》，第3頁。孫詒讓誤釋十二支之"午未"之"午"爲"申"，未詳其故。誤釋"子丑"之"子"爲"申"，是因爲孫氏誤據《鐵雲藏龜》自敘之說而引之者。故雖據其說，於字之結構，仍說"申作凵，於字例頗難通"。

籀文作絲,從爪,此即"絲"之省①。　　　　　　　　　　（《釋文字》,第88頁）

這裏通過"系"的籀文形體"絲"與甲骨文形體的比較,得出甲骨文是籀文"絲"的省變寫法,是相當有説服力的②。實際上,所謂省變,祇是籀文"絲"所從絲的下部有絲緒的紛披之狀,而甲骨文所從絲的下部没有絲緒的紛披之象,僅此而已。在《説文》系部含糸、絲的同一個字的篆文和古文之間,這種有無絲緒紛披的差別還可以找到一些。從糸的如、繭、綱、緫的古文分別作、、、,小篆有紛披之狀而古文則無;從絲的如緧、霾的古文分別作、,小篆從糸有紛披之狀,而古文從絲無紛披之狀。這也證明孫氏的比較證明是很成功的。

孫詒讓認爲,這兩例都説明,甲骨文形體與籀文形體比較起來,甲骨文是比較省減的形體,而籀文則是比較完整的形體。甲骨文省減寫法的例子還有"睪"字。

（2）以籀文單字證甲骨文偏旁

如:與、（甲骨文）、（金文）

"、"並當是"卤"字,前兩字並從者,與西籀文略同。金文且子鼎西亦作可證。後一字從,與前"盟帝西完"字同。從凵、丿、乀者並乃之省變。《説文·乃部》:"卤,驚聲也,從乃省,卤聲。"金文盂鼎卤作,正與此相類。　　　　　　　　　　　　　　　　　　　　（《釋文字》,第102頁）

孫詒讓通過籀文單字與甲骨文、所從偏旁、的比較,證明甲骨文的、即"卤（迺）"字。

（3）以甲骨文形體正《説文》籀文之誤

如:與、（金文）

"日丁卯御馬",百十四之一。""即古文"車"字。金文毛公鼎作、吴

_____

① 《説文》系部原作:"籀文系,從爪絲。"
② 這裏説的"相當有説服力",是就甲骨文與籀文"絲"爲同字關係而言的,不是就爲籀文"絲"的省變寫法而言的。實際上,孫詒讓的"省變"説是有一定問題的,詳後第五章第二節。

彝作𩍹，與此正同。《説文·車部》："車,古文作𨍷。"① 从戔蓋傳寫之誤。

（《釋文字》,第115—116頁）

　　籀文車作𩍹,龜甲文作𦒹,此半象車雙輪,半象輈持衡及兩軏形。而《説文》訛作𨍷,則以其偏旁與戔相近也。②　　　（《名原·古籀撰異》,下第1頁）

　　孫詒讓通過甲骨文"車"字作𦒹,糾正了《説文》所收籀文的形體𨍷,並指出致誤原因是因偏旁形近而誤。其説爲後來大多數學者所接受,參後"字論"部分。

二、甲骨文與金文

（一）孫詒讓的金文研究

　　孫詒讓在考釋甲骨文時,經常引金文以爲證。故此節開頭我們首先簡要討論、尋繹孫氏金文之研究。與甲骨文相比,孫氏對金文的研究,得到了學術界的普遍肯定,這一方面是因爲孫氏自身研治金文時間較長,所得成果也自然可靠得多;另一方面,金文的研究到孫氏時,歷史已相當悠久,學界積累的經驗、可資參考借鑒的成果都要豐富得多,乃至失敗的教訓,也可能成爲孫氏考釋成功的一個旁證。另一方面評判的標準和依據,也要客觀公正得多。

　　孫詒讓研習金石文字之學的歷史,我們可以從《古籀餘論·後敘》和《契文舉例·敘》中知其大概。

　　《古籀餘論·後敘》（第4—5頁）裏説:"余年逾五十,多病早衰,目力凶力,咸遠不逮昔者矣。大抵余治此學,逾卅年,所覯拓墨亦累千種。恒耽玩篆勢,審校奇字,每覃思竟日,輒萬慮俱忘,眇思獨契,如對古人。不意過眼雲煙,倏成陳迹。"

　　《契文舉例·敘》（第1—2頁）裏説:"蒙治古文大篆之學四十年,所見彝器款識逾二千種,大抵皆出周以後。賞鑒家所櫫楬爲商器者,率肊定不能確信,每憾未獲見真商時文字。頃始得此册,不意衰年睹兹奇迹,愛翫不已,輒窮兩月力校讀之,以前後複緟者參互審繹,迺略通其文字。"

---

① 今本《説文》、段玉裁《説文解字注》均作:"𨍷,籀文車。"孫詒讓誤"籀文"爲古文。
② 此外,孫詒讓還在《古籀拾遺》的《周韓侯白晨鼎》《毛公鼎釋文坿》等節中論及籀文"車"字。

　　兩書説法不一,關於研治金石文字的時間有十年之差①,所覩的彝器款識也有千種之距。但有一點則是肯定的,孫氏從事金石文字研究的時間是相當長的,可以説是畢生的;孫氏所見所研的鐘鼎彝器拓墨的確是數以千計的。他這種數十年如一日的鍥而不捨的研究精神深受後來學者推崇。正如朱芳圃所説:"此種研究精神,真堪欽佩! 後學之者,當奉以爲圭臬也。"②其所獲之成果,當然也倍受肯定和贊譽。國學大師章炳麟説:"自段玉裁明《説文》,其後小學益密。然説解猶有難理者,又經典相承諸文字少半缺略,材者欲以金石款識補苴。程瑤田、阮元、錢坫往往考奇字,徵闕文,不審形聲,無以下筆;龔自珍治金文,益繆體滋多於是矣。詒讓初辨彝器情僞,擯北宋人所假名者。即部居形聲不可知,輒置之;即可知,審其刻畫,不跌毫釐,後傅之六書。所定文字,皆隱括就繩墨,古文由是大明。"③就連王國維在批評孫氏《契文舉例》時,也是拿孫氏的金文研究作比較的。他説:"孫仲頌《契文舉例》當即寄上。惟此書數近百頁,印費却不少,而其書却無可采,不如《古籀拾遺》遠甚,即欲摘其佳者,亦無從下手,因其是者與其誤者嘗併在一條中也。"④另外,蔡尚思、胡樸安、胡適等現代學者,對孫氏的金石之學也都有很高的評價⑤,此不贅舉。

　　孫詒讓的金文研究之所以取得那麼高的成就,並能得到學界那麼高的評價,除他自身的因素外,金石文字研究悠久的歷史及當時學界研究的豐富成果也是重要原因之一。這些因素不需我們到浩如烟海的典籍中去搜尋,孫詒讓的著作裏已有很好的説明。他在《古籀拾遺·敘》裏就説:"考讀金文之學,

---

① 據朱芳圃《孫詒讓年譜》(第13頁)"先生治金石文字之學,凡四十年,即發軔於是時。此後數年中,研習是書,遇有心得,即注於眉端,後收入《古籀拾遺》中"。孫詒讓《薛尚功鐘鼎款識跋》亦云:"余少嗜古文大篆,年十七八,得杭州本讀之,即愛翫不釋。"此爲1865年。孫氏《古籀餘論》著成前於1903年(據朱芳圃《年譜》第83—84頁),時年56歲,距其始治金石文字之學,實有38年。《契文舉例》成書於1904年,虛算則剛好40年。

② 《孫詒讓年譜》第85頁。

③ 見《孫詒讓傳》,朱芳圃《孫詒讓年譜》第82—85頁引述。

④ 《王國維全集·書信》第166頁。其中"頌"通"容",孫詒讓,字仲容。"嘗"通"常"。王國維對《契文舉例》的批評,未免過於苛刻,有失偏頗。但對《古籀拾遺》的肯定,則是較爲公允的。

⑤ 分別見蔡尚思《中國文化史要略》第75頁、胡樸安《中國文字學史》第594頁、胡適《中國哲學史大綱》第9頁。

蓋萌柢於秦漢之際。《禮記》皆先秦故書而《祭統》述孔悝鼎銘，此以金文證經之始；漢許君作《説文》，據郡國山川所出鼎彝銘款以修古文，此以金文説字之始。"可見，中國的金文之學，孫氏認爲早就萌芽於秦漢之際了①。我國研究金文的傳統和歷史由此可見。

　　與孫詒讓同時稍早的學者研究金文的成果，也可從孫氏的著作中找到很好的答案，或者説，孫氏的著作本身就是答案。他在《古籀餘論·後敘》中説："甄録金文之書，自錢唐薛氏書外，近代唯儀徵阮氏、南海吳氏最爲精富，倉籀遺跡，粲然可尋，固縣諸日月而不刊者也。余前著《拾遺》，於三家書略有補正，近又得海豐吳子苾侍郎《攈古録金文》九卷②，搜録尤閎博，新出諸器，大半著録，釋文亦殊精審。儀徵、南海，信堪鼎足。攬涉之餘，間獲新義，又有足正余舊説之疏謬者，並録爲二卷。蓋非第偶存札樸，抑亦自資砭藥矣。"可見，孫詒讓作《古籀拾遺》的基礎是宋人薛尚功，近人阮元、吳榮光等"精富"的研究成果。同樣，撰《古籀餘論》也是以近人吳式芬"殊精審"的研究成果作爲基礎的。

　　此外，朱芳圃列舉了當時更多的金石學家，他説："道咸以後，金石之學甚盛，人材輩出，其中可區爲數類：嘉興之張、吳縣之潘、福山之王、涇陽之端，不過有力羅致，故陳摹揭觀，所謂鑒賞者爾。南海之吳、錢唐之曹、嘉魚之劉、平湖之朱，不過欲騁譽於藝林，故勤搜廣播，所謂好事者爾。可舉舉稱道者，吳式芬、吳大澂、陳介祺及先生數家而已。"③從朱氏所舉金石學家之多，可看出當時"金石學甚盛"的景象。這些人雖各懷志向和目的，不一定是從語言文字學的角度去研究金文，但客觀上，這些不同的金石學探討，對金文的語言文字學

---

①　關於商周時代銅器銘文研究的源頭，可能比孫氏説的略早，至於其流變，"《祭統》述孔悝鼎銘"，許慎據"鼎彝銘款以修古文"均可入其流，而真正成爲一門學問，當"是從宋代開始的"。參高明《中國古文字學通論》第346—353頁。
②　《攈古録金文》，吳式芬著，該書編定於1895年。孫詒讓引用時，"攈"字作"攟"。
③　《孫詒讓年譜》第54頁。另孫詒讓平素還與許多金石學家或金石愛好者交往。如《與費氏書》云（《年譜》第71頁）："前賜金文五十種，近寫定釋文一册，大半用舊釋，當就管見，改定一二；有數種前未著録者，如乙亥鼎及猶鐘之類，尚有闕字，敬祈審定理董。"再如《古籀餘論·後敘》曰："邇年敞門課子，舊友雲散，唯峻裒收羅彝器，時以拓本寄贈。"又如（《年譜》第80頁）"冬（1901年），尚書端方以所藏秦權精拓，手跋其後，並大驄權拓本，介黃紹箕寄貽先生，屬爲審定"。均其例。

研究起到了促進和推動作用①。

　　由於以上所舉主客觀的原因，孫氏在金文的研究領域取得了突出的成就，得到了同時代及後來學者的充分肯定和廣泛的贊譽。除前面已經列舉的之外，還有時人劉恭冕云："《商周金識拾遺》者，瑞安孫君仲容之所作也。君於學無所不窺，尤多識古文奇字。故其所著，能析其形聲，明其通假。近世鴻通之儒爲此學者，自儀徵阮氏、武進莊氏外，未有堪及君者，可不謂盛與！"俞樾《古籀拾遺·敘》云："仲容好學不倦，而精力又足以副之。凡前人所未識之文及誤認之字，皆以深湛之思，一索再索而得之。如匽喜之即爲燕喜，妄甯之即爲荒甯，成唐之即爲成湯，幽尹之即爲幽君，皆犁然有當於人心……千載之下，考定形聲，獨出己見，非有卓見者，而能若是乎？又謂甲胄之甲，古或从衣；履絢之絢，古或从久。據古籀之遺文，補《說文》之或體，引伸觸類，如此者當不少矣。"評價都甚高。

　　高明說："清末，孫詒讓提倡利用偏旁分析法考釋古文字，從而把古文字研究引向科學的途徑。他的《古籀拾遺》《古籀餘論》《名源》（按，當爲"原"）等書，在研究方法上與過去學者有本質的差別，爲後來銅器銘文的研究，奠定了科學的基礎。"②這個評價是相當中肯，也是相當高的，孫詒讓是承前啟後的人物，既是中國傳統小學的殿軍和終結者，又是開啟新的研究方法，把古文字研究引向科學之路的第一人。

---

① 孫詒讓在《古籀餘論·後敘》中也提供了一批與他交往的金石學家。其中就有被朱芳圃列爲鑒賞家的吳縣之潘文勤、福山之王文介。他說："繼余以資郎留滯春明，時吳縣潘文勤公藏彝器最盛，與濰縣陳壽卿編修埒。而宗室盛伯熙、福山王文敏兩祭酒，元和江建霞、陽湖費峐褱兩編修，同邑黃仲弢學士，皆爲茲學。每有雅集，輒出所藏金文，辨證難字。適文勤得克鼎，文字奇瑰，屬王、江諸君爲正其讀，考跋累累，裝成巨冊，公以示余，俾別擇其是非。余輒舉鼎中'擾遠能埶'一語，證以《詩》《書》，謂以擾爲柔，埶爲邇，爲聲近假借。仲弢見之，則爲舉《尚書》'埶祖'即禰祖，以證其義。文勤亦以爲至確，京雒緇塵，萃此古懽，致足樂也。"這些金石學家在一起從不同的角度研究鐘鼎金石，對孫詒讓考釋金文應該說有很大幫助。從他所舉的考釋"擾遠能埶"的經過以及"秦權大騩權兩拓本跋"（1901年端方托人寄貽，1902撰成）"井人殘鐘拓本考釋"（1889撰成，其前，孫詒讓"省親南旋，而文勤治振畿輔，官事倥傯，猶馳書以新得井人殘鐘拓本寄示，屬爲考釋"。見《古籀餘論·後敘》）的撰寫過程，我們就能知其作用的大概。

② 《中國古文字學通論》第352頁。

　　孫詒讓金石文字研究的成果主要集中在他的《古籀拾遺》《古籀餘論》《名原》等著作中[①]，下面，我們對這幾部著作略作介紹。

　　《古籀拾遺》始爲於1865年，書成於1872年冬，刊行於1890年[②]，歷時7年。初名《商周金識拾遺》，於1888年重校改定爲今名。全書三卷，從薛尚功《歷代鐘鼎彝器款識法帖》、阮元《積古齋鐘鼎彝器款識》和吳榮光《筠清館金文》三部書中選取重要銅器66件進行考釋。上卷訂正薛尚功14條，中卷訂正阮元30條，下卷訂正吳榮光22條。末附《毛公鼎釋文》，另單列《宋政和禮器文字考》，刊載於後。

　　《古籀餘論》撰成於1903年，始作時間大約爲1895年（《攈古録金文》刊行時間）或稍後。全書初爲二卷[③]，後刊刻時改爲三卷。從吳式芬《攈古録金文》中選取重要銅器銘文104篇進行考釋，體例與《古籀拾遺》同。

　　《名原》撰成於1905年，孫氏時年58歲，此爲其晚期之作。這時孫氏的所

[①]　除此三部著作外，《籀廎述林》中還收有一些單篇的金石考釋文字，如《籀文車字説》《書南昌府學本漢石經殘字後》《釋棐》《釋疇》《釋由申〈玉篇〉義》《書〈説文〉玉部後》等。其中《籀文車字説》尤爲重要，後有專門討論，朱芳圃評價極高（《孫詒讓年譜》第88頁）："以象形文字比證古代器物，因以考明其制度，爲考古學上重要之方法。大抵器物可分二類：一，器物現存，足資比證，如矢、禹、豆、尊之類是也；二，易朽之物，後世無傳，如車制，其俎形，是也。前者較易爲力，後者必用推索之功。先生之釋車制，王國維之説俎形，證之《詩》《書》，考之禮制，皆能遥契冥符，實爲考古學上重要之著作。"

[②]　刊行時間據朱芳圃《孫詒讓年譜》"光緒十四年戊子（1888）四十一歲。先生改《商周金識拾遺》爲《古籀拾遺》重校付刊"（第55頁），"光緒十六年庚寅（1890）四十三歲。春正月，《古籀拾遺》刊成"（第57頁），和孫詒讓《古籀拾遺·跋》"此書成於同治壬申，時在金陵。光緒戊子重校定，刊於溫州。同里周孝廉璪亦耆篆籀之學，爲手書以上版，並是正其文字。中牽於它事，三載始畢工"。其後附入了稍後於（同月）《商周金識拾遺》撰成的《毛公鼎釋文》（初成於1872年底，重訂於1903年，據朱氏《孫詒讓年譜》第29、83頁），末單列附入撰成於1891年的《宋政和禮器文字考》。江淑惠《郭沫若之金石文字學研究》（第2頁）認爲《古籀拾遺》刊行於1882年，不知何據，可能是《商周金識拾遺》的刊行時間。

[③]　《古籀餘論·後敘》："攬涉之餘，間獲新義，又有足正余舊説之疏謬者，並録爲二卷。"又《續修四庫全書總目提要·經部·小學類》（第1146頁）："嗣得海豐吳氏《攈古録金文》，以其搜録閎博，釋文精審，又有足證其舊説之疏謬者，亦復校訂吳録之失。間獲新義，並録爲二卷，刻者改爲三卷。"按，《提要》誤解孫詒讓原意，"又有足正余舊説之疏謬"爲孫氏自己正其舊説之疏謬，而不是《攈古録金文》正孫氏之疏謬。

有重要著作均已完成,與古文字有關的《古籀拾遺》《古籀餘論》《契文舉例》及收録在《籀廎述林》中的文字學單篇論文,也已基本完成。從總體上來説,這些都應該算是考釋文字的具體實踐之作,儘管這些著作中也間有歸納性的理論敘述。而這時的孫詒讓則極想通過一部著作來總結自己幾十年考釋古文字的實踐經驗,總結出一些具有指導性的理論規律,以供後來學者參考。這就是孫氏寫作《名原》的主要原因。具體來説,《名原》想達到三個目的:

一是探求文字(漢字)的原始狀況:

余少嗜讀金文,近又獲見龜甲文,咸有謱録。每惜倉、沮舊文不可復睹,竊思以商周文字展轉變易之迹,上推書契之初軌。　　(《敘録》第1頁)

二是探求文字(漢字)形體的演變源流:

今略摭金文、龜甲文、石鼓文、貴州紅巖古刻,與《説文》古、籀互相勘校,楬其岐異以著省變之原,而會最比屬,以尋古文、大小篆沿革之大例。

(《敘録》第2頁)

三是總結自己考釋古文字的經驗、規律,以供後之學者參考:

世變方亟,兹學幾絶,所覯金石瑑刻,日出不窮,倉、沮舊迹,儻重見於人間,後之治古文奇字者,執吾説以求之,其於造作書契之微恉,或得冥符於萬一爾。　　　　　　　　　　　　　　(《敘録》第2—3頁)

孫詒讓對自己的文字學研究是十分自信的,他相信自己的研究成果會對後來者有所幫助。

(二)孫詒讓的甲骨文與金文的比較研究

孫詒讓把甲骨文與金文放在一起進行比較研究,體現了他的文字發展史觀,這也是他對漢字發展的宏觀認識觀念在考釋方法上的反映。在他看來,甲骨文、金文有先後承繼關係。金文大抵皆周後文字,而甲骨文則是商時文字。他曾説:"蒙治古文大篆之學四十年,所見彝器款識逾二千種,大抵皆出周以後。賞鑒家所藥楬爲商器者,率肊定不能確信,每憾未獲見真商時文字。頃始得此册,不意衰年睹兹奇迹,愛翫不已。輒窮兩月力校讀之,以前後複緟者參互審繹，迺略通其文字，大致與金文相近，篆畫尤簡省，形聲多不具，又象形字頗多，不能盡識。"這樣的認識，現在看來，雖存有可商之處，甲骨文不一定全是商物，金文也不全是周以後文字。但從總體上看，特別是放在那個孫詒讓能看到的材料的時代看，孫詒讓的這種認識還是十分難得和可取的。這也就成了他拿甲骨文與金文進行比較的原因和前提。下面，我們以《契文舉例》等爲主要材料，來看看孫詒讓是如何進行這種比較研究的。《契文舉例》一共引述金文322條次，涉及到190個甲骨文形體的考釋。具體來説，引述金文有以下幾種情況。

1. 以金文證甲骨文

（1）以金文偏旁證甲骨文單字

如："𠫤（去）"與𨤏、𨤏

"𠫤□貝立止"、七十一之四。"貝父其𠫤"，九十五之三。"𠫤"疑"去"之異文。《説文·去部》："去，人相違也。从大，凵聲。"《凵部》："凵，凵盧，飯器。"此變凵爲口。金文灋字如盂鼎作𨤏，師酉敦作𨤏，偏旁去並作𠫤可證①。

（《釋文字》，第113頁）

這段比較考證應該説相當精彩，通過金文盂鼎、師酉敦的"灋"字分別作𨤏、𨤏，其所從偏旁"去"均作𠫤②，證明甲骨文單字"𠫤"就是"去"字。這是由已知的金文偏旁𠫤與甲骨文的"𠫤"相同，進而證明"𠫤"是"去"字。這個考釋已爲多數學者所接受。

又如：𢆶與�

"置𢆶□才□逐"，百六十之三。"𢆶"當即"率"字。《説文·率部》："率，捕鳥畢也，象絲網，上下其竿柄也。"此省其上下竿柄，字例亦通。金文盂鼎率字作𢆶，與此正同，師寰敦達字作�，偏旁亦如是作。　　（《釋文字》，第85—86頁）

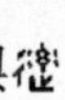

這是通過師寰敦"達"字作��，其所從偏旁"率"作��，與甲骨文形體��同，從而證明所考甲骨文即"率"字。

---

① 另《説文》凵部凵有或體作𠫤，"从竹去聲"，亦可證甲骨文"𠫤"爲"去"。
② 《説文》廌部："灋，刑也，平之如水，从水，廌，所以觸不直者去之，从去。"段注第二個"去"字前有"廌"字。

這種方法用來考釋古文字,極簡便易行,又十分可靠,因爲它是用一個已被人們認知的形體來證明一個尚未被認知的文字形體,衹要證明兩者具有同一關係,這個字就算考釋成功了。前提是,對被考釋字字形的認定和已被認知的形體是正確的。孫詒讓通過這種考釋途徑考釋的字還有“歲(第6頁)、復(第11頁)、亘(第12頁)、品(第13頁)、紹(第20頁)、止(第72頁)、既(第78頁)、禾(第84頁)、專(第87頁)、并(第95頁)、啚(第98頁)、[?](第99頁)、壴(第104頁)、豊(第108頁)、羇(第110頁)、匚(第113頁)、由(第115頁)、射(第117頁)、黽(第135頁)”。

(2)以金文單字證甲骨文偏旁

如:⊗與[?]、[?]

> “[?]”、“[?]”並當是“卣”字。前兩字並从⊕者,與西籀文略同。金文且子鼎西亦作⊗可證。 (《釋文字》,第102頁)

這是用金文且子鼎“西”字作⊗,來證明甲骨文[?]字所从的偏旁⊕就是“西”字,進而通過“西”的籀文形體(按,西的籀文作[?],與金文⊗、甲骨文⊕相似)作中介,考出甲骨文[?]、[?]等即“卣”字。

通過這種途徑考釋的字還有“處(第76頁)、害(第79頁)、譬(第82頁)、壺(第106—107頁)”等。

(3)以金文偏旁證甲骨文偏旁

如:[?]與[?]

> “出□步貝[?]其牢”。六十五之二。“[?]”从目、从㕚,古文䠶作[?],詳《釋文字篇》。即古文“䠶”之變體。金文小子䠶鼎䠶作[?],上亦从橫目,下从兩手持弓,此从目與彼同,但省[?]爲又。 (《釋禮》,第56頁)

又如:

> 金文从目字多作[?],與小篆从橫不同,中爲瞳子形,亦較繁。龜文凡从“目”字如……“䠶”从目作“[?]”……類此者甚多作[?],衡目與金文同,而中略省。 (《釋文字》,第79頁)

這裏首先用金文偏旁[?]證甲骨文偏旁[?],從而進一步證明甲骨文[?]从目,是

"躰"之變體①。此類字還有"盟（第53、79頁）、囟（然虎敦、文父丁鼎、木鼎等，第102頁）、豚（第119頁）"等。

（4）以金文字形與甲骨文字形同證甲骨文

這類例子最多，從總體上看，大致可以理解成是以金文證甲骨文的。孫氏通常用"（正）同、（略）同、（略）相近、（略）相似、（略）相類"之類詞語，來證明金文、甲骨文爲同字關係。

如：🔥（赤）與🔥

"癸丑卜亘旡此字文義不屬，或當別屬下段，未能定也。貝又🔥子□□不□"，十之二。"🔥"當爲"赤"字。《説文·赤部》："赤，南方色也，从大火。"此下从🔥即火形圓也。金文智鼎赤字作🔥，與此正同。②　　　　（《釋文字》，第103頁）

這是通過金文智鼎"赤"字作🔥，與甲骨文🔥正同，證甲骨文形體🔥亦當是"赤"字。

又如：🚗與🚗。

"日丁卯御🚗馬"，百十四之一。"🚗"即古文"車"字。金文毛公鼎作🚗、吳

---

① 甲骨文🔥字難釋。白玉崢《校讀》（第5787—5788頁）有詳細説明：孫海波、李孝定列爲"不識、待考"之字，"崢按，字之構形，甚爲'奇古'，故自甲文面世以來，迄今七十餘年間，除籀廎先生初釋爲躰外，舉世之學者，竟無一言之贊，寧非'難識'哉？今詳籀辭義，及字之構形，並博徵典籍，比勘辭例，竊疑爲旳之初文。蓋字當从目从躰；从目，示有所視也。隸定之，則當作瞅……又籀廎先生所示例證，小子躰鼎之🔥字，並爲瞅字初文之轉化。先生於古文字學之深湛造詣，良可佩也"。白玉崢釋"瞅"爲🔥字之釋添一新説，未爲定論，可與孫詒讓之説並存以待考。

② 此例《釋文字》（第78頁）在討論"先"字時，也有引述，"🔥"字隸作"赤"，蟬本、白玉崢《校讀》作🔥字。白玉崢校曰（第5839—5840頁）："旻：羅振玉氏釋赤，曰：'从大火，與許書同。'考釋中二五頁。王襄氏曰：'智鼎作🔥，與此同。'類纂一○。崢按《説文解字》：'赤，南方色也，从大从火。'……字之初義，蓋取以火燒人之象，殆爲古時刑罰之一歟？否則，何以从大从火？且大在火上。總之，'南方之色'之説，絕非造字之初誼，此可以必之。"朱歧祥曰（第147頁第489字）："🔥，从大置於火上，隸作赤，即焃字，焚人以祭。"白氏衹舉羅振玉釋"赤"、王襄舉金文智鼎證之，不知孫詒讓釋"赤"，並已舉智鼎爲證，實一大疏忽也。言"南方之色"，"非造字之初誼"則可取。朱氏隸作"赤"，從孫詒讓，認爲即"焃"字，則有別，且可商，"赤、焃"不當爲同字。

彝作𦨶,與此正同。　①　　　　　　　　　　　　　（《釋文字》,第115—116頁）

這是通過毛公鼎、吳彝等金文"車"作𦨶,與甲骨文𢍱正同（按,指文字構形同,均爲摹描車之形體,但車所置方向有別）,證甲骨文形體𢍱即"車"字。

又如:𡫙、𡫚與𡫛

龜文稱"祖甲"、"祖乙"之等"祖"皆借"且"爲之,詳《釋鬼神篇》。字多作"𡋡"、卅三之一。或作"𡋢"、廿四之四。或作"𡋣"、三之三。或作"𡋤"。十四之三。……又別有繁縟文……如云……"貝䶃丁卯其𡋥□",六十六之二。……此皆"且"之異文,几中从一校,而上下別爲𠆢形,疑即"俎"字。《說文》:"俎,禮俎也,从半肉在且上。"此似即从半肉著橫間。金文且子鼎作𡋦、貉子卣作𡋧,與此字略同。　　　　（《釋文字》,第71—72頁）

這是通過金文且子鼎、貉子卣"俎"字作𡋦、𡋧,與甲骨文𡋥略同,證明甲骨文𡋥即"俎"字②。

又如:𩵩與𩵪

龜文自有"角"字,如云:"丙申卜□虎令□𩵪□疾丞"、六十二之三。"庚申卜𩵪其夷",又云"丁卯卜𩵪其夷"。七十一之三。《說文·角部》:"𩬊,獸角也,象形。"角與刀、魚相似。此省作"𩵪",上象其崿及腮理,下象其柢,於形最切,勝於篆文。金文叔角父敦、伯角父盉角並作𩵩,此亦與彼略同。

　　　　　　　　　　　　　　　　　　　　　　　（《釋卜事》,第17頁）

---

① "古文"當爲"籀文",詳上節第57頁注①。

② 此據《名原·奇字發微》,直接把且子鼎、貉子卣的𡋦、𡋧隸爲"俎"。《名原》云（下第23頁）:"此諸文皆確爲且字,而文繁縟不可解,竊疑其爲俎之異文也。《說文》且部:'俎,禮俎也。从半肉在且上。'凡金文从多者,蓋重累肉字,或省从多,亦即篆文半肉之濫觴,唯著於且字之間,則似象几上庋肉之形。《說文》古文𡉀云:'又以爲几字。'小篆省爲仌,而移著且旁,其从兩肉在且中之字,後人遂不復識矣。近人釋金文者不知其爲从肉从且之字……率讀爲宜字,殊誤。"孫氏把"俎"與"且"字混在一起進行討論,是受《說文》"从半肉在且上"的影響,可另論。至於"且"字本義可參郭沫若《釋祖妣》。"俎"與"宜",特別是甲骨文中"俎"與"宜"是否有關係,還有待論定。郭沫若原釋"房俎之房",後改釋"宜",曰(《兩周金文辭大系》第2頁):"𡋧字金文習見,卜辭亦多有,舊釋宜,羅振玉釋俎,余曩以爲房俎之房。今按仍以釋宜爲是。"今人仍有持同字說者。高明說:"其實宜字乃俎之後裔,宜、俎二字同源,原爲一會意字。"

這是通過金文叔角父敦、伯角父盉角作⌀，與甲骨文形體⌀略同，證明甲骨文⌀就是"角"字。有時由於金文形體爲大家所共知，比較常見並與甲骨文極近，而不摹字形，僅舉器名以證甲骨文。如：

"丙"字皆作"⊠"，四之一。金文魚父丙爵、父丙爵並略同。

（《釋月日》，第1頁）

例中祇舉兩金文爵名，不摹"丙"字字形。

又如：⊞、⊞與⊞

"申卜出□日征⊞"，二百廿三之四。此疑即"益"字。《說文·皿部》："益，饒也。从水皿，益之意也。"此从⊞即皿形，从⊡即水之省。金文益公鐘益作⊞、畢薶敦益公作⊞，形亦相近。此云"征益"，疑亦國名。①

（《釋地》，第47頁）

此"相近"之例。通過金文的⊞、⊞與甲骨文⊞相近的認定，進而釋甲骨文⊞爲"益"。

"相似、相類"之類例如：

⑂、⑂與⑂、⑂、⑂

"亥"字多作"⑂"，二之三。或作"⑂"，八之三。或作"⑂"，四十之三。……金文己亥鼎、乙亥方鼎作⑂，小子射鼎作⑂……並與此相似。　（《釋月日》，第2頁）

⑂與⑂

"貝參裏歸⑂"②，廿三之三。……此亦"或"字，與小篆較近。金文南宮方鼎國作⑂，形略相類。"歸或"即歸國也。　（《釋文字》，第92頁）

屬於這種以金文證甲骨文的例子，據我們的初步統計，有108條次之多，在具體的考釋比較中，孫詒讓雖然用了不同的詞語來認同甲骨文與金文的關係，彼此

---

① 《名原·古籀撰異》（下第4頁）關於"益"字也有專門討論，認爲甲金文"益"字與《說文》小篆不同，小篆"益"字全水之形，而甲金文"益"字"上皆从水省"，進而以"㕣、谷、酋"等爲證，推證"古文益字蓋'从水半見'，與㕣、谷、酋三字略同"。

② "裏"，蟫本作"□"，視爲不識字，白玉崢《校讀》同。

在“同”的程度上有一定差別,但在“同”的本質上,並無區別,故我們歸納在一個大類中予以討論,又爲了條理的清晰,我們又按認同用字的不同,分成了上面的幾個小類。

（5）以金文通律證甲骨文

這類例子多用在討論一個具體的金文與甲骨文的關係之後。而且舉證的金文情況,在孫詒讓看來,多屬於大家都認同的規律性内容和事實。如:

> 龜文多云“貝于且某父某母某兄某”,蓋皆就其廟而卜,故記之特詳,“且”,祖之借字,金文祖字皆借且爲之,詳《釋文字篇》。此與彼同。
>
> （《釋鬼神》,第27頁）

又如:

> 按祖乙、祖辛、祖丁等,見《史記·殷本紀》,皆商先王之號。但殷時尚質,尊卑不嫌同偶,諸侯及臣民或亦得以甲乙爲號,故金文中亦恒見,不定繫商先王。①
>
> （同上）

前一例“金文祖字皆借且爲之”,説明金文中祖先之“祖”都是借用“且”字來表示的,這是一條通律,故不必舉金文具體的某一個字形爲例證。後一條“金文中亦恒見”,説明金文中的這種現象是常例,隨處可見,故也不需舉一具體字形作例證。又如:

《釋地》“金文以‘又’爲‘有’”（第44頁）,《釋文字》“此疑當是‘讞’字反文,右言形與小篆同,但省二爲一,金文多如是作”（第82頁）,《釋文字》“文義咸迥異,而金文兩聲類字形並略同”（第86頁）,《釋文字》“金文凡酒字亦如是作”（第107頁）,《釋文字》“金文借爲擇字”（第110頁）,《雜例》“金文紀數字多二文合書”（第134頁）等。

2. 金文、甲骨文互證

如:𩵋、𠂤、𤘲與𣃚

---

① 此第一段及第二段的前半節討論極是,第二段的後半節“殷時尚質,尊卑不嫌同稱,諸侯及臣民或亦得以甲乙爲號,故金文中亦恒見,不定繫商先王”則可商。參見拙文《避諱的語言研究》（華中理工大學1995年碩士學位論文）、虞萬里《榆枋齋學術論集》第293—438頁。

“〔氏兕貝”，八十八之一。……“〔”即“躲”之省……《説文·矢部》：
“躲，弓弩發於身而中於遠也。从矢、从身。篆文作射，从寸，寸，灋度也，亦
手也。”此則象弓矢形。金文躲爵躲作〔、濂盤作〔……又静敦躲作〔、耤田鼎
作〔、匽簋、門躲甗並略同。……偏旁亦如是作。皆可互證。

（《釋文字》，第116—117頁）

這是通過金文〔、〔、〔等與甲骨文〔形體上的比較互證，説明甲骨文〔即
“躲”之省。也就是説，孫詒讓認爲，甲骨、金文的這些形體，雖存在有手無手、
有飾（弓上裝飾）無飾的區別，但它們都是“躲”字，祇是甲骨文的〔寫得比較
簡省而已。實際上，甲骨、金文中沒有“又（手）”的〔、〔、〔正與“躲”字符合，
从弓（《説文》“躲”从身，“身”爲“弓”之訛變，詳後）从矢，不省①。又如：

　　角與𦥑

“乙子完貝立瘳𦥑□佳薛乙”②，二之四。……“𦥑”字與葡字相近。考《説
文·用部》：“葡，具也。从用苟省。”金文毛公鼎葡字作角，亦可互證。其讀
當爲矢服之服。

（《釋地》，第50—51頁）

這是通過金文角與甲骨文𦥑的比較互證，考定甲骨文形體就是“葡”字，即盛矢
之“服”字③。又如：

　　𡿧、𡿧與𡿧

“貝彡乎离𡿧田”，百十四之四。“𡿧”當是“省”字。《説文·眉部》：“省，視

---

① 此例中也含有“金文與甲骨文略同”“以金文偏旁證甲骨文單字”的成分。《説文》關
於“射”字的解釋，是根據已經發生訛變的小篆形體作出的分析，故其“从身从寸”之説
及建立在此基礎上的説解都是不正確的。其具體説明見“甲骨文與小篆比較”部分。
此處甲骨、金文的“射”字，有的从手（又），有的不从手（又），體現的是繁簡不同的區
別。這種情況在甲骨文等古文字體系中是常見現象。朱歧祥在釋讀“疾”字繁體時，
曾説“疾字繁體，增从手：病也。比較下列諸組文例見疾字增从‘手’與否無別”（例繁
不引），即是例證。見朱歧祥《殷墟甲骨文字通釋稿》第416頁第1573條“疾”字。
② “乙子”不合干支配合規律，當隸作“乙巳”。這是由於孫詒讓不識干支字中的“巳”字
而誤釋。甲骨文考釋初期，孫詒讓未見完整的干支表，不知甲骨文中干支字的“巳”作
孩子之“子”形。
③ 後來王國維有著名的釋“備”之文（見《戬壽堂所藏殷虛文字考釋》），追其源，實本於
孫詒讓。

也,从眉省,从中。"此从中、从目,與从眉省同。金文盂鼎省作〔省字形〕、且子鼎作〔省字形〕,
舊釋爲"相",誤。詳《古籀餘論》。並與此同,可以互證。　　　　　　　（《釋文字》,第80頁）

這是通過金文〔省字形〕、〔省字形〕等形體與甲骨文〔省字形〕的比較互證,考定〔省字形〕爲"省"字①。從甲
骨、金文看,《說文》"从眉省"之說,實不足信。孫氏此例過於關注《說文》,認
爲"从目,與从眉省同",實不必如此認定甲骨、金文與《說文》的關係。又如:

　　"微服才在或國乎正酉",五之四。……此正月賓興賢能合眾飲酒之禮也。
酉、酒字古通。詳《釋文字篇》。《周禮·鄉大夫》:"三年則大比,考其德行道藝,
而興賢者能者。鄉老及鄉大夫帥其吏,與其眾寡,以禮禮賓之。"鄭注謂"合眾
而尊寵之以鄉飲酒之禮,禮而賓之"。是也。合眾賓興賢能,正月行之,故云
"正月□眾酉",又云"正酒"矣。"才"或讀爲"在","國"謂於國中行此禮也。
又金文盂鼎別器云:"佳八月,既望,辰才□□,眛喪爽,三ナ、三右、多君入服酉
酒",與此云"服才在或國乎評正酉"文亦合,可以互證。　　（《釋禮》,第54頁）

這是用金文的"佳八月,既望,辰才□□,眛喪爽,三ナ、三右、多君入服酉酒"與
甲骨文的"服才在或國乎評正酉"進行句式、文意的比較互證,得出"此正月賓
興賢能合眾飲酒之禮"的結論②。

　　金文、甲骨文比較互證的方法是孫氏運用得比較多、比較成熟的方法,其他
典型的例子還有"亥(第2頁)、盉(第30頁)、啟(第46頁)、刑(第48頁)、惠(第
87頁)、壺(第106頁)、芈(第115頁)"等。孫詒讓在從甲至亥諸干支字的考釋之
後總結說"以上與金文多足互相證"(第2頁),也運用了這種方法。這種方法常
與"金文、甲骨文(略)同"等方法同時使用,這從"省"字的例子已看得非常清
楚,其例既言"並與此同",又言"可以互證"。這種互證的例子,一般來說,甲

---

① 裴錫圭認爲"《舉例》釋字勝過羅氏(按,指羅振玉)之處也並不少見",其中"有些字孫
氏已經正確釋出,羅氏却誤釋或無釋"的例子有"亘、羌、省、更"等字(見《談談孫詒讓
的〈契文舉例〉》第339—340頁)。其實孫詒讓在《契文舉例》釋"省"的自注中,就已
批評了舊釋金文〔省字形〕、〔省字形〕等形體爲"相"的錯誤,而羅振玉仍沿舊說釋與金文〔省字形〕、〔省字形〕相同
的甲骨文〔省字形〕爲"相",實有悖常理。
② 此說不一定正確,未成定論。但孫氏的這種通過甲骨文、金文句式及語義的比較互證
的方法則是應該肯定的,實開這種研究方法之先河,後來的羅振玉、王國維、于省吾等
以及其他這方面類似的考釋實發軔於孫氏。

骨、金文的形體相當接近，但有差異。彼此衹在一些細微末節、不影響構字義理的次要部分存有些許差別。如上舉"射"字，"有弓有矢，且矢在弦上"，當然表示的是"射"的意義，至於有無手，則是次要的，不影響構字義理。又如"省"字，則更爲接近，衹是書寫的眼睛輪廓有差異。我們這裏列舉的例子都是孫詒讓已經點明是"互證"的，而實際上孫氏沒有點明的大量的甲金文比較的例子，都有這種"互證"的因素。衹是因爲具體的例子各有側重，孫詒讓沒有標示而已。我們討論時，也就按這種側重點的不同，分成了上面的小類。

3. 以完整金文證簡省甲骨文

這種情況的例子，可別爲兩類。

（1）當作（或"即、爲"）某

這一類省簡的例子，語氣比較肯定。其中以"依字當作某"最爲肯定，所考字也最爲可信。如：

王與工

> "壬"皆作"工"，三之一，又二。依字當作王，見金文叔宿敦。此省中畫。金文
> 父壬尊亦如是作。　　　　　　　　　　　　　　　　　　（《釋月日》，第1頁）

孫詒讓通過金文形體王和甲骨文形體工的比較，認爲甲骨文"壬"字省掉了中畫。葉玉森批評"孫氏以金文斷定卜辭之工乃省中畫，實誤"。白玉崢則批評葉氏，肯定孫氏"省中畫"之説。他認爲："葉氏謂：'孫氏以金文斷定卜辭之工乃省中畫，實誤。'余謂不然。蓋甲骨文字發現之初，設無金文爲之據，將無法識其字，通其辭；籀廎先生之説，乃據小篆以上朔金文，據金文以上朔甲文，爲初期解説甲骨文字之惟一途徑。'省中畫'之説，正爲認識文字，闢了一條坦途。葉氏之説，乃甲骨文字大明之後，自甲骨文字下視金文之解，殆亦飲水何思其源之説也。然而識字之難，於此見之矣。"[1]白氏的評論是從學術史、方法論的角度看待孫氏"省中畫"説的，另孫氏在甲骨、金文字形的系聯上（此指王

---

[1]　關於甲骨文工的取象，即最初的構字本義是什麼，目前有多種説法，不能定於一。羅振玉釋"壬"，於字之取象無説（見《殷虛書契考釋》中第3頁）。林義光釋爲"縢"之古文，"機之持經者"（見《文源》卷一第26頁）。葉玉森釋"軫"字，"象橫木之枕"，並批評孫詒讓"省中畫"之論（見《集釋》一第5頁）。吳其昌釋爲"工、壬"（見《兵器篇》）等等。白玉崢《校讀》站在學術史和方法論角度，充分肯定孫氏"省中畫"之説（第3613頁）。

與工的系聯爲一字），也是應該充分肯定的。但從客觀的、事實的角度看，葉氏的批評還是正確的，也就是説，不能憑後出較繁的形體（金文）來論定先出較簡的字形（甲骨文）爲省書或省形。從甲骨文較簡的形體演變到金文較繁的形體，原因是多方面的，在今天看來，大致與書寫的工具、材料、方式以及人的審美觀念、社會的需要、文字與語言的關係等等有關。故甲骨、金文的形體大致衹能以繁簡論，不能以省變論。因爲"省"的前提是"原有的（時間在前的）"較繁縟。而這原有的時間在前的甲骨文却並不繁縟，反而是較簡的。

　　實際上，孫詒讓在《名原‧敍録》中對文字演變的繁簡是有一個基本的認識的。他説："書契初興，形必至簡，逮其後品物衆而情僞滋，簡將不周於用，則增益分析而漸繁。其最後文極而敝，苟趣急就，則彌務省多，故復減損而反諸簡。其更迭嬗易之爲，率本於自然；而或厭同嗜異，或襲非成是，積久承用，皆爲科律。"這段話，後來朱芳圃爲孫氏作年譜時有一段中肯的評述："簡而變繁，繁而復簡。驟觀之，似能説明其變遷。然混文字形態之多少與繁簡爲一談，實蹈界域不清之弊。蓋增益漸繁爲橫的問題，多少。苟趨急就爲縱的問題，繁簡。根源雖相牽連，現象却須分別。説本聞宥。大概變遷原則，當如左表，較爲恰當。惜先生墓木已拱，不能起而與之商榷也。"①朱氏批評孫詒讓"混多少與繁簡爲一談""界域不清"，是正確的，孫氏在考釋實踐中的"省、省變"之説是受他的這種總體認識的影響的，在不同程度上存在問題和錯誤。我們大可不必如白氏一味地加以肯定。朱氏把文字形態之變遷分爲"由少化多（橫）"和"由繁趨簡（縱）"兩種，也是有問題的，過於簡單化了。這樣處理，界域是清楚了，但實際上，與文字形態的變遷是不符的，縱的變遷中有"由簡變繁"的，如從甲骨文到金文（總體上看）。至於具體到某一個字，則情況更爲複雜。

　　關於玉與工的取象，我們有文章進行過專門討論，認爲林義光之説比較接近事實，但不僅是"持經之具"，實爲原始之收治絲繩的器具，可以持經，也可以持其他絲繩之類的東西②。

---

① 　朱芳圃《孫詒讓年譜》第94頁。此處未録朱氏所擬文字變遷原則之表。
② 　見拙文《釋"五"》《釋"對"》《釋"✳（筮）"》。

又如：✳與✳

"未"字皆作"✳"，五之三。依字當作"✳"，金文皆如是作。此省上一畫，非木字也。　　　　　　　　　　　　　　　　　　　　　　（《釋月日》，第2頁）

這是通過金文形體✳與甲骨文形體✳的比較，認爲甲骨文✳字省去了上面的一畫。其"省上一畫"之説，是非與"壬"條同。白玉崢《校讀》云（第3625—3626頁）："先生據小篆及金文，上溯甲骨文字，其創獲之多，雖不若後之學者，然甲骨之學則因先生而奠立了初基。先生'省上一畫'之説，實爲據金文而上逆甲文之典例。"何以言之，白氏"據董彦堂先生所著干支表，第一、二、三各期，未之大較均作✳；第四期時或亦如之；第五期時作✳；然於第四期時，亦或如是作者"。從甲骨文中"未"字有作✳者，可證孫詒讓實獨具慧眼——據已見推知未見之事實。然據董作賓著干支表所列"未"字形的歷史看，畢竟✳字形（一、二、三、四期）在前，而✳字形（四、五期）在後，何以言省。這是孫氏"省變"説的通病之一，我們讀《契文舉例》時要特別注意。干支字中"寅"字的考釋類此（第4頁）[①]。

又如：🜨與🜨

"□方受之又"，百六十六之三……方上並闕"昌"字。……"方"作"🜨"者，金文录伯鼎三方字作🜨。此即🜨之省也。　　　　　　　（《釋地》，第44頁）

這是通過金文🜨與甲骨文🜨的比較，認爲🜨是🜨之省，釋🜨爲"方"是可取的。通過此種途徑考釋的字還有"歲（第6頁）、六（第6頁）、鼠（第17頁）、南（第50頁）、舍（第54頁）、害（第79頁）、更（第86頁）、段（第94頁）、變（第88頁）、每（第89頁）、遣（第90頁）、敉（第90頁）、織（第91頁）、陵（第99頁）、羴（第106頁）、羣（第109頁）、豚（第119頁）、昔（第122頁）"等。

（2）疑即（或"當"等）某之省

這類省變説比上一類語氣和緩，不是十分肯定。

如：🜨、🜨與🜨

"貝參🜨于女丙之□牢"，九十七之二。……考金文鄭虁父鼎羞字作🜨，又

[①]　從文字繁衍滋生的角度看，"壬、未、寅"等字較繁的形體，均當爲後出分化的區別字。

羞鼎作⿰. 此疑即"羞"之省。① 　　　　　　　　　　　（《釋文字》, 第82頁）

這是通過金文⿰、⿰與甲骨文⿰的比較, 疑⿰爲⿰、⿰之省, 即"羞"之省。又如：

　　⿰與⿰

　　　"貝乎⿰□及", 百十六之四。"⿰"疑當爲"追"之省。金文已伯鐘追作⿰,
　　此省彳, 故作"皀"也。 　　　　　　　　　　　　　　（《釋文字》, 第74頁）

這是通過金文⿰與甲骨文⿰的比較, 疑⿰當爲⿰（即"追"）之省。此類例子還有"心（第37頁）、雖（第41頁）、遄（第74頁）、黃（第79頁）、罹（第81頁）、册（第84頁）、兼（第95頁）、饎（第104頁）、馬（第121頁）、禽（第123頁）、雄（第127頁）、翟（第127頁）、亟（第129頁）、靜（第130頁）"等。

4. 其他

　　除上述三種金文與甲骨文的比較之外, 還有一些零星的例子也和甲骨文與金文的比較有關。如"冬"字（第57頁）, 舉證"金文井人鐘、頌鼎、頌敦需冬字又皆作⿰, 下復不相連", 駁許慎說解之不可通, 進而證明"牢"字"固不必四合, 亦非於冬得形"②。又如"莫"字（第82頁）, 舉金文可侯彝"莫"字作⿰, 證甲骨文⿰形體與可侯彝⿰形異而意實同, 皆爲"莫"字, 這種"字形異而意同"的情況實不多見, 孫氏的考釋中也不常用, 該字之釋自當可商。又如⿰字（第130頁）, 舉出金文父己卣、子立敦形體⿰、⿰, 祇是說明它與甲骨文⿰的對應關係, 結論則曰"不知何字"。凡此等等, 不再一一討論了。

三、甲骨文與其他古文字 ③

　　這一部分我們專門討論孫詒讓考釋甲骨文時, 拿甲骨文與其他一些古文字比較的情況④。我們遍檢《契文舉例》, 共得17個其他古文字的例子, 可分爲

---

① 　甲骨文⿰當釋爲"羊"之異體, 此孫詒讓用省略說誤釋之一證。
② 　此條討論"牢"字, 在我們所引文字之前, 孫詒讓已引《說文》小篆"牢"、古文"冬"、金文貉子卣的"牢"等字形來證明甲骨文⿰等形體即"牢"字。這裏孫氏再引諸金文形體⿰的主要目的, 是要說明許慎"從冬省"的錯誤從而鞏固釋⿰等爲"牢"的正確性。
③ 　此節曾以《孫詒讓的甲骨文考釋與石鼓文、古幣文》爲題發表於《古漢語研究》2004年第1期, 可參考。
④ 　我們已經在《孫詒讓的甲骨文考釋與〈說文〉小篆》中討論過孫詒讓考釋甲骨文時利用《說文》小篆的情況。這部分是那篇文章的續篇, 可參閱。

兩類：一類是石鼓文，有13例；另一類是古幣文，有4例①。

（一）石鼓文與甲骨文

關於石鼓文，孫詒讓之前，直接用在古文字考釋中的並不多。孫詒讓之後，則有專門就石鼓文進行研究考釋者②。石鼓文是刻在石鼓上的文字，也是現存最早的刻石文字。石鼓是唐初在陝西天興（今鳳翔）發現的，因石形似鼓，故稱“石鼓”。石鼓共有十塊，每塊各刻四言詩一首，歌咏秦國國君游獵情況，因而也稱“獵碣”。文字書體爲秦始皇“書同文、車同軌”之前的大篆，即籀文。韋應物、韓愈作《石鼓歌》，於是便以“石鼓文”著稱。石鼓現藏北京故宮博物院。石鼓文制作的時代，唐人以爲周文王或宣王，宋人始提出秦始皇以前之説。後來馬衡著《石鼓爲秦刻石考》，論定“石鼓文”爲秦刻石，至今學術界已無異議③。孫詒讓行文多以“石鼓”稱之。

1. 以石鼓文單字證甲骨文偏旁

如：昜與牉

---

① 這17個例子中，有2例是樓校點本没有的，我們從白玉峥《校讀》本、蟬本中檢得。由於應用其他古文字資料來考釋甲骨文的資料極其有限和珍貴，我們也把這2例作爲例子計入並拿來進行討論。它們是《雜例》部分的“古空首幣吉字有作ㅂ、ㅂ者，即其證也”（與樓校點本第132頁“作‘ㅡ吉’‘ㅡ吉’者，‘ㅡ’、‘ㅡ’當爲‘上’、‘下’之古文。《説文·二部》：‘ㅡ，古文上。’ㅡ，底也，从反ㅡ爲ㅡ。’”相替換），《釋文字》部分的“旁从又，疑即敊字。《説文·竹部》：‘籞（按，今本《説文》作籞，無下部“示”字），禁苑也。或从敊。’从又从魚，此或借爲御字。《周禮·天官》‘敊人’字从虍从又。石鼓漁字作漊，从漁从寸，古文又寸二字亦略同”（在樓校點本第129頁“此迻著於上也”之後）。

② 孫詒讓之前，著名者有清吳東發之《石鼓讀七種》（乾隆五十九年自刻本，1916年陳氏石印本）和清無錫沈梧之《石鼓文定本》（光緒十六年古華山館刻本），參見胡樸安《中國文字學史》第562—564頁。孫詒讓之後，著名者如羅振玉的《石鼓文考釋》；王國維《兩周金石文韻讀》，其中石鼓文九篇；郭沫若《石鼓文研究》，刊於1937年；羅君惕《秦刻石碣考釋》。

③ 馬衡《石鼓爲秦刻石考》發表在《國學季刊》1923年第1期上，後收入1929年的《凡將齋金石叢稿》。其文力證石鼓文爲秦國刻石，究竟是哪位秦公所作，仍有文公、穆公、襄公、獻公諸説，尚無定論。但大致可看作春秋時代秦國的遺物。其上之字，久經風化磨損，保存至今的字數很少。現能見到的是日本影印出版的明嘉靖間錫山安國所藏三種北宋拓本的石鼓文，極其珍貴。參高明《中國古文字學通論》第12頁。孫詒讓所引石鼓文，亦當屬宋拓本。他在《古籀拾遺·毛公鼎釋文坿》（第175頁）考釋“庸”字時説：“天乙閣宋拓石鼓文己鼓”有“庸”字，其形“與召伯虎敦微異”《契文舉例》所引石鼓文當與《古籀拾遺》同，亦爲宋拓無疑。

"貝🔲不其尋",廿九之二。"🔲"疑"疲"之異文。《説文・疒部》:"疲,勞也。从疒,皮聲。"石鼓皮作🔲。此即从彼形。《説文・皮部》:"🔲,籀文作🔲。"此與彼亦相近。 (《釋文字》,第96頁)

這裏用石鼓文"皮"的形體🔲證甲骨文🔲所从之偏旁🔲爲"皮"。雖然🔲與🔲有較大差異,不當爲一字,但孫氏的這種探討精神是值得肯定的。此字究爲何字,迄無定論①。

2. 以石鼓文單字證甲骨文單字

如:

龜文別有"來"字,亦恒見。如云:"其🔲",又云"貝父🔲",四之二。……文皆作"🔲",與小篆同,惟省首筆……故金文、伯雖父敦、趙鼎、智鼎。石鼓皆已如是作,亦古文正字也。 (《釋禮》,第56頁)

這是用石鼓和金文形體證甲骨文🔲即"來"字,並認爲它也是古文正字。這裏不再列舉石鼓、金文"來"的形體,因爲它們與甲骨文🔲完全相同。

又如:🔲與🔲

"求"字皆作"🔲",如云:……"求人大甲牢",六十四之二。"🔲卜丙寅二豕求二牛",七十三之四。……《説文・裘部》:"求,古文裘。"石鼓作🔲,此與彼略同。 (《釋文字》,第93頁)

這是用石鼓文"求"作🔲,證甲骨文🔲即"求"字。這裏除了《説文》所録古文的證據之外,孫詒讓衹列舉了石鼓文的證據,可見他對石鼓文的重視了。

又如:🔲與🔲

"立嵩🔲",百卅二之一。此即"斿"字。《説文・㫃部》:"游,旌旗之流也,从㫃,汙聲。"經典或省作斿,石鼓游作🔲。此又从🔲而省。 (《釋文字》,第111頁)

這是用石鼓文的🔲證甲骨文的🔲即"斿"字。孫氏證得相當成功,不舉其他證據,結論已成。此類例子還有"鹿(第123頁)、兔(第124頁)、漁(第129頁)"。"漁"字,舉石鼓文作"🔲",證甲骨文"从又从魚"之字即"叙"字,也證得相當

---

① 參白玉崢《校讀》第5913頁。白隸🔲爲"孜",較孫氏爲優,近是。

精彩。朱歧祥在證"疾"字繁體時說，"疾字繁體，增从手：病也。比較下列諸組文例見疾字增从'手'與否無別"①。甲金文中的●、●、●等無別，也可以證明這一點。也就是說，孫詒讓用石鼓文的"淨"證甲骨文"从又从魚"之字即"叙"字是極為正確的。

3. 以石鼓文偏旁證甲骨文偏旁

如：● 與 ●

　　"出"字亦皆从●，如"出貝"字皆作"●"……考《說文·出部》作●，云："進也，象艸木益兹上出達也。"金文則毛公鼎作●、伯矩鼎作●，石鼓文亦作●，皆从止。與許說不同。此文从●，亦即从止，與金文、石鼓符合，足徵商、周古文皆同从止。許說恐非倉、史之本恉也。　　　　（《釋文字》，第74頁）

這是用石鼓文●的偏旁从止（金文亦从止），證明甲骨文从止旁的●就是"出"字，並以此為據批評了許慎說解"非倉、史之本恉"。這類例子還有"微"字（第89頁）。與"出"不同的是，用石鼓文"微"來證明的甲骨文的那個字並不認識，衹是說明那個甲骨文的形體中間所从偏旁與石鼓文"微"字中間所从偏旁相同。

4. 以石鼓文偏旁證甲骨文單字

如：● 與 ●

　　"●氏兄貝"，八十八之一。……"●"即"躲"之省……《說文·矢部》："躲，弓弩發於身而中於遠也。从矢、从身。篆文作射，从寸，寸，法度也，亦手也。"此則象弓矢形……石鼓作●，偏旁亦如是作。　　（《釋文字》，第116頁）

這裏用石鼓文●的偏旁●證甲骨文●即"躲"字之省。實際上，甲骨文的●並沒有省什麼，衹是比石鼓文从又的●簡略而已。這類例子還有"鼶（第17頁）、既（第78頁）"等字。"鼶"字係用石鼓文的"邋"从鼶，證明所考釋的甲骨文形體是"鼶"字，而不是劉鶚等認為的"角"字。"既"條通過石鼓文"既"从"无"，"直畫不當上出"，證明所考釋的甲骨文形體是"直畫上出"之"先"，而不是"无"字②。

---

① 《殷墟甲骨文字通釋稿》第416頁第1573條"疾"字。

② "先"字，孫詒讓考釋錯誤，因為他根據劉鶚的《鐵雲藏龜》把甲骨文形體理解錯了。

從總體上看,孫詒讓通過石鼓文與甲骨文的比較,從而考釋出甲骨文的成功率還是比較高的。這部分涉及到的字一共有12個。其中"微"字不涉及字的考釋;"既"字條,考釋的甲骨文"旡"雖不正確,但通過石鼓文"既"所從"旡"與所釋甲骨文的比較,指出所考釋的字不是"旡"字則是正確的。"鹿"字現在多釋"麠","鹿、麠"形本近。"兔、來、出、求、鼠、旂、躬、敘"等字則基本上已被學術界所接受。唯一有問題的是通過石鼓文的"皮"考釋甲骨文的"疲"字。這主要因爲孫詒讓錯誤地把甲骨文的 🖎 看成了 🖎,即"皮"字。然而此字至今也没有定論。

(二)古幣文與甲骨文

孫詒讓引用古幣文的衹有4例,其中涉及到三個幣種,它們是古空首幣、古幣和古鳥邑幣。下面逐一加以討論。

1. 古空首幣 [①]

古空首幣共2條,都涉及到"吉"字。如:

🖎、🖎 與 🖎

> 龜文則吉凶字罕見,唯有云"🖎"者,疑即"吉"字……"🖎"當即"吉"之省。古空首幣吉字有作 🖎 者,即其證也。又有小注 🖎 字者,詳後《雜例篇》。

（《釋卜事》,第18頁）

這裏孫詒讓自注的"又有小注 🖎 字者,詳後《雜例篇》"即指前頁注中引用的另外一條關於空首幣的例子。衹是《雜例》篇中空首幣舉例時另外多舉了一個例字 🖎。甲骨文的 🖎,今天大多釋爲"告" [②],孫氏的考釋不正確,但空首幣中的 🖎、🖎 的確與甲骨文的 🖎 在形體上有幾分相似。我們考釋古文字時,不能憑這種"相似性"來釋字,但在考釋甲骨文的初期,孫氏作出這種比較和探索也是可取的,是有價值和意義的。孫詒讓在《雜例》篇中言及的每版間不與正文

---

① "古空首幣",中國古銅幣名,即通常所說的"布幣"。由古代農具鎛演變而成,"布"爲"鎛"的同音借字。初期布幣還保留鎛的形狀:空首可以納柄,形如今之鏟,故又稱"空首幣"或"鏟幣"。流通地域以三晉爲主,幣上一般鑄有地名,有的還鑄有幣值面額、干支等。秦始皇統一中國,廢刀、布、貝等幣,後王莽曾一度仿制使用。

② 參朱歧祥《殷墟甲骨文字通釋稿》第104頁第321條"告"字。

相屬的小注▢、▢之辭，至今也没有一個令人信服的説法①。

2. 古幣

▢、▢與▢

　　"昌方"並作"▢方"。《説文·日部》："昌，美言也。从日从曰。一曰日光也。籀文作▢。"……今考此"▢"字上从口，下从曰，與籀文上日、下口形小異大同。今所傳古幣有作"昌"字者②，其文作"▢"、"▢"，上亦从口，與此正同。　　　　　　　　　　　　　　　　　　　　（《釋地》，第44頁）

孫詒讓舉古幣文"昌"作▢、▢，是正確的，但與之進行比較的甲骨文▢，則與▢、▢差異較大，不是一字。甲古文的▢字後來多隸作"舌"。有人認爲這個"舌方"即卜辭常見"鬼方"同族之異稱③。

3. 古烏邑幣

▢、▢與▢、▢、▢

　　"貝▢□□弗□"、九十四之四。"□▢允隻"、百九十一之一。"戊申卜▢弗其侣我中女癸"。二百之三。金文盂鼎云"▢命女盂"。吳大澂釋爲古文於字，謂與▢、▢古烏邑幣文。相似。此疑亦▢之異文。④　　（《釋文字》，第112頁）

此條引用吳大澂用古烏邑幣文"於"作▢、▢，證金文▢爲"於"的例子，來證明甲骨文▢、▢、▢等形體爲"於"之異文。孫氏所以説爲"異文"，是因爲甲骨文形體▢、▢、▢與古烏邑幣文的▢、▢及金文的▢有較大差異，孫氏下斷語時，用了"疑"字，説明他自己對這個考釋就不是很有把握。後來，學者把▢、▢兩形

---

① ▢條，諸家論述頗多，綜觀之，可歸爲兩説："上吉"説，此説始於孫詒讓，其後葉玉森、王襄、胡光煒、陳邦福、徐協貞、蔣維崧、張秉權等皆從之；"二告"説，此説始於商承祚，其後容庚、瞿潤緡、孫海波、曾毅公、胡厚宣、林泰輔、金祥恒、嚴一萍、白玉崢等從之。參白玉崢《校讀》第3692—3694頁▢條。

② 不能斷定孫詒讓所説"古幣"指何時何種幣。

③ ▢字，釋讀頗多。除孫詒讓首釋"昌"之後，王國維釋"吉"，葉玉森釋"苦"或"楛"，唐蘭釋"舌"通"邘"，于省吾釋"㞢"，島邦男釋"古"，董作賓釋"舌"，認爲"舌方"即鬼方。參白玉崢《校讀》第3713—3714頁▢字條。後來朱歧祥撰《殷墟甲骨文字通釋稿》（第107—110頁第329條釋"舌"字）從之。

④ 此條摹寫與原拓有較大差異，這裏仍保持孫氏摹寫原貌。

釋爲"而（鬍）"之本字，把𢎥釋爲"勿"字①。

　　綜上所述，孫詒讓在考釋甲骨文時，不僅利用了後來大家經常使用的《説文》、金文的材料，而且還盡其所能地運用了他所掌握的其他各種古文字材料。這在今天看來，是十分自然的，但在考釋甲骨文的創始期，孫詒讓就能運用這些材料，的確難能可貴。

----

① 　參白玉崢《校讀》第3723—3724頁校注③、5894頁"香"條校注①、3990頁"於"條校注①。

第三章　孫詒讓考釋文字的方法（中）
——據音考釋

　　文字作爲記録語言的符號，具有形、音、義三個方面的要素。形體在對未釋字的考釋上當然是最重要的，也是我們在考釋古文字時，首先要考慮的問題。這一問題，我們已經在上一節裏討論過了。然而，文字之所以成爲文字，而不是圖畫或其他什麼，是因爲它記録了語言裏的詞，而詞作爲符號，具有能指和所指兩方面的特徵，能指是詞的形式特徵——聲音，這是我們能够直觀地感知到的（聽覺）；所指是詞的意義特徵——概念，是相對抽象的東西。這就像文字符號的能指和所指一樣，能指是字的形式特徵——形體，這是我們能够直觀地感知到的（視覺）；所指是文字的意義特徵——詞，是相對抽象的東西。詞通過語音形式來承載概念這一意義内容，文字則通過形體形式來承載詞這一意義内容。我們認識事物的規律總是遵循從具體到抽象，從直接感知到間接感知的認識事物過程。文字符號的形體特徵是最具體的，最易感知的，其次是稍微間接一點的聲音，再次是它的意義，所以我們在討論了孫詒讓據形考釋甲骨、金文之後，再來看看他據音考釋的情況。現今，在很多研究古文字考釋方法的著作中，都没有據音考釋之類的方法，值得討論。高明在他的《中國古文字學通論》（第167—172頁）中祇列舉了"因襲比較法、辭例推勘法、偏旁分析法、據禮俗制度釋字"四種主要的方法。張秉權《甲骨文與甲骨學》（第135—146頁）中列舉了考釋甲骨文的"直接指認法、偏旁分析法、比較對照法、尋繹推勘法、歷史考證法、類比研究的方法"等六種方法。高明、張秉權，一處大陸，一居臺灣，都是古文字學界極有影響的學者，都没有論及據音考釋古文字的方法。雖然他們祇是列舉其主要者，但無論是從理論還是實踐上看,這不能不説是一個缺陷①。陳煒湛、唐鈺明在《古文字學綱要》中列有"假借破讀法"的考釋方法,無疑是可取的。據音考釋不僅僅衹有"假借破讀"一法,我們這裏所説的據音考釋具有比較寬廣的含義,既包含"假借破讀"的方法,也包括所有通過語音材料來考釋古文字的情況。

第一節　利用文字的諧聲關係考釋甲金文

人們注意到文字的諧聲關係,開始是用來幫助考定上古音韻部的。文字的諧聲現象,宋人就已經注意到了。徐蕆《韻補·序》裏説:"霾爲亡皆切,而當爲陵之切者,由其以貍得聲。浼爲每罪切,而當爲美辨切者,由其以免得聲。"②後來,段玉裁在根據《詩經》押韻建立的韻部之外,首創利用諧聲字治古音的方法,得出"一聲可諧萬字,萬字而必同部,同聲必同部"的結論③。這就是人們通常所説的"同聲必同部"的理論。他還説:"六書之有諧聲,文字之所以日滋也。考周秦有韻之文,某聲必在某部,至嘖而不可亂,故視其偏旁以何字爲聲而知其音在某部,易簡而天下之理得也。"④如遇諧聲字與諧聲偏旁有不相符合者,段氏又立合韻之例:"間有不合者,如裘字求聲而在第一部,朝字舟聲而在第二部,牡字土聲而在第三部……此類甚多,即合韻之理也。"⑤段玉裁還把得到的古韻部按韻母性質的遠近排列,創"古本韻、古合韻"之説:"合韻以十七部次第分爲六類求之,同類爲近,異類爲遠,非同類而次第相附爲近,次第相隔爲遠。"⑥段玉裁憑借諧聲關係,不僅"將不見於韻腳之字在有憑有據的情況下一一繫屬起來"⑦,建立了一系列的關於漢字諧聲的理論,而且也爲後來人考釋古文字時,運用諧聲理論推釋未釋字打下了基礎。孫氏的學術背景當是以段玉裁、王念孫父子等的研究爲前提的,他也是通過漢字的諧聲

---

① 高明指出楊樹達的"音近聲旁任作"等"皆屬於古文字形體發展的規律和字體演變的通例,不單純是一種考釋古文字的方法"(第168頁)。從這一點看,高先生似乎還是認爲有據音考釋的方法的。
② 見王力《中國語言學史》第148頁。
③ 段玉裁《斷句套印本説文解字注》第825頁。
④ 同上,第827頁。
⑤ 同上,第841—842頁。
⑥ 同上,第840頁。
⑦ 龍宇純《中國文字學》第337頁。

關係來釋讀甲骨文的第一人。如：

　　……字从台从皿，字書所無。唯金文有杞伯每父盌，其字作🏺，余定爲
盌字，蓋與《説文・瓦部》瓵音義相近，許解云：“甌瓵謂之瓵，从瓦台聲。”
此从皿台聲，於諧聲字例同也。與彼器正可互證……“盌室”疑宗廟之室，
故祭得用三大牢，但其義不可知，或當與臺通。《考工記》“夏后氏世屋”、
“殷人重屋”、“周人明堂”，“盌室”或即重屋與。

　　又有兩“盌”字，云：“貝夾🏺雨”，六十六之一。“今月不夾🏺雨”，百九十三之
四。兩形……實一字也。其義則與“盌室”迥别，蓋當爲“隸”之假字。《説
文・隸部》：“隸，及也。从隸，枲聲。《詩》曰：隸天之未陰雨。”今《詩・豳
風》作迨。俗字。枲、盌皆从台聲，古通。“夾”者，“夜”之借字。“夾盌雨”者，
夜而雨及也。“不夾盌雨”者，夜不及雨，猶云未隸雨，與《詩》意略同也。

（《釋鬼神》，第30—31頁。）

　　這段考釋有兩條利用漢字諧聲關係的材料。一是“盌”與“瓵”關係的推定。
孫詒讓既言“盌”與“瓵”音義相近，又説兩字“於諧聲字例同也”，實際上，這
是在通過兩字的諧聲關係（从台得聲）及意義取象（“瓦”爲質地，“皿”爲功
用，二者在古文字構字體系裏可通作，高明就列有“瓦與缶、皿”通作的條例，
參見“據形考釋”章之“形符通用通作”部分），認定它們的同字關係，也就是通
常所説的據音義推定兩個形體的同字關係①。二是“盌”與“隸”通假關係的斷
定，也是利用兩字所具有的諧聲關係，即“隸”从枲得聲，而“枲”又从台得聲，
與“盌”从台得聲同，故它們可通假，可以用“盌”字代替“隸”字表“及”的意
義。從諧聲材料使用的本身看，孫氏之説是十分正確的，但從甲骨文形體看，
則有待進一步討論研究②。

---

① 參江淑惠《郭沫若之金石文字學研究》第150頁。
② 這兩條考釋中的“盌”字，孫詒讓所舉甲骨文材料在形體上有一定差異，儘管他作了
　“筆畫微闕”的説明，但實際上祇是推測，故前一個與“瓵”同的“盌”字，羅振玉、王襄等
　釋爲“血”字，葉玉森釋爲“盟”字，後多從羅釋爲“血”字（參朱歧祥《殷墟甲骨文字通
　釋稿》第351頁第1328—1331字）。若此，“盌”从台聲之説已無據，“盌、瓵”同字之説
　自不能成立。後一個通“隸”的“盌”字，不爲定論，可爲一説。關於這個形體，孫氏在
　《名原》（下第32頁）中也有類似考釋。此形後或釋爲从卣皿，即《説文》的“䀩”字（參
　朱歧祥《殷墟甲骨文字通釋稿》第353頁第1339字）。

孫詒讓在利用諧聲材料考釋甲骨、金文時，經常用“讀、讀爲、通、以聲類求之、以形聲求之、借、假、假借、聲同字通”等語來揭示這一內容，這些詞語雖不是諧聲材料考釋例子的專用語，但絕大多數都表明與字音有關則是可以肯定的。下面以甲骨文考釋爲例加以說明。

一、讀、讀爲

“乙丑卜斤隻舜羌”，卅一之三。……《詩·商頌·殷武》：“自彼氐羌，莫敢不來享，莫敢不來王。”《鄭箋》云：氐、羌、夷、狄，皆在西方。則商時西羌種族甚盛，故亦見於龜文。“斤隻舜羌”當讀爲“祈奪圍羌”，蓋其時羌有內犯者，圍之而被奪逸，卜於神求必獲之也。　　　　　　　　（《釋禮》，第51頁）

“斤隻舜羌”當讀爲“祈奪圍羌”，“舜”讀爲“圍”，主要是形義方面的比較考釋，在“據形考釋”部分我們已作過分析。這裏主要是“斤”讀爲“祈”，“隻”讀爲“奪”，從諧聲的角度看，“祈”從斤聲，“祈”與“斤”有諧聲關係，當能成立（斤：文韻、見紐、平聲；祈：微韻、群母、平聲。微、文陰陽對轉，見、群同類互諧）。奪，《説文》奞部：“奪，手持佳失之也，從又從奞。徒活切。”佳部：“隻，鳥一枚也，從又持佳，持一佳曰隻，持二隻曰雙。之石切。”據此，上古“隻”屬鐸韻、章紐、入聲；“奪”屬月韻、定紐、入聲。定、章雖可互諧，但月、鐸分屬不同韻部，差異較大。故從《説文》的解釋看，“隻、奪”沒有諧聲關係，從兩字的上古音韻地位看，分屬不同的韻部，能否通假借用，尚存疑問。故孫詒讓讀“隻”爲“奪”似不能成立。不如據形義釋“隻”爲“獲”字。又如：

“□卜出□辛卯喜饎”，百八十二之三。此當爲“喜饎”二字。《説文·喜部》：“喜，樂也。從壴、從口。”……“饎，酒食也。從食，喜聲。《詩》曰‘可以饋饎’，或作糦，從米。”《詩·七月》：“田畯至喜。”鄭箋：“喜讀爲饎。饎，酒食也。”《爾雅·釋詁》：“饎，酒食也。”《釋文》引舍人本饎作喜，此“喜”即喜字，其讀亦當爲饎，與《詩》箋及舍人本《爾雅》合。　　　（《釋文字》，104頁）

以“喜”讀爲“饎”論之，孫説當可信，“饎”從喜得聲，“喜、饎”有諧聲關係[①]。

---

① 釋喜爲“喜”，應該説是可以成立的。參朱歧祥《殷墟甲骨文字通釋稿》第369頁第1407字。至於此處的“喜”是否該讀爲“饎”，則取決於喜字的釋讀，尚有待論證。

其他通過漢字諧聲關係示以讀、讀爲的例子，如"兄讀爲祝（第36頁）、卜自疑當讀爲卜師（第40頁）、正讀爲征（第44頁）、才或讀爲在（第54頁）、豊當讀爲禮（第54頁）、遣當讀爲譴（第90頁）、豊當讀爲醴（第107頁）"等等皆是，據我們初步統計，《契文舉例》中用"讀、讀爲"的有37例之多，絕大多數是有漢字諧聲背景的。

二、通（用）、聲同字通

　　"微服才在或國乎正酉"，五之四。……此正月賓興賢能合衆飲酒之禮也。酉、酒字古通。詳《釋文字篇》。《周禮‧鄉大夫》："三年則大比，考其德行道藝，而興賢者能者。鄉老及鄉大夫帥其吏，與其衆寡，以禮禮賓之。"鄭注謂"合衆而尊寵之以鄉飲酒之禮，禮而賓之"。是也。　　　　（《釋禮，第54頁》）

就"酉、酒字古通"而論，孫説當可信，因爲"酉"與"酒"有字形上的諧聲關係。就文字發展源流看，"酉、酒"當爲古今字；就甲骨文文字系統看，可看作同聲通用，因爲甲骨文已有從水的"酒"字。又如：

　　"□卜立余雀辛□出入"，二百二之一。余、舍聲同字通。《説文‧八部》："余，從八，舍省聲。"金文居後彝舍作舍，不省。"雀"，爵之借字。《左‧桓二年傳》説飲至有舍爵，杜預注釋爲置酒。　　　　（《釋禮》，第54頁）

孫詒讓説"余、舍聲同字通"，至爲正確。"舍"從余得聲，故"舍、余"有字形上的諧聲關係，可以通用。此類例子又如"紹、詔字通"（第20、135頁），"丞、烝聲類同，字通"（第48頁），"且、徂通"（第50頁），"古啚、鄙字通"（第98頁），"豙與隊通"（第99頁），"煙、禋古多通用"（第103頁），"古似、以聲同字通"（第114頁），"古羊、祥字通"（第119頁）等等皆是。

三、假、借、假借

　　"鼠癸亥子□𠂤"，七十八之四。"貝鼠十申參□𠂤"，八十六之四。"己亥□余□及受□𠂤□才□"、百廿二之三。"亥卜貝𠂤"、二百廿四之三……又有云"帚好"者八事，詳《釋卜事篇》，兹不重出。"𠂤"即"帚"字。《説文‧巾部》："帚，糞也，從又持巾埽ㅂ内。"此文"⿰"唯一見,餘並省ㅂ作"⿰"。又審校文義,當假爲"歸"字。金文女歸卣作⿰,與此同。　　　　　　　　　　　（《釋文字》,第100頁）

孫詒讓隸⿰爲"帚"是正確的,"當假爲'歸'字"之説,則可再討論,特別是"帚好"之"帚",今已有定論,當假爲"婦"字,"婦好"爲殷王妃嬪。就諧聲關係看,"帚"與"歸"同"帚"與"婦"是一樣的,它們是有字形上的諧聲關係的,也就是説,它們在語音上有構成通假關係的前提條件。我們之所以説"當假爲'歸'字"之説可以再討論,是因爲這又涉及到通假的另一個條件的認定,那就是上下文的語義,在傳世文獻中的通假,意義方面的條件比較容易判斷,而在出土文獻,特別是没有相應傳世文獻可以比照的出土文獻,就難斷定了。孫詒讓的很多利用諧聲材料考釋的例子,就諧聲材料本身看,並没有問題,但就釋文看,又是不正確的,原因就在於此。

孫詒讓在《契文舉例》中使用"假、借、假借"等的例子有近50條。這些例子很多是與前兩類重出的。有的是一條之中,一種言一般的情況（相當於數學中的公理）,另一種則言具體的實例。如上面列舉的"古畐、鄙字通"之後,接着又説"此亦當爲'鄙'之借字"（第98頁）,"古畐、鄙字通"是指一般情況,是公理;"此亦當爲'鄙'之借字"是指所討論的甲骨文具體的例字。有的則是在不同節條、不同例子裏,幾類詞語交替使用。如同一個"且"字,第72頁既説"讀爲王饗大祖""讀爲王徂夷方""亦皆借'且'爲'祖'、'徂'兩字",第50頁又説"且、徂通",第27頁又説"'且',祖之借字,金文祖字皆借且爲之",第71頁説"龜文稱'祖甲'、'祖乙'之等'祖'皆借'且'爲之"。又如同一個"㒸"字,第99頁説"㒸與隊通",第120頁又説"'㒸'當爲'隊'之假借字"等等皆是。從這裏也可以看出,孫詒讓在使用這些術語的時候,並没有嚴格的區別,都是爲了利用文字形體自身存在的諧聲關係,以達到釋讀被釋字的目的。

上面我們的舉例僅限於孫詒讓的甲骨文考釋。孫氏在金文的考釋中,這種例子就更爲普遍。如:

司土即司迏。本書司土彝釋文又以爲即王裋六府之司土,二説不同,其爲誤一也。土爲迏之聲母,故金刻多通用《續古文苑·周西宫裏戒父盤銘》"司土出裏",孫跋謂即"司迏",其説最確。……與此簠字形相近,當是一人所作。彝云"作司工",司工亦即司空。薛《款識·司空彝》空正作工。《續古文苑·裏戒父盤銘》"司工虎孝册",孫跋亦以爲"司空",按工爲正字，空爲假字。司空古或爲共工可證。凡金文司土、司工，阮多誤釋，今不悉辯。大小司迗爲地官之正貳，大小司空爲冬官之正貳。

（《古籀拾遺·宂簠》，第111頁）

"迗"與"土"、"空"與"工"諧聲關係明顯。又如：

此鼎多用同聲假借之字。阮、錢並以本字釋之，則鉏鋙而難解矣。此𢦏字當讀爲裁。《管子·形勢篇》"裁大者，衆之所比也"，尹注："裁，斷也。"東字當讀爲董。《左·昭十三年傳》："董之以武師。"《爾雅·釋詁》："董，正也。""裁董"猶"斷正"也。師𣪘敦云"東裁内外，毋敢不善"，"東裁"即此鼎之"𢦏東"，其借東爲董，亦與此同。惟借栽爲裁略異。𢦏、栽、裁皆从戈聲，可互通也。

（《古籀拾遺·寰鼎》，第86頁）

"𢦏、栽、裁"同諧戈聲，可互通，自不成疑問①。又如：

金文櫊改彝云：白伯辟父休于塓改曰："𢔶祖乃任塓白室。"此塓爲國名，舊釋爲楯，古無此字。今考此文从木从幺甚明，下从🔴，似目而異，實首之到文。《説文》𥄉部："𥄉，到首也。賈侍中説此斷首到縣𥄉字"，即此。又云："縣，繫也。从系持𥄉。"从木从𥄉，當爲"縣"之異文，幺即系之省，从𥄉即所謂"系持𥄉"，从木者，蓋取縣木之義。《説文》系部："綱，古文作𥾣"，此或从松𥄉聲，亦通。《説文》木部："梟，不孝鳥也。"从鳥在木上。《史記》《漢書》"梟首"字多作梟，此櫊字从木，亦兼有梟義……櫊國古書未見，唯《漢書·地理志》鉅鹿有鄔縣，《説文》邑部作𨛬縣，或即𨛬之假借字②。

（《名原·奇字發微》，下第19頁）

此段釋文，把塓字釋爲"縣"之異文，極是。至於"櫊（縣）"爲"鄔、𨛬"之假借之説，僅憑金文櫊改彝的材料實難斷定。如從諧聲材料和文獻材料看，"櫊（縣）"與"鄔、𨛬"通假是極有可能的。因爲孫氏假借的前提是建立在"此或从松𥄉

① 郭沫若《兩周金文辭大系·師𣪘敦》（第114頁）言"孫詒讓讀爲'董裁'，至確"，江淑惠《郭沫若之金石文字學研究》（第116頁）認爲郭氏"所論極是"。

② 今本《説文》邑部無"𨛬"字，自亦無"𨛬縣"。《古籀餘論·櫊改彝》（第112頁）："縣國，經史未見，《説文》邑部有鄔字云'鉅鹿縣也'，《漢書·地理志》作'𨛬'同，此縣或𨛬之假借字與？"與此處用字略有差異，但義則同。

聲,亦通"的基礎之上的。既然"檐(縣)"與"鄹"都以㬎爲聲,據段玉裁"同聲必同部"的諧聲原則,"檐(縣)"與"鄹"自然可以同聲假借①。又如:

　　金文井人鐘云"永冬",頌鼎、頌敦皆云"霝冬",並借冬爲終也。其字皆作ᐱ作ᐱ,則古文冬字下畫,亦不相連屬。　　(《名原·象形原始》,上第23頁)

金文"冬"作ᐱ作ᐱ,這已是定論,其"永冬、霝冬"中的"冬"借爲"終"字,亦當可信,因爲"終、冬"具有諧聲關係,具備通假條件,再考之文義,自然"永終、霝終"更爲切合銘文語義。再如"貸、貣二字古通用""忒與貣古亦通用"(《古》第6頁)②,"彼借易爲陽,此借易爲揚,例同"(《古》第9頁),"匽、宴同聲孳生之字,古可通用,故此借匽爲宴"(《古》第9頁),"令與命通"(《古》第11頁),"假才爲在,金文屢見"(《古》第14頁),"名即銘字"(《古》第14頁),"政讀爲正,二字古通用"(《古》第20頁),"德,得之借字"(《古》第20頁),"卹、恤字通"(《古》第21頁),"功、攻字通"(《古》第24頁),"辝乃當爲治,二字皆从台聲,古通用"(《古》第25頁),"織與職通"(《古》第28頁),"敢當讀爲嚴"(《古》第31頁),"專讀爲溥"(《古》第31頁),"靜與竫通"(《古》第121頁),"古多假忞爲文"(《名·敘錄》第1頁),"載則載、裁之假也"(《名·敘錄》第2頁),"裸字古或假果爲之"(《名》上第14頁),"又或借正爲征"(《名》上第17頁)、"假牆爲穡,與鐘文假嗇爲牆例正相反"(《名》上第22頁),"壽或當爲鑄之假借"(《名》上第29頁),"䍴,媾之借字"(《名》下第1頁),"斁、澤同从睪得聲,古可通用"(《名》下第11頁)等等皆是。據初步調查,《古籀拾遺》中這類例子約有80餘例,《名原》中亦有30多例。

　　由上可見,孫詒讓無論是在甲骨文還是在金文的考釋中,都十分注重利用文字的諧聲關係。在這方面,應該說他取得了比較好的成就,釋出了一些甲金文單字,也讀通了一些甲金文詞句。但也存在一些明顯的失誤,失誤的原因主要出在字形的判定、文義的理解上。

---

①　這個"檐(縣)"字,很大程度上可能是一個會意兼形聲的字,後出的"懸"字類此。"从木者,蓋取縣木之義","梟"也从木,亦當取"縣木之義","檐"與"懸"的構字意圖當相同,"㬎"即"縣",在字中兼表音義。不同者,"檐"早出,"㬎"重在表義,兼表聲音,"懸"字後出,"縣"字重在表音,兼表意義。

②　本書中的"《古》"指《古籀拾遺》,"《名》"指《名原》,後不再注。

第二節　利用古音知識考釋甲金文

上一節討論的文字的諧聲關係，也是與古音知識有關係的，衹是由於漢字形體上的特殊性，我們直接通過諧聲字與諧聲偏旁、幾個諧聲字用了相同聲符等明顯的外在形式，就可以斷定它們的音同音近關係，比較容易識別，所以，我們單獨拿出來在前面討論。下面再來討論孫詒讓考釋甲金文時，利用古音知識的其他例子。

一、音近音同聲符通作

"音近音同聲符通作"指在一個文字系統裏（主要是古文字系統裏），幾個不同聲符在字中的等量替換現象。也就是指，一個形聲字有幾種不同的寫法，區別僅在於聲符形體上的差異，而音、義完全相同的聲符替換現象①。孫詒讓在考釋甲金文時，已注意到這種現象，並利用這種現象考釋出了一部分甲金文。後來，這種釋字的手段或途徑，被楊樹達總結爲"音近聲旁任作"的方法②。這能不能算作一種方法，可以再討論，但存在於古文字體系中的這種現象，則是古文字的考釋者應該知道和研究的。如：

> 鐘鼎古文凡从ㄓ者，於小篆爲㫃，於隸爲放，金刻中旐、旅諸字偏旁並如此作。訪則从言方聲，方、放二字隸體相似，古文則兩形迥別。此旂从放从言，吴釋爲訪，是以隸體之相似者並例古文，其誤實甚。考金文多云"用祈多福"，而其祈字多借蘄爲之，又或借旂爲之。如齊侯鎛鐘、齊侯罍、師器父鼎並云"用旂眉壽"是也。此旂亦即旂字。旂从放斤聲，斤、言聲近，故古从斤之字或變而从言。《説文》犬部："狋，犬吠聲，从犬斤聲。"《玉篇》犬部："狋與狺同。"《楚辭·九辯》："猛犬狺狺而迎吠。"狺即狋字也。此旂亦變斤爲言，吴釋爲訪，蓋未達古文形聲變易之例也。　　（《古籀拾遺·周太師虘豆》，第132—133頁）

此段文字是在討論金文裏的旂字，此形从ㄓ从言甚明，隸定爲"旂"字是没有問

① 有些有聲符通作現象的字，在形符上也有一定的差異，但這種差異能够用"義近形符通作通用"加以解釋。

② 參楊樹達《積微居金文説》（增訂本）第11—12頁。

題的,但古書及字辭典裏不載此形,孫詒讓據"古文形聲變易之例","斤、言聲近,故古从斤之字或變而从言"的條例,認爲此"旂"字即古籍、字辭典以及金文中常見之"旂"字。從古音看,"言"爲元韻疑紐平聲,"斤"爲文韻見紐平聲,"旂"爲微韻群紐平聲。見、群、疑同屬古牙喉音,發音部位相同,微、文韻元音相同,祇是韻尾有異,一屬陰聲韻,一屬陽聲韻,可陰陽對轉。另據段玉裁"同聲必同部"之原則,"斤、旂"具有諧聲關係,古同音當可立。依段玉裁六類十七部説,从斤得聲字在十三部微韻、文韻,从言得聲字在第十四部元韻,但同在第五大類。"言"與"斤"符合段玉裁之"古合韻"説,也符合音韻學上之"旁轉"理論。這樣,"斤"與"言",韻合"旁轉"理論,可"合韻";聲則同屬牙喉音,發音部位相同。故孫詒讓"斤、言聲近"的結論就基本可信,而"旂"與"旂"也可因"音近音同聲符通作"的原則構成"異形同字"關係。又如:

> "毋毋又有𤯱女"……王釋爲遺,阮釋爲遠。按,此字从辵从舌从羊,與遺、遠二字形聲並遠,此當爲達字,《説文》:"達,从辵𦍒聲。""𦍒,从羊大聲。"此从舌者,古音舌、大同部,舌聲、大聲,段玉裁《六書音均表》同在脂、微、齊、皆、灰部,王念孫《二十一部古音表》同在祭部,《儀禮·既夕記》"設依撻焉",注:"今文撻爲銛。"《釋文》"銛音息廉反",即从金舌聲之銛,與劉昌宗音括、以爲銛字者異。故此變大爲舌也。達者,撻之省。《周官》"閭胥各掌其閭之徵令,凡事,掌其比觵撻罰之事",鄭注:"觵撻者,失禮之罰也。""無有達女",蓋勞勉之辭,猶言無以失禮見罰耳。
>
> (《古籀拾遺·庎父鼎》,第84—85頁)

𤯱字形體由舌、羊、辵三部分構成,清晰明了,孫詒讓的形體分析是正確的。但古籍及字辭書中無此構形的字,孫詒讓通過"音近音同聲符通作"的替換,認爲此字即常見的"達"字。而"大"與"舌"又同屬段玉裁的第十五部、王念孫的祭部(從段玉裁第十五部的"脂"部分離出來),並有《儀禮·既夕》注文提供的"撻"與"銛"爲通借異文的證明,考之銘文文義,釋爲"達"讀爲"撻"(孫氏以爲"撻"之省,亦通,但不如用通假解釋更爲合理),也文從字順,其説當可成立。用今天古音研究的成果論之,"大"屬月韻定紐入聲,"舌"屬月韻船紐入聲,聲紐稍有差異,但從諧聲字、反切異文、古書中的通假、當今方音等方面看,古章組(章、昌、船、書、禪)與端組(端、透、定)有非常密切的關係,可以合

爲一類①。這樣，"大"與"舌"的古音就極其相近，甚至相同了。孫詒讓據"音
近音同聲符通作"原則，定𧔲爲"達"之異體的結論是可信的。又如：

>　　《說文》無䍤字，而金文恒見……師𡦞父鼎……有"䍤市同黄"之文……
>鼎文作𩯈……依字"䍤"從韋𢦚聲。以聲類推之，音義當與𦅅字相近，舊釋爲
>韋或爲鞣並誤。《說文》糸部："𦅅，帛雀頭色。從糸巂聲。""𢦚"從才聲，與"𦅅"
>從巂聲，古音同部，義亦略同。其與《禮經》爵字，亦聲近義通。《士冠禮》
>"玄端爵韠"，鄭注云："士皆爵韋爲韠。"引《玉藻》曰："韠，君朱、大夫素、士
>爵韋。"金文"䍤市"，即《禮經》之爵韠也。自經典通假"爵"字爲之，而其正
>字遂廢。𦅅字唯著於《說文》，而䍤則字書悉無之，不讀金文，幾不知古有此
>字矣。
>
>　　金文又有"䙴"字，薛氏《款識・齊侯鎛鐘》作𧴪，《說文》亦無其字，音
>義無考。以䍤字例之，䙴從糸𢦚聲，與𦅅字形同聲近，當爲一字。但齊鎛
>云："余命女䙴差卿"，審校文義，蓋讀䙴爲爵，與《禮經》借爵爲䍤，義異而
>例同。謂命以官爵差次於正卿也。因其借讀，可推定其本義必爲爵色絲
>帛，亦即《禮經》"爵弁"之正字。蓋市制韋爲之，爵色韋，則謂之䍤，其字從
>"韋"。帛織絲爲之，爵色帛，則謂之䙴，其字從"糸"。古文形義致爲精析，
>經典則不分韋絲，通假"爵"爲之，字書遂闕此兩字。唯彝器文"䍤市"尚用
>正字，而"䙴"字則以齊鎛假爲"爵"僅存，考釋家亦咸瞢然莫辨，蓋古文之
>放失久矣。
>
>　　依許君說，爵色帛字作𦅅，而爵色韋則無正字，依金文"䙴""䍤"爲爵色
>"帛""韋"之正字，則𦅅當爲䙴之變體矣……今參互考定，知爵色韋、帛，各
>自有諧𢦚聲之正字，爵爲借字，乃韋、帛之通名。緅、𦅅爲䙴之變體，則專屬
>"爵帛"。諸文較然不同，亦治小學者所當知也。
>
>　　　　　　　　　　　　　　　　　　　　（《名原・說文補闕》，下第26—27頁）

這節長文的考釋，主要討論了"䙴"與"𦅅"的關係問題，兼及與"䙴、𦅅"相關
的"䍤"字。其論簡而言之：第一，"䙴"與"䍤"均從𢦚聲，衹是因制作材料不
同，而分成不同的形體。䍤爲皮韋制，而䙴爲帛絲制，統言之則均爲"爵弁韠

---

①　參李珍華、周長楫編撰《漢字古今音表・漢語語音發展史說略》第2—4頁。

市”,故均可借“爵”爲之。第二,“裁”與“緅、纔”是同字異構,“裁”爲正字,“緅、纔”爲變體(主要是“纔”字),因經典中久借“爵”爲“裁、載”字,故《説文》不載“裁、載”字①。

關於第一點,我們在本節的前面部分已有涉及,𣂠之从韋𢍏聲,𢇍之从糸𢍏聲,均十分清晰,分別隸爲“載、裁”字當可爲定論。關於第二點,是我們要重新分析討論的,孫説能否成立,得看“裁”與“緅、纔”的語音關係。以“裁”从𢍏,“𢍏”又从才聲論,古音當屬之韻從紐平聲,“纔”也屬之韻從紐平聲,“緅”則从取得聲,其古音以“娶、趣”等字推之,當屬侯韻清紐去聲。可見“裁”與“纔”同音,與“緅”則衹是聲紐相近,因此,“裁”與“纔”可由“音同通作”構成異形同字關係,“裁”與“緅”是否同字,還需有其他的證明,即使它們屬異形同字關係,可能也不是因爲“音同音近通作”造成的。

孫詒讓在考釋金文時,利用“音近音同聲符通作”原則考定的異形同字的例子還有:

1. “胄”條(《古籀拾遺·虘彝》,第96頁):當即“胄”之變體,小篆“胄”从由冃聲,此下从冒者,“冒、冃”聲同。

2. “簠”條(《古籀拾遺·周韓侯白晨鼎》,第159頁):“夫、甫”二字聲近,古多通用。《説文》皿部“簠,从竹从皿,甫聲”,古文作“匥”,从匚夫聲。薛《款識·叔邦父簠》作𥫔,阮《款識·陳逆簠》作𥬇。

3. “庸”條(《古籀拾遺·毛公鼎釋文坿》,第175頁):庸,《説文》从用从庚,此上从屵者,疑“屵、庚”聲近,故變“庚”爲“屵”。

4. “瑟”條(《名原·象形原始》,上第26頁):金文瑟中狂鹵“瑟”字作𤥸,

---

① 此段文字後,孫詒讓還討論了“剓”與“緇”的關係問題。他説:“然古文又有‘剓’字,鄭康成以爲即古緇字,故《玉藻》注云:‘古文緇字或作糸旁才。’《鍾氏》注亦云:‘古緇以才爲聲’,是也。然以字例推之,𢍏才同屬一聲母,則剓實當爲裁之省,猶纔亦借作才也。依《鍾氏》‘五入爲緅,七入爲緇’,‘緅’‘纔’同字,與‘緇’不同。若然,裁省爲剓,自當與纔緅同,不得爲緇之古文。鄭不知緅正字本作裁,故以‘剓’爲古文緇字,許書緇下亦不載‘剓’字,蓋與鄭義不同,知《禮》注説未足馮也。”今發現上博簡及帛書《緇衣》“緇”字均作“剓”,這説明“緇”與“剓”的確有密切關係,這有兩種可能:一種可能是的確如鄭康成所説,“剓”爲“緇”之古文,那他們屬於由“音近音同聲符通作”構成的同字異文;另一種可能是,“緇”與“剓”衹是一般的通假用法,出土文獻中的通假用法是很普遍的現象。目前,在還沒有其他材料進一步證明的情況下,孫詒讓把“剓”當作“裁”的省減字,還是可立的。

上半與“癸”字相邇，下似从皿，則疑是“血”之省。金文从血與皿字多同。《詩·大雅·旱麓》“瑟彼玉瓚”，《周禮·典瑞》鄭衆注引“瑟”作“卹”，“卹”从血聲，與“必”聲古音同部也。卣文“瑟”从血，與聲例正合。

5.“禰”條（《名原·説文補闕》，下第27頁）：諦審之當爲从丮从示，字書未見。尋文討義，當爲“褹”之省。《書·舜典》“歸格于藝祖”，馬融、王肅並釋爲“禰”，漢人引亦並作“禰”。《説文》示部無“禰”字，徐鍇《繫傳》本有一字云：“秋畋也，从示爾。”此非許君原文，不足據。古文蓋作“褹”，从示埶聲…… “埶、爾”聲近，故經典又作“禰”也。

6.“匡”條（《名原·説文補闕》，下第30頁）：金文史頌敦云：“日[illegible]天子。”[illegible]字，以形聲求之，當爲从辵匡聲。然“匡逛”兩字，《説文》並未收。尋文討義，或爲“匡”之異文。“匡”从㞷聲，與羊聲同部也。龜甲文亦有云：“甲申，巨人名今[illegible]羌。”又云：“□□立[illegible]□亩。”[illegible]即[illegible]字。與敦文可以互證。“匡羌”，似亦匡正之義，謂正其罪，而伐之也。但以金文甲文合校之，疑古本有从匚羊聲之字，又或加辵爲之。

7.“飽”條（《名原·奇字發微》，下第21頁）：[illegible]字右从食从又，左从[illegible]，當爲“缶”……當爲“䭋”之異文，舊釋爲餐，誤。从又者，繁縟文也。《集韻》四十四有“飽”或作“䭋”。《吕氏春秋·辨士篇》云：“爲其唯雖省厚后通，而及急省䭋也。”明古“飽”字有作“䭋”者，故吕不韋得用之，此古文之存於先秦古子者。金文與彼正合，《説文》失載，亦許君之疏也。《説文》食部：“飽，古文作䬲，从孚聲。”爪部“孚”古文作“𤓽”，云：“从禾，‘禾’古文保。”保亦聲。古“孚、保、缶”聲多通用，如《春秋·莊六年經》“齊人歸衛俘”，《公羊》《穀梁》“俘”作“寶”，《説文》宀部寶从缶聲。是其例也。若然，“飽”之作“䭋”與作“䬲”，聲義本通，無足異矣①。

這些例子，有的以現在音韻學研究的水平來衡量，失之寬泛；有的則因偏旁認定的失誤，而影響結論的可信度。但孫詒讓的確是有目的地通過“音近音同聲符通作”來考釋甲金文，認定兩個甚至幾個不同形體的異文爲同字關係的。這是值得我們認真總結和借鑒的。以上所舉僅限於金文考釋的例子，

① [illegible]字左部偏旁，與“缶”的古形異，與古“言”形極似，當爲“言”字。儘管孫詒讓從聲符通作、先秦典籍、古辭書等方面作了論證，[illegible]爲“䭋、䬲”異文的結論仍不能成立。另參江淑惠《郭沫若之金石文字學研究》第184—185頁“大鼎”條。

衹是在"匡"條裏涉及到幾個甲骨文的例子,下面舉兩條甲骨文考釋的例子,以見一斑,也以此作爲本小節的結尾。

　　"入□似象自□□庚戌至貝□𡘲□受",一百之二。"𡘲"字從辛、從侣,古無是字,疑當爲"辝"之異文。《説文·辛部》:"辤,籒文作辝。"台、侣同從㠯聲,故此變台爲侣矣。　　　　　　　　　　　　　　　　　　　　　（《釋文字》,第114頁）

　　𡘲字究爲何字,至今無定説。孫詒讓釋𡘲之右形爲"侣",基本上得到了當今古文字學界的認同①。左形隸爲"辛",當也不會有太大的問題。𡘲是不是"辝"的異文,這要看兩字的語音關係及甲骨文的辭例。孫説"台、侣同從㠯聲"②,其説有據,《説文》口部:"台,説也。從口㠯聲。"人部:"侣,象也。從人㠯聲。""台"爲之韻透紐,"侣"爲之韻邪紐。邪紐可併入端透系,故"台"與"侣"音同,至少極其相近,符合"音近音同聲符通作"條件,也就是説,從語音上看,"辝"與𡘲有異形同字的可能。又如:

　　"𧪢",百七十二之四,下有"貝乎服昌方"五字,似與此文不相屬。疑即"侸"字,《説文·人部》:"侸,立也。從人豆聲,讀若樹。"此從人、從壴者,以讀與樹同故。豆、壴通用。（按,白玉峥《校讀》"以讀與樹同故","故"屬下讀,是。）　　　　　　　　　　　　　　　　　　　　　（《釋文字》,第105頁）

孫詒讓這裏釋𧪢爲"侸",從字形上看,直接隸𧪢爲"侸"是有困難的,故孫詒讓采用了"通用"的途徑。實際上,嚴格地説,應該是隸爲"倚"字,而《説文》及古文獻又無此形體的字,因"豆"與"壴"通用,故"侸"與"倚"可以看作是一字的不同寫法。《説文》人部:"侸,立也,從人豆聲,讀若樹。常句切。"又壴部:"壴,陳樂立而上見也。從屮從豆,凡壴之屬皆從壴。中句切。"依《説文》,"壴"不是以"豆"爲聲符的形聲字,衹能從"壴、豆"的整體上去尋求其語音。求之古音,"豆"爲侯韻定紐去聲,"壴"爲喉韻禪紐去聲③,禪屬章系,古與端透定系合（參

---

①　𡘲之右形,有獨體成字者,孫詒讓疑"當讀爲㠯",後來雖有釋"挈"、釋"氐"、釋"氏"等説法,但都不如孫説可信。參于省吾主編《甲骨文字詁林》第44—46頁。

②　實際上𡘲之右形可直接隸爲"㠯",這樣就不必通過"侣"的中介了,"台、㠯"本身就構成諧聲關係,自然音同音近。

③　此以"尌、澍、樹"諸字推定。

見前述"達"條），"豆"與"壴"古音相同，或者説極其相近，作爲聲符，有通作的可能性。另據段玉裁《説文解字注》"侸"條："十篇曰：立，侸也。與此爲互訓。今本立下改爲住也，則不可通矣。侸讀若樹，與尌、豎音義同，不當作住。今俗用住字，乃駐、逗二字之俗，非侸字之俗也。常句切，古音在四部。按，侸，《玉篇》作偳，云：今作樹。《廣韻》曰：偳同尌。蓋樹行而侸、尌、豎廢，並偳亦廢矣。"知《説文》"侸"字，《玉篇》作"偳"，至此，把"侸"與"偳"看作因"音近音同聲符通作"造成的異形同字可無疑矣。可惜的是孫詒讓未能直接點破"侸"與"偳"的這層關係。此字孫氏釋爲"侸"或"偳"之後，商承祚、孫海波、白玉峥均從之釋"侸"，唐蘭從孫氏或説釋"偳"①。《古籀拾遺》第48—49頁也討論了"壴"字。

二、含有音同音近聲符字的通用

前一小節討論的是孫詒讓利用古音知識，解決同字異形中的聲符通作通用問題，是一個字内部的聲符異形問題。本決小節將討論孫詒讓利用古音知識，解決幾個字之間，且這幾個字用了形體不同的聲符的通用問題，這個問題或許與訓詁的關係更爲密切，因爲它解決的不僅僅是字的問題，也是出土文獻中詞、句的問題。如：

　　此當爲"永保"二字……保字右从禾，左从貝。釋玄應《一切經音義》"保，古文寶采保三形同"，此脉字即寶之省也，古保寶二字通用。"用之永保"猶它器言"永寶用之"耳。　　　　　　　　　（《古籀拾遺·商鐘》，第7頁）

孫詒讓所釋"永保"二字中之"保"，原字右似从"禾"，左所从"貝"並不明顯，此不論。如"脉"確爲"寶"之省的話，依玄應"保、寶、采、保"同字論，祇要"保、寶"音同音近，即可通假，"永保"即爲"永寶"，此句即可讀通，比王黼、王俅讀爲"協相"更爲合理②。以古音論之，"保"爲幽韻幫紐上聲，"寶"亦爲幽韻幫紐上聲，二字古同音，孫氏通用之説可立。又如：

　　余錫女釐都……釐都蓋齊之大都。釐疑即萊，故萊國，《左·襄六年傳》"齊侯滅

---

① 孫詒讓此字又釋爲"偳"之省，見第105頁同條。諸説見白玉峥《校讀》第3943—3944頁。

② 王黼《宣和博古圖》隸爲"協相"，王俅《嘯堂集古録》從之。

萊"，又《哀五年傳》"齊置群公子於萊"是也。字亦作"郲"，《襄十四年傳》"齊人以郲寄衛侯"。萊、郲並从來聲，來、釐古音同，經典多通用。叔及蓋爲釐大夫，故以其屬縣爲采邑，下文亦云"司治釐邑"①，又云"賜釐僕二百又五十家"，並其證也。

（《古籀拾遺·齊侯鎛鐘》，第24—25頁）

孫詒讓"釐疑即萊"的語音上的證據是"萊、郲並从來聲，來釐古音同，經典多通用"。考之古音，"來、釐"二字均屬之韻來紐平聲，自可通借使用，孫氏判斷正確。再結合形、義及齊侯鎛鐘的地域諸因素看，孫詒讓釋"釐"爲傳世文獻中的古"萊國"或"郲國"是可信從的。有意思的是，《說文》里部："釐，家福也，从里𠩺聲。"又攴部："𠩺，坼也。从攴从厂，厂之性坼，果熟有味亦坼，故謂之𠩺，从未聲。"依《說文》輾轉推之，"釐"从𠩺得聲，𠩺又从"未"得聲，是"釐"實从"未"得聲。然而"未"之古音屬微韻明母去聲，與"釐"之古音俱不同②。這是怎麼回事呢？這要追索"釐"的字形源流。釐，齊侯鎛鐘作𨤲，實不从"未"，而从"來"，這可能就是"釐"與"來"上古聲韻俱合的真正原因，因爲"釐"實从來得聲，二者有諧聲關係。如若這樣的話，這個例子就應該放在前面"諧聲"部分去討論了。又如：

金文大鼎云："王召桒趩馬雁命取𤿳……卅匹，易錫大。"𤿳字《說文》所無，以形聲求之，𤿳从缶，石鼓作騎，當爲騧之借字。《爾雅·釋畜》："驪白雜毛，騧。"𤿳从"缶"聲，與騧从"咼"聲同部可通。《毛詩·鄭風·大叔于田》作"鴇"，此右从𢎘，亦似从鳥，未能決定也。

（《名原·轉注楬櫫》，下第14頁）

---

① "下文亦云'司治釐邑'"之"釐邑"，"邑"字重疊疊嵌寫於"釐"字之下，似爲一字，孫詒讓認爲"細審之，當爲釐邑二字合文，諸家皆漏釋，當補入"。"諸家漏釋"實諸家不識此字，故未釋也。後來，孫詒讓在《名原·轉注楬櫫》中指出："凡《說文》邑部字，今經典或未見及，金文从邑字，今不見於許書者，咸不勝僂指數，殆皆此例所晐也。"這是說，金文中有在表國之字旁注"邑"形以標識區別同形它字的體例。但不知何故，孫氏此處未如是處理，是偶有疏忽，還是著《古籀拾遺》之時尚未得出此條例，到撰寫《名原》時才總結出這一條例的？或是另有其它原因（大夫所治，不可言國）？不得而知。總之，這"釐邑"合文，可用其"國名注邑"加以解釋。

② 雖然之韻與微韻可旁轉，許多古音學家都把它們歸爲一個大類，如段玉裁、王念孫等。但兩韻畢竟有差異，來紐與明紐也不同。

孫詒讓以"𧮫、𧮫"同字，此"當爲鶷之借字"，從語音上看，"缶、𠂤"同爲幽韻幫紐上聲，爲同音字，按例可通假借用。但𧮫字左所從實不類"缶"字，而是"言"字。因此，"𧮫從'缶'聲，與鶷從'𠂤'聲同部可通"的結論失去依據①。

　　此類例子甚多，典型者如"唬借爲呼"（《古》第14頁），"死、尸音近通用"（《古》第21頁），"辝爲辭之借字"（《古》第23頁），"易讀爲弛，弛、易聲近字通"②（《古》第27頁），"法讀爲廢"（《古》第30頁），"以聲類求之，成唐當爲成湯。唐從庚聲，湯從易聲，古音同部，故借唐爲湯"（《古》第31頁），"刻伐即克伐"（《古》第31頁），"算讀若筭"（《古》第53頁），"甫聲夫聲之字古多通用"（《古》第67頁），"光、黃通借字"（《古》第72頁），"古尹聲勻聲字多相通"（《古》第135頁），"爽、喪音近，古多通用"（《古》第36頁），"舍借爲予"（《古》第154頁），"學讀爲效"（《古》第155頁）"畏讀爲威"（《古》第176頁），"貫晦即吷晦，古音近字通"（《名》上第28—29頁），"述與隊通"（《名》下第3頁），"古音僕與附相近字通。僕在尤幽部，附在侯部，音最近③（《名》下第4頁），"服、伏古音同，故

---

① 𧮫字，李孝定認爲："左旁疑'言'之異文，右旁於'隹'形爲近，未審是何字也。"周法高認爲："如李氏説，則'誰'字假爲雖。"（參《金文詁林附録》第1653—1656頁。）李、周説就字形論，比較切合，其右所從爲"隹"爲"鳥"均可，孫詒讓已經言及"此右……亦似從鳥"。但究爲何字，還有待進一步論證。另可參前面"𧮫"條注文。

② 古音"易"屬支韻餘紐去聲，"弛"屬歌韻書紐上聲，除去聲調不論，章組的"書"雖與端系有密切關係，以紐的"餘"也與端系的定紐有密切關係，二者有通之理，但之韻歌韻相差較遠，似不具備通用之條件。但在經典用字中，二者常通假借用，這又從事實上證明它們是音同音近的。另外，顧炎武離析唐韻，得古韻十部，分支部爲二：一半與脂、之、微、齊、佳、灰、咍、尤之半合爲第二部；另一半與歌、戈、麻之半合爲第六部。這也説明支與歌有關係。

③ 孫詒讓按段玉裁古韻分部，以"僕"入第三部"尤幽"，"附"入第四部"侯"，均爲段氏第二類，故云"音最近"。以現代音韻學觀點視之，"僕"以"璞、樸"諸字推之，當屬屋韻滂母入聲（以同音替代"僕"的簡化字"仆"論之，有兩讀，一爲屋韻滂紐入聲，一爲侯韻並紐去聲），附屬侯韻並紐去聲，韻異（但可陰入對轉）聲近（同發音部位），二字有音相近字相通的條件。但從孫詒讓的具體表述看，孫氏論通假借用，主要是以韻爲主的，或者説首先考慮的是韻部的同近。儘管湊巧的是這個例子聲紐也相近，但客觀地、科學地講，字詞的通假借用，必須聲、韻兼顧，衹言韻，或者僅言聲相同相近都是非常危險的。此例所涉及的銘文中的"僕墉土田"，由於有《詩·魯頌·閟宫》"土田附庸"的文獻證據，孫氏之説基本爲後世學者所采信。孫詒讓在《古籀餘論·召伯虎敦》（第120頁）已言"僕，古與附通，僕墉者，即附庸"，此器今名"琱生簋"。今人仍有討論這一問題的。參林澐《琱生簋新釋》，朱鳳瀚《琱生簋銘新探》，王玉哲《〈琱生簋銘新探〉跋》。

此又借爲服"(《名》下第12頁)等等皆是①。

三、孫詒讓考釋甲金文所用的"一聲之轉"

(一)"一聲之轉"理論在清代

　　"一聲之轉"是清儒治文字訓詁習用的方法。是用來探求字詞與字詞之間的音義關係的重要手段。這種方法,可以突破文字的形體限制,通過語音的聯繫,來探究語源,尋求字詞意義。追溯"一聲之轉"的源頭,漢時的揚雄在《方言》中,即已用"轉語、語之轉"。如:"緤、末、紀,緒也。南楚皆曰緤,或曰端,或曰紀,或曰末,皆楚轉語也。"就這例子看,揚雄的"轉語"還衹是對同一事物用了不同名稱的原因的一種推測。後來郭璞注《方言》,襲用了揚雄的這種方法,衹是比揚雄用得更多了些,且有了進一步的認識②。宋末的戴侗在《六書故》中提出了"一聲之轉"的理論以後③,明代方以智、黃生,清代乾嘉學派諸儒都習用"一聲之轉"理論以闡釋語言中的音義關係,特別是清代,"一聲之轉"的轉語理論和實踐均可謂達到了高潮和頂峰。前有戴震,繼有段玉裁、王念孫諸大家。戴震用"一聲之轉、聲微轉、語之變轉"等詞語來指稱轉語現象,並在《轉語二十章》敘文裏闡述了轉語的理論根據,分轉語爲"正轉"和"變轉"兩種類型④,所謂"正轉"是指發音部位相

---

①　此外,《古籀餘論》中也多有此類例子。如"衣字兩見,以文義推之,並當爲殷之假字。《説文》:'殷,从月,从殳。'月與衣音近,故此假衣爲殷。《禮記·中庸》'壹戎衣'即《書·康誥》'殪戎殷',鄭注:衣殷同聲。是其證也"(第101頁),"古音司聲、以聲相近可互通"(第107頁),"古帚聲貴聲字音近多通用"(第138頁),"是攵與允聲類同,故得相通借"(第153頁),"愆與延通,此或當爲誕之借字"(第167頁),"古音侃、衍、延三字,同部互通"(第167頁)等等皆是。

②　參陳雄根《從〈廣雅疏證〉看王念孫的聲轉理論及其實踐》、江淑惠《郭沫若之金石文字學研究》第161頁、舒懷《高郵王氏父子學術初探》第147—174頁。

③　見《六書故》,西蜀李鼎元刊本。參吳澤順《劉熙〈釋名〉"一韻之轉"方法論考略》第36—40頁。吳文認爲漢代劉熙所著《釋名》所用1600多條聲訓材料中,涉及音轉的"700多條聲訓中,聲母發生流轉的有368條,韻部發生流轉的有384條,比例十分接近。可見,'一韻之轉'同樣是客觀存在的語言現象"。是劉熙的聲訓材料中也已關乎"一聲之轉"。

④　參《戴東原集》卷四。段玉裁《戴東原先生年譜》言"《轉語二十章》亦未卒業",今僅存敘文。

同的轉語關係，所謂“變轉”是指發音方法相同的轉語關係①。戴氏的轉語實踐主要體現在他的《方言疏證》中，他的“有關聲轉或語轉的文例，都是在聲母相同或相近的情況下而韻部發生轉變；而轉語韻部的變化，也不一定符合對轉或旁轉的規律”②。段玉裁在《廣雅疏證·序》《說文解字注·序》，王念孫在《廣雅疏證·自序》都明確地提出“因聲求義”的理論。段玉裁說：“治經莫重於得義，得義莫切於得音。”王念孫說：“竊以詁訓之旨，本於聲音。故有聲同字異，聲近義同；雖或類聚群分，實亦同條共貫……今則就古音以求古義，引伸觸類，不限形體。”王力在評價王念孫時，也說他要“衝破了字形的蔽翳，從有聲語言本身觀察詞的形式。這樣他就能解決前人所未能解釋的許多問題”③。《廣雅疏證》是王念孫這方面的代表作，該書在應用“因聲求義”的方法、論及轉語時，常用“一聲之轉、聲之轉、某即某之轉、某聲轉、語之轉、方俗語轉”等語來標記。因王氏用“一聲之轉”最多，後來的學者就多用“一聲之轉”來指稱、概括這種“因聲求義”的聲轉理論，這個詞語也就與王念孫有了割捨不斷的聯繫。王念孫所用“一聲之轉”理論的語音條件以聲母的相同（同紐）或相近（同發音部位）爲主；“聲相近”則往往兼具聲韻母的關係；“聲之轉、一聲之轉、語之轉”有時也兼具聲韻。所以，江淑惠總結說，“王念孫的轉語條件，除了意義相同或相近之外，聲母的同近遠比韻部同近與否要重要得多”④。段、王之後的王國維治文字訓詁之學，仍然貫徹的是段、王“因聲求義”的主旨，其所論“一聲之轉、語之轉”的例子，

---

① 戴震敘文原文爲“凡同位爲正轉，位同爲變轉……凡同位則同聲，同聲則可以通乎其義；位同則聲變而同，聲變而同則其義亦可以比之而通”。對“同位、位同、正轉、變轉”的解釋可參看上頁注②陳雄根文，其文中引用了曾廣源《戴東原轉語補釋》、齊佩瑢《訓詁學概論》、林鐘克《戴氏轉語索隱》、陳健兒《略論戴震的語言學思想》等文，各家解釋大致相同。

② 參陳雄根文，同上頁注②。

③ 王力《中國語言學史》第162頁。

④ 江淑惠《郭沫若之金石文字學研究》第163頁。陳雄根在《從〈廣雅疏證〉看王念孫的聲轉理論及其實踐》中也說：“在推求轉語的過程中，王氏很注重聲母是否同近。相對來說，他不大理會轉語的韻部變化是否合乎規律。”

也仍以雙聲爲主①。運用"一聲之轉"學說,對漢語同源字作全面系統探討的是章太炎,他著《文始》,擇《說文》中他認爲較早的基本字體分爲"初文、準初文",分古韻爲二十三部,制定"成均圖",闡明對轉、近轉、近旁轉、次對轉的道理,定古聲母爲二十一紐,以同紐者爲正紐雙聲,同類者(同發音部位)爲旁紐雙聲等等一系列條例原則,以系聯考究漢語的同源字,說明字詞的孳乳關係、原理。章太炎的古聲韻通轉的條件過於寬泛,後人多有批評②。從上面的敘述可以看出,無論是王念孫、段玉裁,還是王國維、章太炎對"一聲之轉"的認識都有其時代的局限性,但是,我們在批評其局限性的同時,也應該充分肯定和看到,他們確實抓住了文字符號與語言詞語在音、義上的聯繫這根紐帶。二字或數字有無聯繫,音、義上有無關係是重要的標準。孫詒讓正處在段王之學大行學界之際,其所著文字訓詁之作,無疑會受到這種學術風氣的影響,今就其直接標明"一聲之轉"等相關詞語的例子作一些討論。孫詒讓是十分推崇段王之學的,我們在"據義考釋"部分也將討論孫氏在這方面的闡述。下面我們直接討論具體的例子。

(二)孫詒讓的"一聲之轉"舉例

"蔑静"者,蔑當訓爲勉。蔑、勉一聲之轉。静與竫通,竫,謀也。《書·秦誓》曰"善諞言",《公羊·文十二年傳》作"善竫言",何休注:"竫,撰也。"陸《釋文》云:"竫,本作諝。"按"竫言"即《堯典》"静言庸違"之"静言"。《漢書·王尊傳》、王符《潛夫論·明暗篇》《三國志·陸遜傳》引《堯典》並作"靖言"。而王逸《楚辭·九歎》注引《秦誓》亦作"靖言",此其明證。説《尚書》者各望文作訓,兩不相謀,誤也。此盂"静"亦訓謀,可爲《堯典·秦誓》同義之證。《禮記·祭統》述孔悝之鼎銘而繼之曰:"古之君子論譔其先祖之美而明著之後世者也。"此言"蔑静女王休,用作盤盂",猶言勉論譔女王之休美而作此器耳。

(《古籀拾遺·宂盂》,第121頁)

---

① 王國維認爲(《爾雅草木蟲魚鳥獸名釋例·序》,《王國維遺書》第6册第1頁):"近儒皆言古韻明而後詁訓明,然古人假借、轉注多取雙聲,段、王諸君,自定古韻部目,然其言詁訓也,亦往往捨其所謂韻而用雙聲。其以疊韻説詁訓者,往往扞格不得通,然則謂古韻明而後詁訓明,毋寧謂古雙聲明而後詁訓明歟!"實際上,王念孫等的"因聲求義"中的"聲"實不限於"聲紐",也包括"韻部"。王念孫常用的"音近、音轉"兩個術語,據黃侃解釋,"音近"專指疊韻相轉,"音轉"即指雙聲相轉(見《黃侃論學雜著》)。可見,王念孫等的音轉理論是兼顧聲韻的,王國維之説實有偏頗。

② 參王力《中國語言學史》第155、168頁,《同源字典》第40頁。

孫詒讓訓“薎”爲“勉”義，以爲“薎、勉一聲之轉”。以“一聲之轉”理論推之，“薎”與“勉”當屬同紐而韻部微有差異①。據此以古音考之，“薎”屬月韻明紐，“勉”屬元韻明紐，二字同紐，韻部可陽入對轉②，符合“一聲之轉”的條件。王念孫《廣雅疏證》中的“一聲之轉”是要用這種理論來解釋字詞典中部分異字同義（或義近）現象，也就是説，幾個字意義相同是已經知道的事實（最多需另舉證説明，王念孫也確是這樣做的），王氏祇是要説清楚、説明白它們爲什麼會同義。王念孫在《讀書雜志》等其它訓詁著作中，則是要應用“一聲之轉”（因聲求義）這種理論來讀通文獻中的字詞。也就是説，這時字詞的意義是未知的事實（或者説“不明顯的事實、不確定的事實”），要通過“一聲之轉”理論的闡述説明（包括必要的舉證），方才明朗。孫詒讓的工作大致屬於後者（因爲除此之外，還要隸定字形）。問題在於“一聲之轉”是音有轉移，但義則相同或相近，“薎”與“勉”沒有相同或相近的意義。《説文》力部：“勉，彊也。从力，免聲。”即“努力、盡力”之義，其它幾個意義如“鼓勵、勸勉”“勉强”“趕快”“分娩（通娩）”等也與“薎”字諸義沒有關係。因此，“薎、勉”似乎不能構成“一聲之轉”的關係，或者説孫詒讓的“一聲之轉”本身就是指比較寬泛的字與字在語音上的聯繫，可以包括“假借、讀如”之類的材料。又如：

> 《説文》木部：“果，木實也，从木，象果形在木之上。”金文果字未見，而有祼字，異體甚多。如陳侯因資敦云：“者諸侯𡔲薦吉金。”𡔲蓋从“盥”从“果”省，朱即果字。盥與祼古音相轉，《易·觀·彖辭》“盥而不薦”，李鼎祚《集解》引馬融云：“盥，進爵灌地，以降神也。”即讀盥爲祼。故祼或亦从盥也。又或从兩果，乙亥方鼎云：“王鄉饗酉酒尹尤侑𣞋，逸佳各格。”𣞋从朱，與𡔲偏旁正同。謂王行饗禮，而尹士佐祼。祼字古或假果爲之，《周禮·大宗伯》“則攝而載果”，鄭注云：“果讀爲祼。”《玉人》“祼圭”，注云：“祼，或作淉，或作果。”此从兩果，聲類亦當同。
>
> （《名原·象形原始》，上第16頁）

---

① 一般認爲“一聲之轉”，即指“在聲母相同或相近的情況下而韻部發生變化”。參前第98頁注②陳雄根文。

② 研究古音的學者，發現不同的韻部可以互相押韻，這就叫合韻。段玉裁有所謂“古本音、古合韻”之説，即類此。合韻可有兩種情況，一種是韻部的主要元音相同，雖韻尾不同，可以互押，這叫對轉；另一種是韻部的元音相近，或韻尾相同，或元音相同而韻尾不同，可以押韻的，這叫旁轉。

孫詒讓這裏釋🏺爲“祼”，是因爲就形論，🏺字從盥從果省，而就音論，“盥”與“祼”古音相轉。尋二字古音，“盥”（古玩切）屬元韻見紐，“祼”（古玩切）也屬元韻見紐，韻、紐全同，實同音，算不算古音相轉，值得討論，“一聲之轉、古音相轉”的前提當是語音上有細微差異，即要麽聲紐相同而韻略有差異，要麽韻相同而聲紐略有區别①。

《説文》示部：“祼，灌祭也。從示果聲。”段玉裁注：“《詩》毛傳曰：‘祼，灌鬯也。’《周禮》注曰：‘祼之言灌，灌以鬱鬯。謂始獻尸求神時，周人先求諸陰也。’……《大宗伯·玉人》字作果，或作淉。注兩言‘祼之言灌’。凡云‘之言’者，皆通其音義以爲詁訓。非如‘讀爲’之易其字，‘讀如’之定其音。如載師，載之言事；族師，師之言帥；禪衣，禪之言亶；罢柳，柳之言聚；副編次，副之言覆；禋祀，禋之言煙；廾人，廾之言礦皆是。未嘗曰禋即讀煙、副即讀覆也。以是言之，祼之音本讀如果，廾之音本爲卯，讀如鯤。與灌、礦爲雙聲，後人竟讀灌讀礦，全失鄭意。古音有不見於周人有韻之文，而可意知者，此類是也。”段玉裁的意思是説“祼”的讀音本與“果”同，與“灌”祇是雙聲關係，韻是有差異的，而後人不知，竟等同“果、灌”讀音，以“灌”讀之。“祼，灌祭也”“祼，灌鬯也”“灌之言灌，灌以鬱鬯”，此“皆通其音義以爲訓詁”，即通常所説的以聲音通訓詁，也就是所謂“因聲求義”。這也就是説“祼”與“灌”有“一聲之轉”的關係。而“灌”也是元韻見紐，與“祼”同音。若依段玉裁“祼之音本讀如果……與灌、礦爲雙聲”觀之，“祼”從果聲，“本讀如果”定其音，“祼”當是歌韻見紐，“盥、灌”爲元韻見紐，歌、元可陰陽對轉。這樣，“盥”與“祼”就具備了“古音相轉”的條件了。

然而，就意義論，“盥”之本義爲“澡手”，《説文》皿部：“盥，澡手也。從臼水臨皿。《春秋傳》曰‘奉匜沃盥’。”“澡手”與“灌祭”雖有相同的義素“用水澆淋”，但畢竟詞義還是相差太遠，不符合“一聲之轉”的意義要求。傳

---

① 江淑惠認爲（《郭沫若之金石文字學研究》第165頁）：“謂某某二字有轉語現象，即指某某二字是同源（但同源字未必都是轉語），則字義的同近是必須的。二字之間若音義全同，乃是同字，故轉語必然是義同（近）而音有所轉變。”王力則認爲（《同源字典》第20頁）：“同源字必須是同音或音近的字。這就是説，必須韻部、聲母都相同或相近。如果祇有韻部相同，而聲母相差很遠……或祇有聲母相同而韻部相差很遠……我們就祇能認爲是同義詞，不能認爲是同源字。”學術界對同源字的理解是有差異的，但這並不影響對“一聲之轉”的認識。

世文獻中的以"盥"表"裸"的材料，祇能當作假借、讀爲看待。或者説孫詒讓的"一聲之轉"本身就是比較寬泛的，包括假借、讀爲之類的用法。再如：

又第二敦云："召伯虎曰，余既嬰戾我考我母令，余弗敢辭。"……多父盤戾字，召伯敦戾字，蓋亦當讀爲服。"戾又父母"，猶服右父母，謂順服右助父母也。"戾令"者，服從命令也。《書·康誥》云："明乃服命。"又《召誥》云："越厥後王後民，茲服厥命。"即戾命之義證也。"嬰戾我考我母令"者，嬰讀爲拼，與俾亦一聲之轉，可以通用。《爾雅·釋詁》云："俾、拼、抨，使也。""俾、拼、抨、使，從也。"嬰、拼同聲假借字，亦謂使從服我父母之命令。《書·無逸》云："文王卑服，即康功田功。"《釋文》引馬融本卑作俾，云："使也。"《書》云"俾服"，亦即敦文"嬰服"之義證也。

（《名原·古籀撰異》，下第12頁）

"嬰"字不見於《説文》等字辭書，依孫詒讓讀爲"拼"推之，其古音當屬耕韻幫紐，"俾"古音爲支韻幫紐，而支耕韻有陰陽對轉的可能。這樣，從語音上看，"嬰"與"俾"具備"一聲之轉"的條件。從意義方面看，"嬰讀爲拼"後，與"俾"有同義近義的關係，《爾雅·釋詁》的"俾、拼"同條，均釋爲"使、從"即是例證。再加上金文上下文"嬰服（嬰戾）、服右（戾又）、服令（戾令）"與傳世文獻"服命、俾服"等的比勘，釋"嬰"爲"使"是比較可信的。應該説，這是通過"一聲之轉"理論考釋金文的典型例子。但由於孫詒讓對"一聲之轉"的認識，並沒有達到今天學術界研究的水平，所以他還是把"一聲之轉"與"通用、借字"等聯繫在一起。又如：

《説文》無寘字，唯有"窴"字。穴部云："窴，塞也，从穴真聲。"與土部填音義同。段若膺謂《易》《詩》之寘字，並即窴之異文。然《詩·魏風·伐檀》毛傳云："寘，置也。"與"窴"音義並遠，似非一字。金文楚曾侯鐘云："楚王能章作曾侯乙宗彝，宀之于卣陽。"宀確是"寘"字，諦審其文，上確从宀，不从穴，下从甍者，吾即古文西字。金文多借西爲酒①……與此略同，是即从莫字也。考《説文》丌部："奠，置祭也。从酋，酋，酒也。丌，其下也。"金文

---

① "金文多借西爲酒"爲常見現象，故此省略了孫詒讓的舉例。孫氏原文舉沇兒鐘、齊侯甗的例字，與曾侯乙宗彝"奠"上所从吾似。

鄭同媿鼎奠作𣧑,亦省酉爲丙,與此正同。依許説,奠有置義,真字从之,於字例亦合,疑古文正如是作矣。古音莫在庚耕清青部,真在真臻先部,置在之咍部,三部字音多相通轉。　　　　　　　　　　　　　　　　（《名原·説文補闕》,下第30—31頁）

孫詒讓不同意段玉裁把傳世經典之"真"字看作《説文》"𡩋"字的異文,其理由是二字"音義並遠",不當爲一字①。認爲金文之𡩋當是"真"字,其下所从當爲"奠"字,傳世文獻《易》《詩》"真"字不从"奠"而从"真",是因爲"奠、真、置(取"置酒"義)"三字音義具有通轉關係。尋三字古音,"奠"屬耕韻定紐、"真"屬真韻端紐、"置"屬之韻端紐,三字同紐但韻有差異。耕韻、真韻可以構成對轉關係,即二韻元音相同,韻尾有後、前鼻音之別。之韻則差異較大,即使從段玉裁的大類看,也隔得較遠。孫氏所論,多據段玉裁分部,段氏的耕韻在第四類(第十二部),真韻在第五類(第十三部),而之韻在第一類(第一部)。據段氏古合韻遠近標準、原則,"合韻以十七部次第分爲六類求之,同類爲近,異類爲遠,非同類而次第相附爲近,次第相隔爲遠",耕韻與真韻雖非同類但次第相附,故具備"合韻、通轉、爲近"之條件,而之韻不僅與耕、真韻不同類,韻部次第相隔懸遠,彼此不具備"通轉"之條件。顯然,孫詒讓這裏説屬於"之咍"部的"置"與屬於"庚耕清青"部的"奠"、"真臻"部的"真"多相通轉,是把意義上的相近當成了語音上的相近②,所以説它們有通轉關係。

四、孫詒讓利用古音釋字存在的問題

孫詒讓據古音釋字,從總體上來説,是繼承、借用了乾嘉,特別是段玉裁、王念孫等的"因聲求義"的方法,段、王"因聲求義"之法主要是爲了解決傳世文獻中字詞的意義問題,是訓詁學意義上的。孫詒讓繼承、借用這種方法時,也是用在古籍的校勘、整理、訓詁之中的。這從他在《尚書駢枝·自敘》《札迻·自敘》中可看出其梗概。他在《尚書駢枝·自敘》中説:"《國風》,方語也,

---

① 以"真"从穴真聲推之,古音大致屬真韻端系,故"𡩋"與"真"在語音上的差異並不遠,但意義差異較大,説二字"似非一字"似可立,但説"音義並遠"則未必。

② 真,《詩·魏風·伐檀》毛傳"置也";奠,《説文》丌部"置祭也",二字均具有"置"的義素,故"奠、真、置"三字有相同相近的意義。從孫詒讓自己的歸部和今天音韻學界的擬音看,"置"與"奠、真"不具備音近的關係。但從諧聲偏旁看,三字當具有音近通轉的關係。

故易通；《雅》《頌》，雅辭也，則難讀。故命誥之辭，與《雅》《頌》多同。《大誥》云：'天棐忱辭。'文至奧衍，證以《蕩》云：'天生蒸民，其命匪諶。'《大明》云：'天難諶斯。'則昭若發蒙矣。《康誥》云：'汝惟小子，乃服惟宏。'恉亦簡晦，證以《民勞》云：'戎雖小子，而式宏大。'則夐若合符矣。《大雅·思齊》云：'肆戎疾不殄，烈假不瑕。'毛、鄭皆未得其義，證以《康誥》云：'不汝瑕殄。'則渙然冰釋矣。若茲之類，殆不可以僂指數。然則文言雅辭，非淹貫故訓，不能通其讀，而況以晚近淺俗之辭，強爲詮釋，其詰籀爲病，不亦宜與！《書》自經秦火，簡札殽亂，今古文諸大師之所作，漢博士之所讀，所謂隸古定者，或以私臆更易，輾轉傳授，舛牾益孳……乾嘉經儒治《尚書》者，如王西莊、段若膺、孫淵如、莊葆琛諸家，多精通雅詁，而王文簡《述聞》《釋詞》釋古文辭，尤爲究極微妙。余少治《書》，於商周命誥，輒苦其不能盡通，迨依段、王義例，以正其讀，則大致文從字順。乃知昔之增益顛倒以爲釋，而綴累晦澀仍不可解者，皆不通雅辭之蔽也。頃理董舊册，攎蒙所私定，與昔儒殊異者，得七十餘事，別寫存之。"

又在《札逡·敘》曰："然深善王觀察《讀書雜志》及盧學士《群書拾補》，伏案研誦，恒用檢覈。間竊取其義法以治古書，亦略有所寙。嘗謂秦漢文籍，誼恉奧博，字例文例多與後世殊異。如荀卿書之案，墨翟書之唯毋，公孫龍書之正舉狂舉，淮南王書之以士爲武，劉向書之以能爲而，驟讀之，幾不能通其語，復以竹帛梨棗，鈔刊屢易，則有三代文字之通假，有秦漢篆隸之變遷，有魏晉真草之混淆，有六朝唐人俗書之流失，有宋元明校槧之屢改，迍徑百出，多歧亡羊。非覃思精勘，深究本原，未易得其正也。"

孫詒讓的這些見解，我們在"據義考釋"中有專門論述，其所論主要是從訓詁校勘的角度來總結段、王"義法"經驗的。然"義法"之中，實亦包"音法（因聲求義）"之法，其中之"則有三代文字之通假""以正其讀，則大致文從字順"，是爲明證。作爲深通文字訓詁之學的孫詒讓，自然地又把這種方法移用到了古文字的考釋之中。用"因聲求義（廣義）"之法來考釋甲骨文，孫氏當是第一人，至於金文中應用這種方法，孫氏之前，也祇是局限於傳統的"通假"之類。音近音同聲符的通用通作、一聲之轉等的應用，恐怕孫詒讓也是第一人。從這些方面來講，他都具有開創之功。下面我們主要談談孫詒讓在據古音考釋中存在的不足。

（一）有時僅就"韻部"立論

孫詒讓據音考釋時，多能兼顧韻部、聲紐兩個方面。如（《古》第30頁）："余不敢瀘乃命者，瀘讀爲廢。""瀘"屬蕭韻幫紐，"廢"屬月韻幫紐，二字同紐、韻部可陽入對轉，古音當近。又如（《古》第138頁）："爽、喪音近，古多通用。"再如（《名》上第28—29頁）"貫畎即畎畎，古音近字通"等都是就整個字音而論。但有時，孫詒讓僅就二字韻部相同相近立論。如（《古》第31頁）"以聲類求之，成唐當即成湯。唐从庚声，湯从易声，古音同部，故借唐为湯。《说文》口部：唐，古文作啺，从口昜。"，又如（《名》下第8頁）"彝、㸚古音同部，於聲例亦通"，再如（《古》第102頁）"䁝从吾聲，扈从户聲，古音本同部，相爲通借，固其宜也"等皆是，都衹是就"古音同部"立論。雖然在客觀上，這些條中所論之字的聲紐實已相同或相近 ①，但孫氏主觀上是從韻同立論的。

（二）有時僅就"聲紐"立論

孫詒讓據音考釋，有時僅據"聲紐"同近立論。如（《古》第22頁）："同、從聲近，孫釋近是。"又如（《古》第27頁）："易讀爲弛，弛、易聲近字通。"② 孫詒讓直接言"聲近字通"，僅據聲紐同近立論。再如前面討論的"斤隻舁羌"當讀爲"祈奪圍羌"，孫詒讓雖未明説是以"聲紐同近"而讀"隻"爲"奪"。但考之古音，實是以"隻、奪"紐近而立論的：上古"隻"屬鐸韻、章紐、入聲；"奪"屬月韻、定紐、入聲。定、章雖可互諧，但月、鐸分屬不同韻部，差異較大。故可推知孫詒讓是僅據"隻、奪"聲紐相近而讀"隻"爲"奪"的。前面討論的"裁"與"緅"也是如此，二字衹是聲紐相近，韻則一屬之韻，一屬侯韻，不具備因"音近音同聲符通作"而構成異字同詞的條件。由此可以看出，孫氏僅據"聲紐同近"立論失誤的比例大。

（三）有時據誤定字形立論

據音考釋雖説主要是就語音來考釋未識字，在傳世文獻的訓詁中，字形是

---

① 實際上，"唐、湯"的聲紐也是相同的，但孫詒讓衹説二字"古音同部，故借唐爲湯"。"唐"屬陽韻定紐平聲，"湯"屬陽韻透紐平聲。二字韻同聲紐同屬端系，古音極近，可能同音；"彝、㸚"古音同屬脂韻餘紐；"吾、户"古韻同紐近，同屬牙喉音。

② 這兩個例子，實際上韻部是相同或相近的。"同"與"從"同爲東韻，而聲紐則"同"爲定紐、"從"爲從紐，反倒有一定距離；"易"與"弛"，"易"屬支韻，"弛"屬歌韻，雖不同韻，但有合的條件，見前第97頁注②。

確定的，一般不會出現因字形問題而導致據音訓釋失誤的，但是在古文字的考釋中，就不一樣了，字形判斷的失誤，可能導致建立在此基礎上的據音考釋的失誤。如前舉"飽、䜌"條。孫詒讓認爲"䭸字右从食从又，左从……'缶'……當爲'䭛'之異文"，並在从缶的基礎上，推定"古'孚、保、缶'聲多通用"，䭸與"飽、䭛、餜"是同字。從語音上看，"古'孚、保、缶'聲多通用"是可以成立的，但是由於誤定䭸字左旁之字形，使得這條考釋失去了依據。䜌字同此。䭸、䜌二字之左均似"言"字，而不是"缶"字。

第四章　孫詒讓考釋文字的方法(下)
——據義考釋

　　文字作爲記録語言的符號,其形、音、義都是兼備的,因此,我們在考釋一個未釋的形體符號時,形、音、義三個方面都應該兼顧。但是,我們在考釋文字時,並不是自始至終都是在這三個要素上平均使用力量的。這是因爲,考釋文字是一項創造性的工作,都有一個從已知條件推出未知結論的過程。考釋的目的可能是一樣的,都是把一個未知形體符號變成已知的字。但是考釋的具體過程,則可能是各不相同的。由於一個字的形、音、義三個要素在我們已經掌握的相關知識中是不平衡的,有的字,我們對它的形體了解得多一些;而另一些字,我們可能對其讀音了解得多一些;還有一些字,我們可能對它的意義方面的信息要了解得更多一些。因此,在實際的考釋中,我們就有可能根據各自的知識儲備、掌握的已知信息的不同,從形、音、義三個要素裏選取一個或兩個作爲主要的切入口,展開考釋。另外,考釋文字時,還有一個是從考釋字本身的形、音、義切入,還是從考釋字形、音、義之外的相關因素切入的問題。一般而言,據形、音考釋時,依賴考釋字本身條件的比例要大一些,而據義考釋,則依靠考釋字之外的相關條件要多一些。下面的分析就是建立在這種思考之上的。孫詒讓在據義考釋時,常用"以義求之、以義考之、以義推之、以文義推之、以文義校之、以文義審之、以文義考之、以……諸文推之、以意求之、以意讀之、審校文義、以形義求之、尋文究義、文例、義例、以……爲句"等表達方式。歸納起來,孫詒讓的據義考釋主要表現在以下幾個方面。

第一節　據上下文語義釋字

這種考釋的例子很多。如:

> 龜文記卜事,日名下多繼之云"某貝",其字皆作"",一之二。……舊並釋爲"問"。按問於文从門、从口。《説文·門部》:"門,二户,象形。"此形殊不類……古問卜必用貶以爲謝贄,或本用貝,故貶字从貝。《説文·貝部》:"齎財卜問爲貶。"是也。然龜文諸云"貝"者①,尋其義例,復與卜貶不同。以義求之,當爲"貞"之省。《説文·卜部》:"貞,卜問也,从卜貝,貝以爲贄。一曰鼎省聲。"《周禮·春官·天府》云:"季冬陳玉以貞來歲之媺惡。"注,鄭司農云:"貞,問也。《易》曰:'師貞,丈人吉,問於丈人。'《國語》曰:'貞於陽卜。'《吴語》文。"鄭康成云:"問事之正,曰貞。"又《太卜》云:"凡國大貞,卜立君,卜大封,則眡高作龜。"注,鄭司農云:"貞,問也。國有大事,問於蓍龜。"鄭康成云:"貞之爲問,問於正者,必先正之,乃從問焉。"斯並貞卜之義也。《大卜》又有"貞龜",注云:"正龜于卜位也。"義與大貞小異。　(《釋貞》,第8頁)

這是一個典型的據上下文釋字的例子,孫詒讓雖錯誤地將隸爲"貝"字,但他憑借深厚的文獻學、金石文字學的功底和對"貝"所在上下文的準確理解,斷定"當爲'貞'之省"。儘管"省變"説是没有根據的,但他"以義求之",得出的"並貞卜之義也"的結論,則是顛撲不破的真理②。又如:

> "對"下"令"下兩字,阮釋爲月,孫釋爲曰。按,作月義不可通。且金文月、曰二字並無如此作者。以文義考之,當爲"今"之變體,"今余"連文,金文常見。③　(《古籀拾遺·召伯虎敦》,第107頁)

① "然龜文諸云",蟫本、白玉峥《校讀》"諸"在"云"後。

② 孫詒讓把類似於此條的"貝",即處在一條卜辭前段,干支記日後,"某貝"中的"貝"均讀爲"貞",也就是把作的形體讀爲"貞"。例多,不贅舉。裘錫圭在《談談孫詒讓的〈契文舉例〉》中引王國維説:"釋爲貞,始於仲老,林博士——指日人林泰輔——與之暗合耳。"

③ 此段文字後,孫詒讓有小字注文,舉龍敦、牧敦、師寰敦等6器的8個"今余"連文的例子,證明釋爲"今"是有文例和上下文的根據的。

這是通過 △ 字下文接"余"字,而其他金文"今余"常"連文"的情況,從意義上證明 △ 當爲"今"之變體。此條孫詒讓雖未言 △ 取自何象,本義爲何,實際上他也不可能説出這些内容。因爲大凡"以義考釋"的字,都是從字形、字音上不便或不能索解的。但孫詒讓能夠根據上下文語義釋出 △ 爲"今"字之變體,實屬難能可貴。這個結論基本上已爲後來學者所接受。他之所以説 △ 是"今"之變體,大致因爲金文中的"今"字,口下之下畫,多向下彎曲作曲折狀,與小篆 今 字下畫相似。而 △ 之下畫無曲折之勢①。又如:

> 甲文有从丫、从犬字極多,或作 冎、作 冎、作 冎,以文義推之,疑即獲之省。
> 《説文》犬部:"獲,从犬蒦声。"此从丫,即 丫 省,而隻全省,甲文簡古,往往如是。如云:……"庚
> □乎評斤祈 冎 禽。"又云:"壬申卜,殼彀貝 貞立 蓬 參 診 征□ 冎 貝。"此皆與得獲
> 義合,可證。   （《名原·象形原始》,上第8頁）

此條孫詒讓結合甲骨文 冎、冎 等形體的上文"斤祈"和下文"禽、貝"等,從文義上推證甲骨文的 冎、冎 等形體應該是"獲"字。"得獲"義的確與此處上下文語義相契合,冎、冎 等形體也有从犬之形。祇可惜,冎、冎 等字形與"獲"字形體畢竟相差太遠,故用"此从丫,即 丫 省,而隻全省"之解釋也不能圓通其説,最終未達一間。這也是孫氏省略説及據義考釋的毛病之一。此字今釋爲"狩(獸)"字,已成定論,祇是甲骨文 冎、冎 左側之丫,究爲何象,至今尚無定説②。

---

① 甲骨文"今"字口下之筆畫,也不作曲畫。可見,曲畫本出自金文。朱歧祥《殷墟甲骨文字通釋稿》第256頁第943字"今"字條,釋曰:"象倒口形,一,示口中氣及時而出,即今字。引申有當下、現在之意。金文作 △ 矢簋,篆文作 今。《説文》:'是時也。从人7;7,古文及。'段注:'目前爲今,目前以上皆古。'卜辭言'今載'、'今春'、'今秋'、'今歲'、'今日'、'今夕',用法與現今同。"朱説已把"今"字意義的發展脉絡作了一個粗略的勾勒。祇是其取象本義還有待進一步研究。我們認爲,"今"之取象緣自"呻吟"之態,爲"吟"之本字,後因"今"字久借爲"當下、現今"之義,其"呻吟"之義反隱晦不顯,故增口以明之(△ 之上部本爲口象),孳乳出"吟",成爲"呻吟"之專字。這種現象在文字演變中常見,如"其、箕"、"而、髵"之類。《説文》之"是時也",段注之"目前爲今,目前以上皆古",均爲其後出表詞之意義,非造字之本義。祇是段玉裁在其注文末引文曰:"《召南》傳曰:'今,急辭也。'今、急疊韻。"乃與"今"之本義有一定之關係。《説文》口部:"呻,吟也,从口申聲。"段注:"按,呻者,吟之舒。吟者,聲之急。渾言則不别也。"又口部:"吟,呻也,从口今聲。唫,吟或从音。訡,或从言。"段玉裁無注,無"訡或从言"四字。

② 參趙平安《説文小篆研究》。丫形,愚意以爲當爲原始彈弓之象形,後爲干盾之原形,待證。

　　有時，這種據上下文考釋，兼及利用文字形體考釋（據形考釋）。如：

　　龜文又有"🐾"字，卅一之三。或作"🐾"，百三之二。字亦常見。如云："乙丑卜斤隻🐾羌"、卅一之三。"丙申卜🐾禽"、八十之一。"丑卜立□其🐾"、八十五之二。"貝我弗其隻🐾昌"、百三之二。"貝龖甲子大🐾□"、百四十九之四。"乙亥□殼貝豕歌🐾"、百六十一之一。"貝昌不🐾"，二百一十二之三。以文義推之，似亦即"韋"字而變其形。舛字本从夂屮反正平列，不分著上下。《説文·舛部》："舛，對卧也。从夂屮相背。"則字形當以夂屮平列爲正。此从本形，於字例固符合也。其義或當爲圍之借字。"隻舛羌"及"昌"者奪圍也。羌即西羌，昌即昌方，蓋國名。詳《釋地篇》。"舛禽"者，田獵圍獸，《王制》所謂圍群也。"貞龖大舛"義同。"其舛"、"不舛"者，軍事圍邑之類是也。
　　　　　　　　　　　　　　　　　　　　　　　　　　　（《釋貞》，第10頁）

　　🐾之形體與甲骨文"韋"字形體作🐾、🐾等有相似之處，但🐾、🐾等的兩隻脚分列於口之上下方，而🐾的兩隻脚則均置於口之下方，🐾、🐾與🐾是否同字，僅從字形上是很難斷定的。孫詒讓結合卜辭實例的"隻舛羌、舛禽、不舛"等和《説文》對"舛"字的形體分析，以文義推證🐾即"韋"之變體。其説具有較高的可信度，反比後來人釋"正"讀"征"、釋"撥"等説來得可靠[1]。

　　有時，這種兼及據形考釋的據上下文考釋的例子，直接就説成"以形義求之"。如：

　　"癸卯卜亘貝我受🌾年"。二百四十八之一。此云"受年"，蓋謂求年得吉受此豐年之瑞……"🌾"字奇古難識，以形義求之，蓋即"來"之象形字。《説文·來部》："來，周所受瑞麥來麰也。一麥二夆象其芒朿之形。天所來也，故爲行來之來。《詩》曰：'貽我來麰。'"此"🌾"字正象一麥二夆之形……云"受來年"者，於前一年卜來年之豐歉。故《禮記·月令》孟冬"祈來年于天宗"，《周禮·肆師》亦云"社之日，涖卜來歲之稼"。此云"受來年"與經義合。
　　　　　　　　　　　　　　　　　　　　　　　　（《釋禮》，第55—56頁）

此釋"來"之考釋，既利用了甲骨文"受年、受來年"的辭例，也利用了《月令》《肆師》"祈來年于天宗""社之日，涖卜來歲之稼"等古代典籍的材料，證成🌾

---

①　參詹鄞鑫《孫詒讓甲骨文研究的貢獻》第7頁。

即“來”,這是“以義求之”;引《説文》“來”的釋文及“此‘[illegible]’字正象一麥二夆之形”,證[illegible]爲“來”,是“以形求之”。孫詒讓這種明言以形、義兼用來考釋的例子還有“冊”字(第113頁)等。其説多言之有據,爲學界所接受。

有時,孫詒讓用這種方法來幫助推定本字和通假字。如:

> 又云“隹帝𢀛[illegible]”、八十七之四。“隹[illegible]□□”、百卅三之二。“貝叅于[illegible]”,百卅九之四。“[illegible]”、“[illegible]”、“[illegible]”字並與前同,唯篆勢小異,審校文義當爲“𢦏”之借字。“甾”、“𢦏”聲相近,古可通用。“𢀛”讀爲譴,詳《釋文字篇》,“譴甾”猶云降災,“貝叅于甾”亦即貞診于𢦏,與地名異也。　　(《釋地》,第50頁)

這是通過“譴甾”“貝叅于甾”等與“甾”有關的上下文文義的幫助,推定“𢦏(災)”爲“甾”的本字①,而不是地名的“甾”字。

> 又或借“𤴓”爲“征”,“𤴓”,正之古文。詳前。如云“貝[illegible]立[illegible]昌方”、又云:“丁酉卜[illegible]立[illegible]昌方[illegible]甹□□又”、又云:“貝叅[illegible]昌方[illegible]弗甹不我其受又”。並詳《釋地篇》。以文義推之,[illegible]蓋𤴓之省,當讀爲征伐之征。
>
> (《釋文字》,第73頁)

孫詒讓從文字形體結構的角度分析,認爲[illegible]當是“𤴓”的省寫,即“正”字。但據上下文“立[illegible]昌方、叅[illegible]昌方”的文義,認爲這個“正”又當讀爲征伐之“征”。這是利用[illegible]的上下文的語義,幫助推定通假字。又如:

> “鼠癸亥子□[illegible]”、七十八之四。“貝鼠十申叅□[illegible]”②、八十六之四。“己亥□余□及受□[illegible]□才□”、百廿二之三。“亥卜貝[illegible]”、二百廿四之三……又有云“帚好”者八事,詳《釋卜事篇》,玆不重出。“[illegible]”即帚字。《説文·巾部》:“帚,糞也,从又持巾埽冂内。”此文“[illegible]”唯一見,餘並省冂作“[illegible]”。又審校文義,當假爲“歸”字。金文女歸卣作[illegible],與此同。　　(《釋文字》,第100頁)

---

① 此條由於對“𢀛(譴)”的釋讀不正確,致使通過“譴甾、貝叅于𢦏”等上下文爲[illegible]推定的本字“𢦏(災)”也失去了根據。我們這裏舉出這個例子,主要目的在於説明孫詒讓是如何通過上下文的語義來推定本字的。另外,孫氏釋[illegible]等爲“甾”也是錯誤的。現今大多信從王國維釋爲“鳥巢”,即“西”字。參前“甲骨文與《説文》”相關部分。

② “貝鼠十申”之“十”,蟫本原似作“十”,墨改作“甲”,白玉峥《校讀》作“甲”。

此條釋🔣、🔣等形體爲"帚"字，即後來之"婦"字，極是。孫詒讓又根據🔣、🔣等的上下文語義，推定🔣爲"歸"之假借字。

破讀假借字，是通過字詞語音上的聯繫，來解決文字符號在具體語句中的意義，這種手段比較適合傳世文獻以及一些文字形體有定論的出土文獻。在文字形體尚不能確定的古文字考釋中，正可以反用這種假借現象所體現出的文字形體與字的表詞之間的關係。也就是説，我們可以通過語句上下文的已知意義信息，來確定考釋符號的意義、幫助隸定考釋字的形體。如果確定的考釋符號的意義與隸定符號的字形有差異，而這個差異又可以通過字形繁簡、形體變換、語音系聯等加以解釋，那麼，這種考釋結論應該説是可信的。孫詒讓的據上下文釋字的理念就是建立在這種基礎之上的。當然，這種釋字的前提，必須建立在可靠、正確的字詞的上下文已知信息之上。孫詒讓對🔣的考釋之所以不正確，就是因爲據以推證的有關🔣的上下文已知信息靠不住。

據我們初步的調查，孫詒讓在《契文舉例》《古籀拾遺》《古籀餘論》《名原》中經常使用這種方法，來解決釋字時碰到的通過字形、字音無法解決的疑難問題。《契文舉例》中除我們上面已經討論的例子之外，"代（第27頁）、鄧（第74頁）、禾（第85頁）、嘖（第102頁）、酒（第108頁）、由（第115頁）、獲（第125頁）、護（第128頁）"等也使用了這種方法。《古籀拾遺》中有22例、《名原》中有23例使用了這種方法。

第二節　據古代文獻釋字

據古代文獻釋字，大致包括兩個方面的内容：一是據傳世文獻中的固定詞語來考釋古文字中的未識字；一是據傳世文獻中記載的古代相關禮俗來考釋古文字。前一項内容大致相當於人們通常所説的"辭例推勘法"中的據文獻中的成語推勘，孫詒讓在金文的考釋中用得較多。後一項内容則大致與通常所説的"據古代禮俗制度釋字"相當，孫詒讓在甲骨、金文的考釋中都經常使用這種方法。後來，楊樹達在《新識字之由來》中專門歸納出"據古禮俗釋字"一條，對他自己考釋古文字的經驗進行總結[1]，實際上這也是對他之前，包括

---

① 參楊樹達《積微居金文説》（增訂本）第1—16頁。

孫詒讓在内的古文字考釋經驗的總結。

一、據古文獻辭例釋字

高明在他的《中國古文字學通論》中討論“辭例推勘法”時，舉出宋代的劉原父、楊南仲、薛尚功、王俅等人，在古器物銘學的開創期，即已利用這種方法做出了很大的成績。他們根據《詩經》的辭例，利用推勘法釋出許多難釋的古字，如“眉壽無疆、高弘有慶、奄侑下國”中的“眉、慶、奄”等字在金文中與當時寫法不同的形體。又舉了今人郭沫若據《詩經·小雅·出車》“執訊獲醜”釋“訊”，唐蘭據《周書·顧命》“黼純”《儀禮·士喪禮》“緇純”釋“黼純”等顯例，來證明這種方法在古文字考釋中的重要性。最後舉了孫詒讓據《周書·顧命》“柔遠能邇”釋大克鼎相關字詞的例子①。其説多中肯可信。然於孫詒讓利用此法的情況則言之過簡，今略申述之。

（一）孫詒讓對古代文獻辭例的認識

孫詒讓有深厚的古典文獻學功底，這是大家所共知的。《周禮正義》《墨子閒詁》《逸周書斠補》《大戴禮記斠補》《尚書駢枝》等都是其中的重要著作。要疏注傳世古典文獻，必須有良好的傳統語言文字學基礎，必須明了古代文獻之“義例”。

孫詒讓在《周禮正義·自序》中説：“詒讓自勝衣就傅，先太僕君即授以此經，而因鄭注簡奧，賈疏疏略，未能盡通也。既長，略窺漢儒治經家法，乃以《爾雅》《説文》正其詁訓，以《禮經》《大小戴記》證其制度。研揅累載，於經注微義略有所窹。竊思我朝經術昌明，諸經咸有新疏，斯經不宜獨闕，遂博采漢唐宋以來，迄於乾嘉諸經儒舊詁，參互證繹，以發鄭注之淵奧，裨賈疏之遺闕，草創於同治之季年，始爲長編數十巨册，綴輯未竟，而舉主南皮張尚書議集刊

① 參高明《中國古文字學通論》第169—170頁。關於郭沫若釋虢季子白盤的“執訊五十”中的“訊”，孫詒讓在《古籀拾遺·敀敦》（第56—57頁）的考釋中，據《尚書·酒誥》“厥或誥曰：群飲，汝勿佚，盡執拘以歸於周”釋爲“拘”，讀“拘”，可參。有意思的是，孫氏在考釋敀敦時，已舉虢季子白盤的“執訊五十”的例子，並已言及“劉氏喜海釋爲繫、陳氏介祺釋爲訊，並不確，諦審其形，實當爲拘之異文。右從糸左從句，形甚明晰。下增夊者《説文》夊部云：‘夊，行遲曳夊夊也。’經典通用絢爲履絢字，故又從行遲之夊”。據此可知在郭沫若之前，已有陳介祺釋敀敦中的該字爲“訊”（按，與虢季子白盤同字），孫氏未予采納，可能另有其道理，主要可能是字形上差異太大。

《國朝經疏》來徵此書,乃隱栝觸理,寫成一帙以就正。然疏牾甚眾,又多最録近儒異義,辯論滋繁,私心未愜也。繼復更張義例,剗繁補闕,廿年以來,稿草屢易,最後迻録爲此本。其於古義古制,疏通證明,校之舊疏,爲略詳矣。"

　　孫氏疏證古典文獻《周禮》,做的最基礎的工作是用《爾雅》《説文》正其詁訓,用《禮經》《大小戴記》證其制度。書成之後,還"繼復更張義例",可見他對"義例"等的重視。梁啓超評《周禮正義》時説:"此書與黄敬季的《禮書通故》,真算得清代經師殿後的兩部名著了。此書重要義例有如下幾點:其一,釋經語極簡,釋注語極詳;其二,多存舊疏,聲明來歷;其三,雖極尊鄭注而不墨守回護;其四,嚴辨家法,不强爲牽合。綜而論之,仲容斯疏,當爲清代新疏之冠。"①梁氏歸納《周禮正義》之"重要義例",意在説明孫氏注疏的特色成就,與孫氏《自敘》的義例或許不同,與我們今天所説的義例可能有一定差異,但我們還是可以從這些"義例"的總結中得到一些孫詒讓關於文例、辭例方面的認識和論述的。

　　孫詒讓在《尚書駢枝・自敘》中對"義例"説得更爲具體:"《國風》,方語也,故易通;《雅》《頌》,雅辭也,則難讀。故命誥之辭,與《雅》《頌》多同。《大誥》云:'天棐忱辭。'文至奧衍,證以《蕩》云:'天生蒸民,其命匪諶。'《大明》云:'天難諶斯。'則昭若發蒙矣。《康誥》云:'汝惟小子,乃服惟宏。'恉亦簡晦,證以《民勞》云:'戎雖小子,而式宏大。'則弇若合符矣。《大雅・思齊》云:'肆戎疾不殄,烈假不瑕。'毛、鄭皆未得其義,證以《康誥》云:'不汝瑕殄。'則涣然冰釋矣。若兹之類,殆不可以僂指數。然則文言雅辭,非淹貫故訓,不能通其讀,而況以晚近淺俗之辭,强爲詮釋,其詁籀爲病,不亦宜與!《書》自經秦火,簡札殽亂,今古文諸大師之所作,漢博士之所讀,所謂隸古定者,或以私臆更易,輾轉傳授,舛牾益挐……乾嘉經儒治《尚書》者,如王西莊、段若膺、孫淵如、莊葆琛諸家,多精通雅詁,而王文簡《述聞》《釋詞》釋古文辭,尤爲究極微妙。余少治《書》,於商周命誥,輒苦其不能盡通,逮依段、王義例,以正其讀,則大致文從字順。乃知昔之增益顛倒以爲釋,而綴累晦澀仍不可解者,皆不通雅辭之蔽也。頃理董舊册,摭蒙所私定,與昔儒殊異者,得七十餘事,别寫存之。"

　　從這個《自敘》中可以看出,孫詒讓作《尚書》等古典文獻的疏證之時,就已

---

① 見梁啓超《中國近三百年學術史》第200頁,復旦大學出版社1985年。

深明以相同體裁、相同內容的詞句，相互推勘互證的道理，這也就是孫詒讓推崇的段玉裁、王念孫等乾嘉諸儒利用的所謂“義例”之法。孫詒讓實深得其妙。上引孫氏所舉《詩》《書》互證的例子都是典型的“義例”之法的成果。從所舉例子看，孫詒讓所說的“義例”大致與我們今天所說的以辭例推勘的情形相同。這個《自敘》也說明，“義例”之法已在孫詒讓的頭腦中形成一種理念，成爲一種指導具體疏注實踐活動的方法和手段。關於這個“義例”的認識，朱芳圃按曰：“讀古書，當通辭例，先生此論，至爲精確。嗣後，王國維依此法以讀《尚書》，頗多創獲。”①可見，孫之“義例”，朱解之爲“辭例”，是也。孫詒讓“商周命誥”“苦其不能盡通”者，“皆不通雅辭之蔽”之論，誠如朱芳圃所說，“至爲精確”。

又《札迻·敘》曰：“然深善王觀察《讀書雜志》及盧學士《群書拾補》，伏案研誦，恒用檢覈。間竊取其義法以治古書，亦略有所寱。嘗謂秦漢文籍，誼恉奧博，字例文例多與後世殊異。如荀卿書之案，墨翟書之唯毋，公孫龍書之正舉狂舉，淮南王書之以士爲武，劉向書之以能爲而，驟讀之，幾不能通其語，復以竹帛梨棗，鈔刊屢易，則有三代文字之通假，有秦漢篆隸之變遷，有魏晉真草之混淆，有六朝唐人俗書之流失，有宋元明校槧之屢改，迻徑百出，多歧亡羊。非覃思精勘，深究本原，未易得其正也。”孫詒讓已把治《詩》《書》的“義例”之法推及到先秦諸子乃至漢魏時著作的校勘，並又用“義法、字例文例”等術語來概括這些規律。朱芳圃評曰：“此《敘》論校讎義例，精審不移，乾嘉諸師，無比透闢之論也。”②宋慈抱《孫氏遺書總敘》中也說：“雅言主文，不可通於俗，雅訓觀古，不可通於今。自魯恭得經，臨淮首加傳釋。而殷盤諸誥，昌黎曾苦聱牙。非旁證諸籍爲之前，將坐見一厄而莫救。棐匪通俗，翼趨合符。依段若膺、王文簡義例，以正其讀，爲《尚書駢枝》一卷。”

朱、宋之評，實至準確。上引孫詒讓諸敘關於“義例、義法、文例”之論述，清楚地說明，孫詒讓對“義例、義法、文例”在古代文獻的疏注校勘中的重要作用，是有深刻認識的。當然，從這些敘言本身以及敘言所涉之著作內容看，孫詒讓的這種“辭例”觀還袛局限於傳世文獻之間的互勘互證，大都屬於傳統的訓詁學領域。後來孫詒讓把這種“辭例”之法推及到甲骨、金文的考釋中，這

---

① 《孫詒讓年譜》第59頁。此處“辭例”也包含我們討論的“據古代文獻固定詞語釋字”，“據古代文獻固定詞語釋字”實爲“辭例”中的一個特殊的類。

② 《孫詒讓年譜》第63頁。

就從訓詁學領域進到了文字學領域。對孫詒讓來説,這種推進實是很自然的事情,因爲這不過是把由傳世文獻的辭例互勘互證變成了以傳世文獻的辭例勘證出土文獻的字詞而已。

（二）孫詒讓據辭例考釋甲骨文金文 ①

1.“黹純”條

　　“黹𫝀”二字,吕釋爲“帶束”,《宣和圖》及薛釋並從之,王録亦同。此二字金刻婁見,諸家所釋皆同。惟孫氏《續古文苑·周舞惠鼎銘》亦見阮《款識》,題“無專鼎”。釋爲黹屯,讀屯爲純。以字形覈之,孫釋是也。《説文》黹部:“黹,箴縷所紩衣,从㡀丵省。”……黹屯即《書·顧命》“黼純”之省。古文多省形用聲,然亦有省聲用形者。如本書高克尊“既生霸”,“霸”省作“雨”;吴録周大鼎“趣馬”,“趣”省作“走”是也。謂以黼文爲玄衣之緣也。②

（《古籀拾遺·宰辟父敦》,第51—52頁）

孫詒讓首先指出過去諸説中,唯孫星衍釋黹𫝀爲“黹屯”,讀“屯”爲“純”是正確的。接着舉《尚書·顧命》“黼純”之例,證“黹屯”即“黼純”之省。如果説孫星衍釋爲“黹屯”,還顯得證據單薄的話,那麽,孫詒讓之釋,則於形於義於音都有了充分的證據,基本上解決了黹𫝀的釋讀問題。依“黼純”讀之,不僅可通宰辟父敦,亦可通伯姬鼎、頌鼎、寰盤、周寶父鼎等相關諸器之“玄衣黹屯”。孫詒讓所以能正確釋出黹𫝀,其中的一個重要原因,就是他利用了傳世《尚書》中的“黼純”這一特定的詞語③。

---

① 此類以金文例子爲主,甲骨文的例子如《名原·説文補闕》（下第31頁）的“黻雨”條,舉《詩·豳風·鴟鴞》之“黻天之未陰雨”證甲骨文之“貞夜黻雨”“今夕不夜黻雨”。其中“黻”原爲甲骨文形體,此據孫釋直接隸寫爲楷書形體;“夕”原作“月”,據文義改定爲“夕”字。

② 孫詒讓釋黹𫝀時,列舉了伯姬鼎、頌鼎、寰盤、周寶父鼎等四器黹字的4種不同形體和此敦三器及伯姬鼎、無專鼎、頌鼎、頌壺、頌敦、寶父鼎、遟簋等八器的𫝀字的12種互有微異的寫法,證明黹𫝀連文,均是“黼純”字。孫氏在釋黹時,解釋了其形體結構,謂上作㡀者,“丵”省也,下作𗞾者,鑿也。可商。參拙文《釋“對”》。關於“屯”的取象,孫詒讓未釋,至今歧説紛紜,“屯”之取象當爲樹木花草當春之時,發芽含苞欲放之狀,即“蓓蕾”之象,俗稱之爲“花葆子”,這樣解釋可統領貫通“屯”之所有意義。可參拙文《説“屯”》。

③ 後來,唐蘭又進一步利用《儀禮·士喪禮》中之“緇純”,釋爲“黹純”,使之更爲合理,成爲大家認同的定論。參江淑惠《郭沫若之金石文字學研究》第222—224、391—395頁。

2."魚葡"條

　　魚葡(雄按,原拓作甾)讀爲犕。《説文》牛部:"犕,《易》曰'犕牛乘馬',从牛,葡聲。"今《易·繫辭》作"服牛"。又《史記·鄭世家》:"周襄王使伯犕請滑。"左氏作"伯服"。古服、犕通用。此"魚葡"即《詩》之"魚服"。　　　　　(《古籀拾遺·毛公鼎釋文坿》,第182頁)

孫詒讓之所以能正確地釋"魚甾"爲"魚葡",是因爲他利用了《詩經》中"魚服"這個詞語。後來王國維釋"備",不過是發揮、鞏固了孫説的成果而已。"魚服"的考釋成果,孫詒讓後來又用在了《契文舉例》中:

　　"乙子完貝立瘳甾□隹薛乙"①,二之四。……"甾"字與葡字相近。考《説文·用部》:"葡,具也。从用苟省。"金文毛公鼎葡作甾,亦可互證。其讀當爲矢服之服……毛公鼎魚葡即《詩》之魚服。古服、葡聲近字通。《説文·牛部》:"犕,《易》曰:'犕牛乘馬。'从牛,葡聲。"今《易》犕作服,是其例也。

　　　　　　　　　　　　　　　　　　　　　(《釋地》,第50—51頁)

　　據我們初步調查,孫詒讓在《古籀拾遺》《名原》中還有下列字詞的考釋使用了這種方法。今列表於下(頁碼:指考釋詞語在《古籀拾遺》《名原》中的頁碼):

編號	詞條	器名	頁碼	傳世文獻證據出處
1	不忒	商鐘	6 (《古》)	《易·豫象傳》《詩·鳲鳩》之"不忒";《書·洪範》之"衍忒",《史記·宋微子世家》作"衍貣";《管子·正篇》之"不貣"。
2	宴喜	郘子鐘、周鐘	8—10、174 (《古》)	《詩·六月》之"吉甫燕喜",《漢書·陳湯傳》作"吉甫宴喜"。
3	明刑	齊侯鎛鐘	28 (《古》)	《詩·抑》之"明刑"。
4	盟屾	齊侯鎛鐘	29 (《古》)	《書·君奭》之"盟恤"。
5	元孫	齊侯鎛鐘	36—37 (《古》)	《書·金縢》之"元孫"。

----

① "乙子"當爲"乙巳"。

續表

編號	詞條	器名	頁碼	傳世文獻證據出處
6	純叚	齊侯鎛鐘	37（《古》）	詳阮《款識·叔丁寶林鐘》釋文。
7	沱沱熙熙	孟姜匜	49—50（《古》）	《詩》之"委委佗佗"，《爾雅·釋訓》之"委委佗佗，美也"，《釋文》之"佗本或作它"；《左傳·襄二十九年》之"廣哉熙熙乎"《逸周書·太子晉篇》之"萬物熙熙"《荀子·儒效》之"熙熙兮其樂人之臧也"。
8	用饎乃祖考事	宰辟父敦	53—54（《古》）	《祭統》之"纂乃祖服""纂乃考服"，鄭注"服，事也"；《左傳·襄公十四年》之"纂乃祖考"。
9	南淮	宰辟父敦	55（《古》）	《詩》《書》之"淮夷"。
10	執絇	敔敦	56—57（《古》）	《書·酒誥》之"群飲，汝勿佚，盡執絇以歸於周"。
11	虎韔	周韓侯白晨鼎	161（《古》）	《詩》之"虎韔"（認同阮説）。
12	彤弓彤矢	周韓侯白晨鼎	162（《古》）	《書·文侯之命》之"平王錫晉文侯彤弓一、彤矢百"，《左傳·僖二十八年》之"襄王錫晉文公彤弓一、彤矢百"。
13	僕墉土田	召伯虎敦	下4（《名》①）	《詩·魯頌·閟宮》之"土田附庸"《左傳·定公四年》之"土田倍敦"。
14	毋敢湎于酉②	毛公鼎	下20（《名》）	《書·酒誥》之"罔敢湎于酒"。

①　此例出自《名原》下第4頁，又見《古籀餘論》卷三第22—23頁、120—121頁，屬典型的據傳世文獻辭例考釋金文的例子，與下一條同附放於表末，以供參考。裘錫圭（《説"僕庸"》）曾説："孫詒讓指出簋（按，指"召伯虎敦"）銘'僕'下一字，跟《説文》裏'讀若庸同'的'𩫏'以及'墉'字古文'𧱸'是一個字，'僕墉土田'就是《詩·魯頌·閟宮》的'土田附庸'，也就是《左傳·定公四年》的'土田陪敦'，'僕'、'附'、'培'以音近相通，'敦'是'𧱸'的譌字。王國維也有類似説法。他們的意見已經爲大家所接受。"孫詒讓指出《左傳》'土田陪敦'之語'即本《魯頌》'，十分正確。"

②　孫詒讓之前，徐同柏等已釋出"湎"字，衹是字形分析不確，孫氏又作了重新分析，使徐説更爲有據。

3."無作先王嶑"試釋 ①

孫詒讓是最早討論此例中"嶑"字的人之一,他在《古籀拾遺·毛公鼎釋文坿》裏有一個比較完整的表述:

俗讀爲欲。我勿作先王嶑。銘文作𦥯,即籀文頁字。《説文》頁部顏頰二字籀文並从嶑。此當讀爲惡。《説文》心部:"惡,愁也,从心从頁。"《繫傳》及《六書故》引蜀本並作頁聲。按,頁聲是也。《説文》頁部:"頁,頭也,从百从儿,古文䭫首如此。"《六書故》云:"李陽冰音首。"桂馥《義證》引王念孫曰:"頁即首字,不知何故轉爲胡結切。"《説文》惡即从頁聲。此以嶑爲惡,足證惡从頁聲矣。② （第178—179頁）

關於𦥯字,他主要表達了兩層意思:一是這個形體當隸定爲"嶑",即"頁"字,並以《説文》頁部"顏、頰"二字籀文並从嶑來加以證明;二是"嶑"當讀爲"惡"。

其後不斷有學者討論此字,如王國維、郭沫若、唐蘭等均有考釋。王國維始釋爲"羞",後改隸"嫛",讀爲"羞";郭沫若隸爲"嫛",讀爲"憂"③;唐蘭釋爲"嫛"④;陳夢家認爲其字形體从頁从止从又,讀爲"憂"⑤;饒宗頤也認爲其字當爲从頁从止从又,並通過大克鼎與番生簋相關形體的比較,斷定"頁"與从頁从止(夊)無別,爲一字,並進一步推論,此字(从頁从夊从又之字)"疑即《説文》訓面和之腼,讀若柔"⑥。學界衆説紛紜,未能定於一。

隨着20世紀出土戰國簡帛文字的陸續公布,爲解決這個字的疑難問題提供了新的材料。如:

---

① 此節內容曾整理成《再説"𦥯"》,發表於《語言研究》2013年4期,署名程邦雄、馬婷婷。可參考。

② 大字爲隸寫的毛公鼎原文,小字爲孫詒讓的釋讀文字。據毛公鼎拓片,"勿"當爲"弗"。

③ 《卜辭通纂》第523頁。

④ 《殷虛文字記》第44頁。唐蘭衹是就甲骨文的相關形體立論,其間舉了金文小臣𦎫尊的例子,並以孫詒讓釋"嫛"爲證。可見唐蘭、孫詒讓此處所釋之形體並不是我們這裏討論的毛公鼎中的形體。這從孫詒讓釋毛公鼎的形體爲"嶑",而釋小臣𦎫尊中的形體爲"嫛"(《古籀餘論》),看得尤爲清楚。

⑤ 《殷虛卜辭綜述》第338頁。

⑥ 《殷代貞卜人物通考》第272—273頁。

上博簡（三）《仲弓》第26簡："恐怠吾子🔲，願因吾子而治。"①

上博簡（三）《周易》第28簡："不恒其德，或承其🔲。"

上博簡（五）《季康子問於孔子》第1簡："唯子之治🔲。"

清華簡《皇門》第13簡："毋作祖考覥哉！"②

學界大多將🔲、🔲隸寫爲"愿"，🔲隸寫爲"覥"，達成一致意見。至於記録的是哪個詞，則存在分歧。

李朝遠整理《仲弓》第26簡時加注："'愿'同'𢝊'、'憂'。"③

陳劍認爲此字隸爲"愿"，但當讀爲"羞"，並以傳世文獻《禮記·內則》"將爲不善，思貽父母羞辱"和《逸周書·序》"穆王思保位惟難，恐貽世羞，欲自警悟，作《史記》"爲證④。其後，孟蓬生同意陳劍的觀點，並進一步指出："此字並不是'憂'字，此字構形當分析从心覥聲""當爲'羞恥'之'羞'的本字"⑤。陳偉、林素清也釋讀爲"羞"⑥。清華簡的整理者也認爲从肉从頁的"覥"字當讀爲"羞"⑦。

上述考釋基本上可以歸納爲兩派：以上博簡的整理者爲一派，將🔲隸爲"愿"，釋讀爲"憂"，其字形的隸定功不可没，其讀可通，但有可商；其餘學者爲另一派，陳劍爲轉折點，開啟讀"羞"先河，其後諸説從各方面不斷完善。但從總體上看，無論哪一派都是專注在簡文的釋讀疏通上，還没能討論簡文之外的相關問題。近兩年隨着研究的不斷深入，出現了幾種很有新意、有探索價值的的觀點，這其中尤以袁瑩、劉寶俊的觀點最具代表性⑧。

---

① 爲便於文字處理、討論，把有定論的字徑改爲本詞本字或通用字，衹留存有疑問的字形或要討論的關鍵字形。比如這裏从工从心的字直接寫爲"恐"，从虍从壬的字直接寫爲"吾"，从元从心的字直接寫爲"愿"。下同。

② 這裏衹是舉例性質，其他簡文也有相關字例，比如九店簡第39簡下—40簡下"凡五亥，不可以畜六牲覥，帝之所戮六覥之日"中之"覥"，包山簡第180簡之"覥"，皆其例。

③ 馬承源主編《上海博物館藏戰國楚竹書》（三）第282頁。

④ 《上博竹書〈仲弓〉篇新編釋文》（稿），簡帛研究網2004年4月18日。

⑤ 《上博竹書（三）字詞考釋》，簡帛研究網2004年4月26日。

⑥ 陳説見《上博五〈季康子問於孔子〉零識》，簡帛網2006年2月20日。林説見《讀上博簡竹書（五）札記兩則》。

⑦ 見李學勤主編《清華大學藏戰國竹簡》（一）第171頁。

⑧ 袁説見《説"覥"》，復旦大學出土文獻與古文字研究中心網站2011年9月26日。劉説見《戰國楚簡"心"符系列特形文字研究》，華中科技大學2012年博士學位論文。下引二家説皆見此二文，不再注明。

　　袁瑩首先通過對"䐉"的考察，發現"䐉"的異體"䏶"在傳世文獻裏，衹出現在字書、韻書中，過去的學者衹能通過字書、韻書來分析認識該字，認爲其構形從頁從肉，但隨着地下材料的不斷發現，可以對此字的結構進行重新分析，結合🈂（䐉）、🈂（懮）、🈂等具體形體的分析比較，認爲🈂不是"憂、惪"字，而是"嫛"字，其左側上揚的手與身體斷開之後，訛變成了戰國楚簡裏的"肉"構件，並大致勾勒了從手到肉的演變過程。概括地説，袁瑩認爲"'䐉'所從的肉形當是由'嫛（包括🈂形體）'所從的'爪'形訛變來的，'䐉'其實是'嫛'的訛變。'䏶'是'䐉'的進一步省變"。

　　袁瑩的觀點試圖解決"䐉、懮"等字爲何要從肉的問題，但他自己似乎也有些猶豫①。要力圖廓清🈂與"惪、憂"形體上的界限，但實際文字形體演變的情況，並不像他説的那麽涇渭分明。他的理論前提是以《金文編》收錄在"憂"字頭下的四個形體爲依據的，毛公鼎的🈂字形體與中山王鼎的"憂"形相較，的確少了"心"字底，但爲什麽不能把中山王鼎的"憂"看作是🈂加"心"旁的分化字呢？這種分化字是漢字演變的常見現象。事實上，撇開袁瑩討論的"懮"（"心"也是後加的）不論，後來的楚簡中已有加"心"構成的"惪"字，表"憂愁"，即"憂"字②。至於爲什麽要加"心"符，"惪"與"憂"之複雜關係，劉寶俊做了很好的分析，下面我們將會討論。另外，袁瑩認爲《金文編》中的無憂卣、伯憂觶與毛公鼎中的形體是同一個字，即"嫛"字，嚴格按字形講，🈂無"止（夊）"構件，與無憂卣的形體別；🈂中"手（爪）"與整個字形連爲一體，與伯憂觶的"手（爪）"分離於字形之外明顯不同③。因此，袁瑩的觀點值得再斟酌。至於🈂字，該隸作何字形，又該讀作何詞，自當再議。

　　劉寶俊通過對郭店簡和上博簡中的76例（組）特形"心"符字的專題研究，從語言學、社會學和學術思想史的角度，證明戰國楚簡"心"符字的大量涌現與戰國儒家思孟學派心性之學有必然聯繫。他在該文的"3.2.31懮：羞"和"5.2.2惪 惪：惪：憂"兩部分的專題討論涉及到了袁瑩討論過的相關形體。劉寶俊通過對上博簡和郭店簡的全面考察，認爲：在戰國楚簡文字裏，"懮"表"羞

---

① 　袁瑩在此似乎有些猶豫："當然這種訛變也不排除聲化的因素，朱駿聲即認爲該字從肉聲。"

② 　《説文》心部已收"惪"字，表"憂愁"，與夊部表"和之行也"的"憂"字別。

③ 　孫詒讓是分得比較清楚的，他把毛公鼎的形體釋爲"惪"，而把另外的一些形體釋爲"嫛"。分別見《古籀拾遺·毛公鼎釋文坿》和《古籀餘論》第26頁。

耻"①，"惥"表"憂愁"②，分工明確，決然不混，這是非常正確的。以此觀點推之，加"心"之前的"頁、膩"本就表"憂、羞"詞義。

關於表"羞耻"的"愿"的討論，涉及到毛公鼎的&字時，劉氏十分愼重，加注並加按語：

> 王國維《毛公鼎銘考釋》謂："'我弗作先王&'，徐明經、吳中丞釋爲顛，吳閣學、孫比部釋爲惥，余疑即古羞字，象以手掩面之形，殆羞耻之本字也。《書·康王之誥》'毋貽鞠子羞'，《春秋左氏傳》'毋作神羞'，與此文例正同。"（引自李圃《古文字詁林》第10册第1110頁。）今按：據後出楚簡"惥"、"愿"之别，《毛公鼎》"我弗作先王&"之"&"字當釋作"憂"。

（第123頁）

劉氏分清"愿"和"惥"的觀點，是很有見地的，但他認爲毛公鼎"我弗作先王&"之&字當釋作"憂"，則又是値得討論的③。劉氏的看法與孫詒讓的讀爲"惥"觀點相同，而否定王説，應該説是走了一半的回頭路。王國維之所以不贊同孫詒讓的觀點，把該字讀爲"羞"，是有道理的，儘管他後來又通過與甲骨文的比較，改隸&爲"憂"字，但仍讀爲"羞"④。他始終堅持認同&與"羞"之間的假借關係，是應該充分肯定的。

---

① 劉寶俊還簡要分析了"愿"與"羞（《説文》丑部"進獻也"）"的替代、演變關係（第122—124頁）："自古以來傳世文獻記録'羞耻'意義的字，都是借用从手持羊、表示'進獻'意義的'羞'字。楚簡的'愿'才是專門表示'羞耻'意義的本字。'羞耻'乃人的心理感覺，故楚人特造从心的'愿'。後來本字不敵借字，'愿'字很快消失，楚國文字的創造性就無人所知。"

② 劉寶俊還考察了"惥"與"憂、慢"等彼此借代、演變的關係問題（第223—226頁）："惥"是表"憂愁"的本字，後借《説文》夊部"憂（和行也）"代"惥"，久之，"惥"字遂廢棄不用，其造字理據（憂心形於顏面）也不被人們所理解，以致後來又造了個从"心"的"慢"字。"僅就目前能夠見到的出土文獻看，戰國時期'惥'字見於楚系、晉系、秦系文字，通行範圍較廣，應是戰國時期的通用文字；'憂'字僅見於秦系文字。因此'憂'字有可能是一個秦國文字。至秦漢書同文之後，'惥'、'憂'並行，'惥'尚未被'憂'完全取代。其後則'憂'行而'惥'廢，傳世文獻通行'憂'字，'惥'字徹底退出了應用領域"。這個論斷符合客觀實際。

③ 現今通用之觀點也多認爲&當釋讀爲"憂"，如《金文引得》（殷商西周卷）就是典型的代表。

④ 見王國維《殷卜辭中所見先公先王考》，《觀堂集林》第411頁。

　　據我們觀察,孫詒讓隸🐛爲"貧(即"頁")",是最接近本形的,但讀爲"憂愁"之"憂",則值得商榷。王國維隸🐛爲"夒",與該字的本形是有距離的,問題已如前述,但讀爲"羞"字無疑又是正確的。

　　這裏分爲兩點來討論:

　　第一,字與詞的關係是複雜的,存在着一字對多詞,也存在着多字對一詞的現象,並且這種現象是永恒的,具體到某字和某詞的對應關係則可能會隨着時間的推移,處在不斷地發展變化之中。我們之所以贊同劉寶俊根據戰國楚簡裏"憂"爲"憂"、"願"爲"羞"的正確結論,而又不贊成據此來反推毛公鼎裏的"頁(貧——🐛的隸寫)"爲"憂"的觀點,是因爲比楚簡更早的毛公鼎所代表的時代,"頁(貧)"可能既表"憂愁"這個詞,又表"羞恥"這個詞,當然更可記錄"頭首"等詞。事實上,楚簡中的"順"和"憂"兩個字,正好分化、明確了本來由一個"頁(貧)"字記錄的兩個詞的功能,這正是文字記錄語言,越往後越精確特徵的體現。"頁(貧)"加"心"爲"憂"字,分擔"頁(貧)"字表"憂愁"的功能,"頁(貧)"加"月(肉)"爲"順"字,分擔"頁(貧)"字表"羞恥"的功能(而不是"爪"訛變成了"月[肉]"),餘下"頁(貧)"字,專表"頭首"等義。反過來,同樣是"羞恥"這個詞,理論上,也可由幾個字來記錄,楚簡的例子已很好地說明了這一點:"願、順"都記錄"羞恥"這個詞。如放到漢語這個更大的背景下,"羞恥"這個詞還可借用我們常見的本來記錄"進獻"意義的"羞"字來記錄。

　　第二,出土文獻中難免會碰上傳世文獻裏沒有相應文字形體的難題,對於這種疑難問題,還可以借助文字之外的"辭例"(包括出土文獻和傳世文獻),特別是一些固定的表達、句式等的相互比勘來加以解決。毛公鼎中的🐛即有這種疑難雜瘍的特徵,它所在的"辭例"是"我弗作先王🐛"。試比較傳世文獻的"辭例":

　　(1)衛太子禱曰:"曾孫蒯聵敢昭告皇祖文王、烈祖康叔、文祖襄公:鄭勝亂從,晉午在難,不能治亂,使蒯討之。蒯聵不敢自佚,備持矛焉。敢告無絶筋,無折骨;無面傷,以集大事,<u>無作三祖羞</u>。大命不敢請,佩玉不敢愛。

　　　　　　　　　　　　　　　　　　　　　(《左傳·哀公二年》)

　　(2)晉侯伐齊,將濟河,獻子以朱絲繫玉二瑴而禱曰:"齊環怙恃其險,負其眾庶,棄好背盟,陵虐神主。曾臣彪將率諸侯以討焉,其官臣偃實先後之。苟捷有功,<u>無作神羞</u>,官臣偃無敢復濟。唯爾有神裁之。"

（《左傳·襄公十八年》）

（3）<u>毋貽鞠子羞</u>（今文《尚書·顧命》"毋"作"無"）。

（《尚書·康王之誥》）

（4）將爲不善,<u>思遺父母羞辱</u>。　　　　　　（《禮記·內則》）

（5）穆王思保位惟難,<u>恐貽世羞</u>,欲自警悟,作《史記》。

（《逸周書·序》）

"我弗作先王𧴪"與例（1）的"（我）無作三祖羞"、例（2）的"（我）無作神羞"、例（3）的"（我）毋貽鞠子羞",從句法結構形式到主要動詞的語義類型幾乎都完全一樣,它們都屬於否定形式兼語句,主語都是"我"（衹是有顯性和隱性之別:毛公鼎是顯性的,傳世文獻裏是隱性的）,兼語句中的主要動詞都具有"助引義",也就是由於這個動詞（作、貽、遺）的作用,會帶動引發次動詞（兼語後的動詞"羞"）的發生。特別是例（1）,連兼語的所指類型幾乎都與毛公鼎的一樣——都是"我"已經故去的"先君"[1]。第（4）（5）例的不同在於它們是肯定形式的兼語句。

綜合這些傳世文獻的材料,未發現在"羞"這個位置上用"憂"的。這就可以得出結論:𧴪衹能讀爲"羞"字,而不是"憂"字。

出土文獻有:

（6）毋作祖考顝哉!　　　　　　　　　（清華簡《皇門》第13簡）

這個例子如前述,"顝"當釋讀爲"羞"字,其"辭例"與毛公鼎幾乎完全一樣,這也從出土文獻的角度證明,毛公鼎裏的𧴪字,的確應該釋讀爲"羞"[2]。

綜上所述,毛公鼎裏的𧴪當隸作"頁（𧴪）",讀爲"羞"。

---

[1]　例（1）（2）的引文較長,我們主要想考察這種句子出現的語言表達環境,經考察,我們發現,這種句子的確有其特定的語義環境,大約用在向祖先、神靈禱告誓語之中,意謂"不要做出讓列祖列宗蒙羞的事",若如此,毛公鼎的語言環境也應是這樣。但限於材料和學識,未敢在文中斷言。

[2]　前舉出土文獻類似的相關例子"恐怠吾子應,願因吾子而治""不恒其德,或承其應""唯子之治脹"也可與例（4）（5）比較,其中的相關字都是"羞"字,而不是"憂"字。

二、據古代禮俗制度釋字

《契文舉例》專門開立了《釋禮》一章,試圖通過甲骨文與古代典籍中的禮俗制度互勘,達到釋讀甲骨文、證明傳世文獻所記禮俗制度可信的雙重目的。孫詒讓的這種思路是完全正確的,因爲他認爲甲骨卜辭是殷商之物,其中所記必與傳世的記載商周禮俗的文獻相關聯。故既可用甲骨文來證明傳世古代文獻所載禮俗的可信性,也可用傳世古代文獻所載禮俗制度來釋讀甲骨文。他說(第53頁):"龜文簡略,多紀瑣屑小故。然間有稱述典禮者,輒多與《禮經》符合,今爲表出之。殷禮足徵,瘉於求野,亦曠代之軼聞也。"實際上,對勘的結果,也可達到釋字的目的。在《釋禮》中,他對勘了"登人、盟會、賜予、舍爵、正月賓興賢能合眾飲酒、求年、春分迎日、射、牢"等禮俗制度内容,由於處在甲骨文研究的創始期,可供參考的資料基本没有,這些對勘在今天看來,的確正確的不多。就字而論,祇有"求、年、來、躲、牢"諸字的考釋可以成立①,因此,其所做比勘的相關禮俗制度恐怕也祇有"求年、用牢"兩條基本可立。今錄"求年"例於下:

> "貝求🌾□𤔲"、四十五之二。……諸文並即"季"字。《説文·禾部》:"季,穀熟也。从禾,千聲。"此文上从🌾即象形禾字,與"𣬈"、"禾"諸字同。詳《釋文字篇》。《詩·大雅·雲漢》云:"祈年孔夙。"《周禮·籥章》:"凡國祈年于田祖。"鄭注:"祈年,祈豐年也。""求年"即祈豐年之祭,與《詩》《禮》合。
>
> （第55頁）

又:

---

① 孫詒讓把🔳釋爲"盟",羅振玉釋"爵",白玉峥認爲(《校讀》第3894頁)"在數千甲骨文字中,本字祇此一見,既乏類例比勘,關疑可也"。孫氏釋🔳爲"射"之變體,孫海波、李孝定均列爲未識之字,白玉峥認爲(《校讀》第5787—5788頁)"字之構形,甚爲'奇古',故自甲文面世以來,迄今七十餘年間,除籀廎先生初釋爲躲外,舉世之學者,竟無一言之贊,寧非'難識'哉? 今詳籀辭義,及字之構形,並博徵典籍,比勘辭例,竊疑爲昳之初文……由典籍中之訓釋,推朔造字之本初,蓋取張弓注矢,目覩正鵠,爲字之構形;取矢中之聲,命字之音;取射必中的,而訓其義者也……又籀廎先生所示例證,小子躲鼎之🔳字,並爲㦸字初文之轉化。先生於古文字學之深湛造詣,良可佩也"。可參考。

"癸卯卜亘貝我受🦣🦣"。二百四十八之一。……"🦣"即"🦣"之省。"🦣"字奇古難識，以形義求之，蓋即"來"之象形字。《說文·來部》："來，周所受瑞麥來麰也。一麥二夆象其芒朿之形。天所來也，故爲行來之來。《詩》曰：'貽我來麰。'"此"🦣"字正象一麥二夆之形……云"受來年"者，於前一年卜來年之豐歉。故《禮記·月令》孟冬"祈來年于天宗"，《周禮·肆師》亦云"社之日，涖卜來歲之稼"。此云"受來年"與經義合。

（第55—56頁）

前段拿甲骨文"貝求🦣□🦣"來與《詩》《周禮》及鄭注等傳世文獻所記禮俗進行對勘，得出甲骨文"求🦣"即"求年"，也就是"祈豐年之祭"，與《詩》《禮》合的結論。這個考釋是相當典型、相當成功的對勘之例，結論可信。後段在前段的基礎上，對勘與"以形義求之"並用，拿甲骨文"貝我受🦣🦣"來與《說文》《詩》《禮記》及《周禮》之"周所受瑞麥來麰""貽我來麰""祈來年于天宗""社之日，涖卜來歲之稼"等傳世文獻所記禮俗進行對勘，得出甲骨文"受🦣🦣"即"受來年"，也就是"祈獲來年之豐"，與經義合的結論。這一結論也得到學界的廣泛認同。

孫詒讓在《契文舉例》的其他章節也常用這種方法，據我們初步統計，《契文舉例》一書引用傳世文獻（《說文》及語言文字類書除外）19種，共122例。其中引用次數在5次以上的幾種是《周禮》（40例）、《禮記》《儀禮》（共19例）、《詩經》（19例）、《尚書》（15例）、《左傳》（6例）。直接記載古代禮俗的《周禮》《禮記》《儀禮》三書的例子，合計達59例之多，占引用傳世文獻總數的一半。據此可見孫詒讓是多麼注重利用古代禮俗來與甲骨文互勘，從而達到釋讀甲骨文的目的。引用其他古代文獻的例子，也有很多是屬於據禮俗來釋讀甲骨文的。如：

"庚戌戋貝雨帝不我□"、卅五之三。"丙申卜戋貝帝弗𡿺"、六十一之四。……"二月帝不令雨"、百廿三之一。……"帝"字皆作"🦣"。《說文·二部》："帝，諦也，王天下之號，从二，朿聲，古文作🦣。"此以二爲一，與彼略同。下从🦣，朿形亦較葡。此並謂卜於帝也。《論語·堯曰篇》："予小子履，敢用玄牡，敢昭告于皇皇后帝。"孔安國注以爲伐桀告天之文，帝謂天帝。《周禮》大宗伯職，天神有昊天上帝及五帝。《書·舜典》亦云："肆類于上帝。"

皆是也。 ①　　　　　　　　　　　　　　　　　　　（《釋鬼神》,第24頁）

此段引《論語》《尚書》的目的,是爲了用其中所記的古代卜告天帝禮俗與甲骨文對勘,證明上引甲骨文的例子爲"並謂卜於帝也"。

孫詒讓在金文的考釋中也常用這種方法。如:

> 故此稻字省白而从殳也……至阮讀爲朮稷,《説文》禾部:"秫,稷之黏者,或作朮。"則朮稷一穀也。則尤與禮不合。《周禮·掌客》鄭注:"簠,稻粱器也;簋,黍稷器也。"《説文》竹部:"簋,黍稷方器也。""簠,黍稷圓器也。"二説不同。以《儀禮》考之,《聘禮》云:"堂上八簋黍,堂上兩簠粱,在北,西夾兩簠粱,在西。"《公食大夫禮》云:"宰夫設黍稷六簋,賓北面自閒至,左擁簠粱。"是簋盛黍稷,簠盛稻粱。《禮經》有確證。鄭説自校鄩爲長。其見於金文者,自叔家父簠外……云:"以䰇稻粱。"曾伯霖簠云:"用盛稻粱。"並見本書。亦並單舉稻粱,無兼及黍稷者。徵之於《禮經》,斠之以金文,則此簠𣪠字之是稻非稷,可無疑矣。　　　　　　　　（《古籀拾遺·張仲簠》,第116—117頁）

這個𣪠字的考釋,主要是通過《周禮》鄭注之"簠,稻粱器也;簋,黍稷器也"和《儀禮》之"堂上八簋黍,堂上兩簠粱,在北,西夾兩簠粱,在西""宰夫設黍稷六簋,賓北面自閒至,左擁簠粱"等古代禮俗制度,與金文"簠"之功用"以䰇稻粱""用盛稻粱"的對勘印證,最終得出"此簠𣪠字之是稻非稷"的結論的。

又如《古籀拾遺·周居後彝》之"施舍"條,孫詒讓在王引之《經義述聞》分"施舍"爲"免徭役"和"布德惠"的基礎上,認爲:

> 王説辨別施舍之義甚析。實則凡施舍之訓賜予者,舍即予之借字。《隸續》載魏三體石經《大誥》"予惟小子",予字古文作𤔡,與此彝舍字正同,是舍即予借字之確證。三體石經古文間用借字,如以𩵋爲歷、以狟爲桓之類是也。而近代臧琳、孫星衍、馮登府考釋石經並不知𠆢即舍之異文,亦其疏也。《墨子·耕柱篇》云:"見人之作餅則還然竊之曰:舍余食。"舍亦與予同。"舍余食",猶言"與余食"也。畢沅注以舍爲捨,失之。此居𣪠蓋集眾金器以鑄彝,故銘中言𠆢者二、言貧者三。《説文》貝部:"貧,從人求物也。""貸,施也。"二字聲義略同,經典通用

---

① 此段文字中,蟫本、白玉崢《校讀》無"以二爲一""下从米,束形亦較葡"等12字。"皇皇后帝",蟫本、白玉崢《校讀》作"皇天后帝",是。

貸字。貣者从人假借，**舍**者人所賜予，故並紀之也。

（第167—168頁）

這段文字雖重在辨明凡"賜予"義的"舍"當即"予"之借字，但其前提是在認同王引之引《周禮·地官·小司徒》及鄭注和《左傳》《國語·周語》等傳世文獻的相關材料證成"施舍"有"免徭役、布德惠"兩個意義的基礎之上的。王引之意在訓釋疏通傳世文獻，而孫詒讓則重在以傳世文獻材料釋證金文。因此，孫詒讓認同的王引之的研究成果，實際上是重新拿這些材料來對勘金文，達到他用傳世文獻材料來考釋金石文字的目的。

周韓侯白晨鼎的"黑衣"條也是用的這種方法：

> 墨幽者，㦲衣也。《文選·閑居賦》注引《左傳》"袀衣振振"服虔注云："袀服，墨服也。"
> 《戰國策·趙策》：左師觸讋見趙太后曰："賤息舒祺願令得補黑衣之數，以衛王宫。"墨幽疑宿衛之
> 㦲服也。"

（第161頁）

孫詒讓通過《左傳》《戰國策》《文選》及服虔注所述古宿衛之所服爲"墨服、黑衣"的禮俗，釋周韓侯白晨鼎的"墨幽"爲"㦲衣"，頗有創造性，與周韓侯白晨鼎所言賜予之物也大致相協，爲該字詞的考釋提供了一種思路和答案。古代士卒之戎裝，確有異於其他職業服裝的特點，無論在顏色、還是在式樣上都與其他服裝有別，這種禮俗自然可以利用來考釋那個時代的字詞[1]。

孫詒讓的這種據古代禮俗制度釋字的理念是貫穿在他的所有考釋之中的，我們在他的文字考釋中經常能見到"與……合、與……不合"的表述，這些表述也多與據古代文獻禮俗釋字相關。如《釋卜事》篇開篇即引《尚書·洪範》《周禮·春官·太卜》之卜占文字及古注論卜事，得出"今通校甲刻咸無見文，或兆象不在栔識之限（雄按，此指《洪範》言）""以八命校之，亦不盡合也（此指《太卜》）"（第15頁）。雖然這個結論不一定與事實相符，但却可説明孫詒讓是非常注意使用這種方法的，即使是他認爲甲骨文没有的材料，也用傳世文獻所述的禮俗來"證明"一番。又如，他在論述甲骨文"征"有"征行、征伐"二義後，説"此與先鄭義合者也"（第15頁）。再如《釋鬼神》篇之"此文云

---

[1]　我們曾在《"車錯轂兮短兵接"非言"兩軍近戰"》（《語言研究》1990年第1期）一文中討論過古代士兵的裝束問題，可參閱。

'田正'可證鄭義"(第25頁),《釋地》篇之以《詩‧邶風》《漢書‧地理志》《尚書‧牧誓》《左傳》杜注證甲骨文之"庸"爲國名(第48—49頁),以《詩‧皇矣》之"侵阮徂共"證甲骨文"共"爲國名,其君爲侯爵等等,此不一一。孫詒讓據此所得之結論,雖不可全信,但是,他常用這種方法來考釋甲金文字的事實則是無可爭議的。

第三節　據文例句式釋字

一、文例句式在考釋古文字中的重要性

據文例句式釋字的典型例子,人們常舉的是甲骨文干支字"巳、午"的考釋①。在甲骨文研究的初期,孫詒讓等誤將十二支中的"巳"字釋成"子"字,並發出"十二支中巳、午兩字獨未見,未詳其故"(《釋月日》,第3頁)的疑問。出現這個失誤的原因是多方面的,其中下面幾條非常重要。第一,十二支中的"巳"字形體與甲骨文其他非干支環境下的"子"字相同,而甲骨文干支中的"子"則用了一個與《説文》"子"的籀文相似的字形(籀文作♀,甲骨文作♀);第二,當時對甲骨文的内容、文例還完全没有了解,不知一段卜辭的内容,大致可以分爲敘事、命辭、占辭、驗辭等幾個部分②。而這個"敘事"就是記録占卜的時間和占卜人的名字的,記録占卜的時間則是以干支依次循環搭配來實現的;第三,未能見到後來羅振玉據以釋出"巳"字的完整的甲骨文干支表。第二、第三條都與我們本節討論的句式文例有密切關係。具體地説,第二條是由當時的學術背景和學術史水平所决定的,孫詒讓能够據上下文内容讀"貝"爲"貞",已經屬於超水平發揮,相當不容易了。如果再要求他去解决甲骨文的内容和文例的問題,則是不切實際

---

① 這個例子,也有人歸爲"尋義推勘法"或"辭例推勘法"。分别見張秉權《甲骨文與甲骨學》第140頁、高明《中國古文字學通論》第170頁。爲與前面"據古代文獻固定詞語推勘釋字"區别開來,故歸入"據文例句式釋字"之中。

② 這幾個部分的名稱源自唐蘭的《卜辭時代的文學和卜辭文學》(見高明《中國古文字學通論》第238頁)。後來,對這幾個部分的名稱有種種不同説法,但大致傾向於用前辭、命辭、占辭、驗辭來指稱這幾個部分的内容。但具體到每一條卜辭,不一定這幾個部分都具備。孫詒讓誤將《鐵雲藏龜》二百二十八頁四版之"丙辰卜丁ㄱ雨"中之殘字ㄱ釋爲"巳"字(他説"以干支字推之,'ㄱ'疑即'巳'字",見《釋月日》,第3頁)。也是由於不明了卜辭内容和辭例造成的。

的要求，因爲這些都需要占有充分的材料。第三條則完全取決於材料，拿到那些干支表，有一定文字學知識的人，恐怕都能像羅振玉一樣，釋出這個"巳"字，更不用説是研讀大篆古籀四十年的孫詒讓了。至於第一條，那是語言文字内部錯綜複雜的關係以及近兩千年的學術史造成的。簡而言之，在甲骨文體系中，同一個文字形體𰀲記録表示了語言中的兩個不同的詞，即"子女"的"子"和"乙巳"的"巳"；而到了後來，雖仍用一個"子"字記録語言中的兩個詞，但情況發生了變化，一個是"子女"的"子"，與甲骨文相同，另一個則變成了"甲子"的"子"，與甲骨文異。而在甲骨文中，"甲子"字與"乙巳"字，則是分用兩個不同字來承擔的，即用𰀲字記録"子女"字，用類似於《説文》所録"子"字籀文的𰀲來記録"甲子"之"子"，𰀲與𰀲絶不通用。而許慎的《説文》則把先秦干支字中"乙巳"的"巳"字與"子女"的"子"字，當作小篆體系裹干支字"甲子"的"子"字，而將先秦干支字中"甲子"的"子"字，作爲小篆體系中"甲子"之"子"的籀文①。上述錯綜複雜的字詞關係及其演變更迭，再加上許慎《説文》"移形换位"的推波助瀾，使得孫詒讓不明真相，發出甲骨文裹"十二支中巳、午兩字獨未見，未詳其故"的疑問，就可以理解了。

　　十二支之"巳"到了羅振玉著《殷虚書契考釋》時，才得以釋出。他説："卜辭中凡十二枝之巳，皆作子，與古金文同。宋以來説古器中乙子、癸子諸文者，異説甚多，殆無一當。今得干支諸表，乃決是疑。"羅振玉之所以能正確釋出干支之"巳"字，解決自宋以來金石文字學上的千年疑案，誠如他所説，是因爲他獲得了甲骨文的"干支諸表"的材料，掌握了"干支"的文例。這充分説明，材料、文例在古文字考釋中的重要地位和作用。孫詒讓没能釋出"巳"，不能説是他没有水平，更不能説他不懂文例，祇能説他生不逢時，没能見到像羅振

---

①　許慎《説文解字》把"子"立爲部首，釋曰："子，十一月陽氣動，萬物滋，人以爲稱。象形，凡子之屬皆从子。𰀲，古文子，从巛，象髮也。𰀲，籀文子，囟有髮，臂脛在几上也。"從文字的取象系統看，"子"與𰀲的確有相通性，它們的區别可能僅在於取象對象出生的時間（年齡）差異上。𰀲之形所取小孩之象的時間跨度要大於"子"字，但不管這個差異有多大，它們都還在"小孩"這個"時齡"範圍之内。因此，許慎把它們捏在一起，無可厚非，但不是篆和籀的差别。而從文字的表詞系統看，"子"與𰀲則没有相通性，"子"表"子女"之"子"和"乙巳"之"巳"，𰀲則表"甲子"之"子"，兩詞没有聯繫。而《説文解字》作爲一部字書（本質屬性），主要從形體的角度，把"子"與𰀲系聯在一起，是可以理解的，不必過多地苛責。參張秉權《甲骨文與甲骨學》第70—71頁。

玉等擁有的那麼多甲骨文的材料。相反地,我們則可以據此得出結論,文例是建立在材料的基礎之上的,某個學者利用文例考釋的例子多少,與他擁有的材料應該成正比,因此,評價某學者在利用文例考釋成就時,應該考慮他掌握的材料這個因素。掌握的材料可從兩個角度來考察,一種情況是客觀條件提供了有限的材料,考釋者則充分利用了這些材料;另一種情況是客觀條件提供了充分的材料,而考釋者祇是利用了其中的一部分。從總量上看,後者可能比前者利用辭例考釋例子的絕對量要多,有時甚至要大得多。但是從相對量上看,也就是從考釋者利用的例子與實際材料所提供例子的比例量看,前者可能比後者要多,有時可能要大得多。因此,對考釋者的相關成就作出評價時,這兩方面都要兼顧,不能祇看絕對量而忽視相對量。有時,可能更應看重相對量。特別是做學術史的研究和評價時,更應如此。

　　孫詒讓的情況,顯然屬於前者。也就是説,當時客觀條件所能提供的材料和他實際上所擁有的材料都是十分有限的。而他却能儘可能地利用這些有限的材料,通過歸納文例、句式考釋甲骨、金文。下面我們以他的《契文舉例》等為主要材料,來歸納他在這方面的成就。

二、孫詒讓據文例考釋甲骨、金文

(一)未言"文例",實以文例推釋之例

　　孫詒讓在《契文舉例》裏常根據相關句子歸納出的文例來直接推定所釋字之意義。如:

> 依字例,叀聲所孳生為專聲之屬,甫聲所孳生為尃聲之屬,文義咸迥異,而金文兩聲類字形並略同,此文亦未能確定其為何字。以"甹馬"、"甹服"、"甹豕"、"甹獵"、"甹嵩"讀為持。詳前。諸文推之,似當為搏執之義,但文多殘闕,無完全文義可尋繹,未敢決定也。　　　　　　　(《釋文字》,第86—87頁)

　　又如:

> 但以"甹嵩"、"甹獲"諸文推之,似亦"搏"之省假字。　　　　(第87頁)

孫詒讓認為據"字例"已不能確定甹為何字,故祇好通過與甹相關的"甹馬、甹服、甹豕、甹獵、嵩"諸文例來推定甹為"搏執"義,此雖不為定論,但後來確有

不少學者信從其説①。

　　有時，雖不能用這種方法直接推定所釋字的形義，但可推定其在句中所作句子成分的類型及其功用。如《釋文字》對"由"字的推定：

　　　諸字瑑畫略異，諦審之實即一字，以"凸曰"及"凸固曰"之文推之，似是占者之名，但其字《説文》未見，竊疑當爲"由"字。②　　　　　　　　（第115頁）

"由"字的甲骨文寫法，《説文》未見，故從字形方面是無法考定的，祇能據歸納的相關"文例"推定它"似是占者之名"，疑爲"由"字。

　　這種通過歸納文例來考釋字詞的例子，孫詒讓經常用"猶"這個詞來表達這種意思。如：

　　　"香"，"咊"之變體，詳《釋文字篇》。"今香"猶前云"今禾"，其意難通，頗疑其假"禾"爲"秋"。猶假"貝"爲"貞"，龜文有此例。③　　　　　　　（《釋地》，第45頁）

此例考定的字雖可商榷，但其運用"猶"字來聯繫歸納前後語句"文例"的目的還是看得非常清楚的。經初步統計，這種用"猶"字來歸納前後語句文例的一共有10例④。上舉諸例，孫詒讓並未明言"文例"字樣，也祇是通過實際相同相關的幾個甲骨文結構或者句子（至少兩個）的比較，推釋所釋字詞之意義或功用。

　　（二）明言以"文例"推釋甲骨、金文字詞例

　　　如：

---

① 孫詒讓隸爲由、釋爲"叀"的字，羅振玉釋爲"㡂"，王襄、于永梁、吳其昌、葉玉森均有釋文，但大致從孫詒讓之説。唐蘭釋"叀"，讀"惠"；嚴一萍釋"叀"爲紡專之形。參白玉峥《校讀》第3750—3751頁。孫氏推定由爲"搏執"義的見解，還在討論"獲"字時有所體現。他説："以文義求之，'由獲隻兔'謂'搏獲奪同脱兔也'。"然釋"隻"爲"奪"誤。

② 由於這條含有兩個與"由"字相關的語句，故而也看作是以"文例"推定的例子。

③ "龜文有此例"，不可信。從甲骨文看，"貞"與"貝"不同，無假借之關係，更無形近省假的道理。孫詒讓誤隸㝡等形爲"貝"，故有假"貝"爲"貞"字説。因此，此處"禾"爲"秋"字説，不可信從。

④ 除已舉的"今香"條外，還有"它之象（第35頁）、昌方（第44頁）、弗衛（第49頁）、且東（第50頁）、角（第52頁）、禾于禩（第103頁）、酒牢（第107頁）、（弗）其以（第114頁）、嚳牢（第119頁）"等條。

又前文云"今✳"者不知何義……"今✳"、"今禾"、"今否"文例不異,可以互證。然其義不可强解,豈亦取和協得吉之義乎。(《釋文字》,第84—85頁)

孫詒讓這裏拿"今禾、今否"來與"今✳"進行文例比勘,推測✳爲"和協得吉之義",這個考釋由於是建立在"今禾、今否"等本身就不確定的詞語條例基礎之上,故其説自然證據不足 ①。這裏出現錯誤的原因不在運用了"文例"這種方法,而在於對歸納文例的具體句子、字詞判斷有誤。孫詒讓直接言明文例的一共有4例,除已舉的"今✳"條外,還有"薛乙(第3頁)、子漁之彖(第35頁)、尹父(第41頁)"3條,這3條都不正確。錯誤的原因,還是可資利用的材料有限,致使對相關的語句、詞語判斷失誤。下面我們再從金文的考釋看一看孫詒讓利用文例的例子。

"蔑某曆"

"蔑曆"之文,金刻常見。其訓義則古經注、字書皆未載。阮云:"蔑曆即《爾雅》所謂'蠠没',復轉爲'密勿',又轉爲'黽勉'。《小雅·十月之交》云'黽勉從事',《漢書·劉向傳》作'密勿從事'是也。"按,阮説似是而實非也。凡古書雙聲疊韻連語之字並以兩字聯屬爲文,不以它字參厠其間。如云"黽勉",不云"黽某勉";云"蠠没",不云"蠠某没";云"密勿",不云"密某勿"也。金刻"蔑曆"兩字連文者固多,然間有作"蔑某曆"者。如敔敦云"王蔑敔曆"、畢中孫子敦云"王蔑段曆",並以作器者之名著於蔑曆兩字間。若釋爲"黽勉",則敔敦乃云"王黽敔勉",畢中孫子敦亦云"王黽段勉",其不辭甚矣! 竊謂此二字當各有本義,不必以連語釋之。蔑,勞也。《説文》苜部:"蔑,目勞無精也。从苜,人勞則蔑然,从戍。"② 曆即歷之借字。薛、阮、吳並讀爲歷是也。歷,行也。《廣雅·釋詁》。凡云"某蔑曆"者,猶言"某勞于行"也。云"王蔑某曆"者,猶言"王勞某之行"也。各如其字釋之,則古金所

---

① ✳字,後來多認爲當釋爲"尞",像堆木材於火上焚燒,中間諸點示火焰上騰,義爲焚燒以祭告神靈。《説文》火部:"𤐫,柴祭天也。从火,𣎆,古文慎字,祭天所以慎也。"參朱歧祥《殷墟甲骨文字通釋稿》第179頁。

② "目勞",今本《説文》作"勞目"。段玉裁注作"蔑,勞目無精也,从苜,从戍。人勞則蔑然也",段注是。

謂"蔑曆、蔑某曆"者①，不至鉏鋙而不合矣。

（《古籀拾遺·臤尊》，第89—90頁）

這段文字綜合臤尊、敃敦、畢中孫子敦、周作書彝等器中"蔑曆、蔑某曆"的文例，討論了一個漢語詞匯學上非常重要的問題，即雙聲疊韻連語（後多稱"聯綿詞"）的形式和意義問題。孫詒讓認爲，"凡古書雙聲疊韻連語之字並以兩字聯屬爲文，不以它字參廁其間"，其義當以連語整體解之。這應該是很正確的。在此基礎上，參驗所舉諸器"蔑曆、蔑某曆"之文例，"蔑曆"之中既然可插入其他字詞（作器者之名等），則不可看作連語，雖然"蔑曆"的具體含義還可再研究，但孫詒讓的這個解釋，無論從詞匯理論，還是從文例、所舉例句之上下文語義來看，都不失爲一種合理的、有較强説服力的解釋②。

有時，孫詒讓通過文例來判斷諸説之是非得失。

如：都都譽譽

都本从邑者聲，此變邑爲戈。王楚、王俅所釋，並有重文……以文例讀之，有重文是也。薛釋及孫《苑》並無，失之……都都譽譽，並盛善之意。《小爾雅·廣詁》："都，盛也。"《淮南子·本經》高誘注："譽，善也。"王、薛釋爲俞，蓋讀譽爲"都俞"之俞，然書"都俞"無云"都都譽譽"者，殆不足據。③

（《古籀拾遺·齊侯鎛鐘》，第37—38頁）

此條"都都譽譽"之"都"在諸家的摹寫中，出現了有無重文的差別，薛尚功《歷代鐘鼎彝器款識法帖》、孫星衍《續古文苑》無重文符號，而王黼《宣和博古圖》、王俅《嘯堂集古録》有重文符號。究竟誰是誰非，僅從文字形體本身很難下結論。孫詒讓"以文例讀之"，認爲"有重文是也"。並據《小爾雅》《淮南子》高誘注，將"都都譽譽"釋爲"盛善之意"，這個"都"有重文的解釋，應該是有説服力的。

---

① 《古籀拾遺·周作書彝》（第165頁）亦有對"蔑曆"的討論："當爲作器者之名，'乃生蔑民歷'，猶敃敦云'王蔑敃歷'、畢中孫子敦云'王蔑段歷'耳。"

② 高明認爲（《中國古文字學通論》第389頁）："蔑歷一詞，周初彝銘屢見，釋者甚多，均甚牽强，至今尚無定論，仍待進一步研究。"

③ "王楚、王俅所釋，並有重文"下有小字注文，舉齊侯鐘此字（指"都"字），《宣和圖》、王俅等摹寫之形，均有重文符號。

又如：

又後兄癸卣"十九月隹王九祀世昌"，文例亦與此同。彼十九月在九祀，此十九月在十祀，亦足相證明也。 （《古籀拾遺·己酉戍命彝》,第8頁）

這是用後兄癸卣"十九月隹王九祀世昌"與己酉戍命彝"十九月隹王十祀世昌"進行文例的比勘,認爲"十祀"的考釋是有根據的。

又如：

楚公鐘亦有"乃名曰"之文,名即銘字。詳阮《款識·楚公鐘》釋文。後人作銘,前有敘者,銘首必綴以"銘曰"云云,其例蓋昉於此。亦言金石例者所當知也。 （《古籀拾遺·盅穌鐘》,第14頁）

孫詒讓舉窖磬、楚公鐘"乃名曰"①文例,認同阮釋"名"爲"銘"的觀點,並進一步從"後人作銘"的通例,闡明"前有敘者,銘首必綴以'銘曰'云云,其例蓋昉於此",提醒"言金石例者所當知也"。這樣,孫氏就從文例的角度,不僅進一步鞏固了阮元釋"名"爲"銘"的結論,而且得出一條"乃名曰"的銘文文例規律。

孫詒讓在《古籀拾遺》金文的考釋中,使用文例的例子隨處可見。如"文例之精也"（齊侯鎛鐘,第30頁）、"文例與……正同""非徒義不可通,於文例亦參差不合矣"（均見敔敦,第57頁）、"文例亦正同"（敔敦,第59頁）、"文例亦同"（宗周鐘,第75頁）、"以字形及文例覈之"（楚公鐘,第79頁）、"文例與彼正同"（周裛卣,第129頁）等等。與甲骨文中運用文例考釋的例子相比,無論是在數量,還是在質量（成功率）上,金文都要高出許多,這是因爲孫詒讓掌握的材料不一樣。

（三）利用文例考釋的其他例子

前論兩類例子,或考釋中明言"文例",或釋文材料中明確舉出幾個與考釋字詞有相同特點的例子,以歸納揭示"文例"。總之,我們都能明顯地從形式上看出是通過"文例"來考釋甲骨、金文的。下面討論的類型則不一樣,在形式上沒有任何的"文例"標記。但深入分析,它又確是有"文例"背景的,可

---

① 此引文前,孫詒讓舉窖磬亦有"乃名曰","乃"字與盅穌鐘"乃"字形同。

看作是據文例考釋的推演或變例。主要有下面幾種情況 ①。

1. 指出"誤倒"

孫詒讓在《契文舉例》中，根據他對甲骨刻辭及其文例的理解，從劉鶚《鐵雲藏龜》中找出了一些誤倒的例子。孫詒讓認爲誤倒的共有7例。它們是《釋月日》的"'卜出丁酉易日不雨八月'，百九十三之二，印本誤倒"（第5頁），《釋人》的"'癸未它立固曰'，二百卅三之三，印本誤倒"（第33頁），"'癸□卜它貝雀來' ②，二百廿五之一，印本誤倒"（第34頁），《釋文字》的"'□卜□上半缺□于兄□'，四十三之三，刻本印倒"（第89頁），"'于令□□'，廿八之四，印本誤倒"（第108頁），"'癸□卜唐□'，二百廿五之一，印本誤倒"（第112頁），"'癸□卜□貝雀來'，二百廿五之一，印本誤倒"（第126頁）。孫詒讓在甲骨文研究的初期，即能發現刻本誤倒的例子，實屬不易。孫詒讓雖未明言根據什麼定爲誤倒的，但我們可以根據他判爲誤倒的例子推出一個大概來。最基本、最重要的恐怕還是甲骨文本身的文例。關於孫詒讓判斷"印本誤到"的例子，白玉崢在他的《契文舉例校讀》（第3675頁）中給予了很高的評價："夫子曰：'初期發現甲骨，碎片爲多，文字難識。或左或右，上下不易辨認，誤倒在所難免。'見《藏龜·跋》。籀廎先生於甲骨文字初爲世人知悉時，即可辨識其倒誤，其功力之深湛，良有以也。"這個評價是中肯的。

2. 論記月之法

> 凡云"某日卜"者率不冠以某月，其紀日兼紀月者唯一事，云："三月丁□卜韋貝。"七十七之四。③ 爲僅見之變例。其恒例紀月多錯著文中，或別以小字識於下方，直下旁行，正書反書咸無定例，要皆不與正文相屬。
>
> （《釋月日》，第6頁）

孫詒讓把甲骨卜辭紀月之法歸納爲兩種：或"錯著文中"，或"別以小字識於下方……不與正文相屬"，基本正確。這個基本正確的結論，不是憑空猜測的，

---

① 除這裏所分析的幾種情況之外，孫詒讓還在《雜例》中討論過"錯互書、顛倒書"等甲骨文的文例。應該説，這些嘗試性探討都是很有學術價值的，都爲後來進行甲骨文文例的研究開了先河。

② "它貝"，此據蟫本、白玉崢《校讀》改訂。樓本作"完貝"，誤。因爲此例討論"它"字，而句中除"它貝"字外，另無"它"字。

③ 孫詒讓所引七十七之四版的例子，據白玉崢《校讀》作"□□卜，韋貞……三月，邑……"，實爲孫氏所歸納紀月法的第一種"錯著文中"者，並不特殊，不爲變例。

而是建立在他對所掌握的甲骨文記月材料作了仔細的文例分析的基礎之上的。白玉崢《契文舉例校讀》(第3679—3680頁)注曰:"卜辭之紀月法,約有二焉……一、專爲紀述時序者:紀月之辭,若其專爲敘述時序者,通常將所紀之月名,繫於所紀主辭之末,亦即籀廎先生所謂之'或別以小字識於下方,直下旁行'者是……二、用爲主辭者:將紀月之辭作爲構成卜辭辭語之主要成份,並以之繫於辭語中,亦即籀廎先生所謂之'紀月,錯著文中'者是。"白玉崢基本上采納了孫詒讓歸納的結論,衹是另外作了一些補充説明。另外,孫詒讓還釋出了甲骨文中合書的"十一月、十二月、十三月",並認爲"十三月者,蓋潤月也",這些結論也都是正確的,因爲它們是建立在對甲骨文紀月文例作過全面研究、分析的基礎之上。

3. 推補殘辭

又有卜"歸子"者,即昏禮之卜也。如云:"貝帚好佳之子。"九十二之三。

(《釋卜事》,第17頁)

孫詒讓引《鐵雲藏龜》之九十二之三版,本爲殘辭,而孫詒讓據文例等續補爲"貝帚好佳之子",實開綴合卜辭之先例。據白玉崢《契文舉例校讀》(第3817頁)"張秉權先生謂:本殘辭與《冬飲廬藏甲骨文字》一二一版兑接見藏甲跋。其兑接後之卜辭,與籀廎先生所推補者悉合。其事雖微,然在文字、辭例等未明之當時,實爲難能可貴者;即在甲骨學大昌之今日,推補辭句,亦非易易。可證先生於甲骨、金文功力之深湛"。由於資料的限制,孫詒讓續補的例子中,絕大多數是續補錯了的①,這是我們需要注意的。斷裂的甲骨碎片可以綴合,也應該綴合,但要有充分的材料和一套科學的方法。

三、孫詒讓據句式句法考釋甲骨、金文

孫詒讓據句式句法考釋古文字的例子主要體現在金文中,可以從兩個方面來考察分析。

(一)通過確定"句"單位釋讀金文

如:

---

① 孫詒讓"誤合"(錯誤地把甲骨碎片綴合爲一條卜辭)例,參見白玉崢《校讀》第3865、3869、3902、3906、4819、4820、4840、4849頁等處的相關敘述。

此銘邦與雕均,煌與言、疆、慶、方均,惟釐、立、宜三字不協均。短則二字三字爲句,長則五字六字爲句。均法、句法變化無方,《周頌》固有此例。翟肑定爲四字句,既析其文,又失其均,殊不足信。

(《古籀拾遺‧盠龢鐘》,第13頁)

此鐘銘文,孫釋之前,已有薛尚功、翟耆年等作過釋讀。其中翟之《籀史》釋文與薛釋多異。謂銘皆以四字爲句,故取"晢邦"以下四十字,增益讀之①。孫詒讓認爲,不必均爲四字句,應按銘文的實際字數,據義讀爲二字、三字、四字、五字、六字等長短不同的句子。指出翟釋增字湊句,不僅讀破了原文原意,而且也打亂了原銘的押韻體例。銘文句式長短不一,這是個不爭的事實,不管孫詒讓實際斷句對不對,他這種據銘文實有文字、意義,確定文句長短的精神是首先應該肯定的。因此,他批評翟氏增字湊句的立場也是應該肯定的。孫詒讓後面對這段銘文的考釋,就是建立在他確定的這些句單位之上的。

　　孫詒讓在考釋金文時,經常用"當以……爲句"來標示據句單位。如:

　　按,𣬉字,阮釋爲業,《説文》《汗簡》《古文四聲韻》及金刻業字無作此形者②。其字與宰辟父敦"𣬉純"𣬉字正同,此當亦即𣬉字。其讀當爲希。《書‧夲颺謨》"絺繡",孔疏引鄭注云:"絺讀爲𣬉。"《周禮‧司服》注引《書》作希,云:"希讀爲絺。或作𣬉,聲之誤也。"《説文》有希聲無希字,段注疑希爲𣬉之古文。孫星衍《尚書古今文注疏》又謂希即𣬉之省。段説近是。"元武孔希"四字爲句。希,遠也。見《孟子‧盡心篇》趙岐注。"克"屬下讀……但徐釋及爲尸,讀爲夷;釋女爲印,讀爲抑,並誤。此當以"克狄淮及女"爲句,言克治淮及汝也③。

(《古籀拾遺‧曾伯𩰫簠》,第118頁)

這裏的"'元武孔希'四字爲句""'克'屬下讀""當以'克狄淮及女'爲句",

---

① 翟耆年增加八字,括號中爲增加的字。讀爲:晢邦其音,(其音)銑銑,(銑銑)雕雕,孔皇以邵,(昭)格孝言,以受純魯,(純魯)多釐,眉壽無疆,畯惠在位,高弘有慶,敽祐四方,永保(多)宜。孫詒讓讀爲:晢邦,其音銑銑雕雕,孔皇,以昭格孝言,以受純魯多釐,眉壽無疆,畯惠在位,高弘有慶,溥及四方,永保宜。

② 𣬉究爲何字,其構形取自何象,有待考定。孫詒讓"《説文》《汗簡》《古文四聲韻》及金刻業字無作此形者"之説,似可商。參拙文《説"業"》。

③ 孫詒讓認同徐同柏引《詩》"狄彼東南",鄭箋"狄,當作剔,治也"之説。

都是確定句單位的説明，而釋𢆶爲“希”，釋“克狄淮及女”爲“克治淮及汝”以及對整段銘文的釋讀，都與這些相關句單位的認識有着密切關係。又如：《古籀拾遺·齊侯鎛鐘》之“‘雩生叔及’四字句。孫讀‘雩生叔’句斷，以‘及’字屬下讀，由未知‘叔及’爲作器者之名，故有玆誤”（第33—34頁），《古籀拾遺·敔敦》之“此當以‘吏尹氏受’爲句，吏讀爲使”（第58頁），“《宣和圖》以‘王蔑敔厤事’五字句、‘尹氏受釐’四字句，並誤”（第59頁），《周睘卣》之“當以‘王將令作册睘安卪白’爲一句；‘卪白賓睘貝布’又爲一句，古器物銘凡重文，雖文不相連屬者，亦爲＝字，如石鼓文第一鼓‘君子員邋員邋員斿’作‘君子員＝邋＝員斿’是也”（第127頁），《周𠯑睽敦》之“此以‘王評吳師召大易𠯑睽里’爲句，蓋王命虞人之長召大而錫以𠯑睽所受之里”（第143頁），《周大蒐鼎》之“此當讀‘王馶雪中’爲句，蓋王歸而遇雪，因冒雪而急行也”（第153頁），《周寶父鼎》之“‘用𤔲乃父官㚇’六字句”[①]（第163頁），《周安作公白辛彝》之“此當讀‘壘從王女南’爲句。壘，王臣之名；女與如通，如，往也；南，地名。言壘從王如南也”（第170—171頁），“‘𢆶貝’二字句”（第171頁）等等皆是。

在孫詒讓看來，釋讀銘文時，既可以通過句讀的認定來達到考釋字詞的目的，反之，也可以在字詞釋讀的基礎上，推定銘文句單位的長短。兩者相輔相成，互爲因果，互相發明。如：

其讀當以“用𩝠乃祖考事”爲句。薛以“用饌乃祖考”爲句，《宣和圖》以“用養乃祖考”爲句，並由誤認𩝠字，遂致句讀舛謬。饔古又通纂。《祭統》孔悝鼎銘云：“纂乃祖服。”又云：“纂乃考服。”鄭注：“服，事也。”《左傳·襄公十四年傳》：“王使

---

① 𤔲（其左所从與“𤔔”同，古从寸从又義近通作），孫詒讓“讀爲司”。這個“𤔲”字，是“辭”之籀文。《説文》辛部：“辭，訟也，从𤔔辛，𤔔辛猶理辜也。𤔲，籀文辭从司。”又言部：“訟，治獄也。”故此處“𤔲”字，解爲“治”比較合適。《古文苑·周宣王石鼓文》有“𤔲”字，章樵注云：“𤔲，鄭云：‘今作治字。’施云：‘按，古文《孝經》治字作𤔲，與此小異。’”實“𤔲、𤔲”當同字。《正字通》寸部：“𤔲，即𤔲之訛。”從“用𤔲乃父官㚇”文義看，釋𤔲爲治，也可通。凡从“𤔔”之字均有“治”義，如“亂”之類是。孫詒讓在《古籀拾遺》（第134—135頁）又説“疑是𤔲字。金刻凡治字多借作𤔲。‘廣𤔲四方’，言廣治四方也”，即以“𤔲”爲“治”之借字是。但他又在《古籀拾遺·周穴敦》（第138—139頁）中按曰：“𤔲即籀文辭字，金刻多借爲司。阮氏所收簠銘‘司土’、‘司寞’及穴彝‘司工’諸司字，並作𤔲，此三器同爲穴作，則此𤔲字亦必司之借字無疑。”實際上，這些例子中借爲“司”字的“𤔲”，亦當爲司治義。

劉定公錫齊侯命曰:‘纂乃祖考。’”此銘云“饎乃祖考事”,猶孔悝鼎云“纂乃
祖服、纂乃考服”,《左傳》云“纂乃祖考”也。①

(《古籀拾遺·宰辟父敦》,第53—54頁)

這段引文前,孫詒讓已經通過形體分析等方法,考釋出了“饎”字。在這個前
提下,他又認定“饎”所在的句子當讀爲“用饎乃祖考事”,並批評薛尚功、王黼
等以“用饋乃祖考”爲句、“用養乃祖考”爲句,“並并由誤認饎字,遂致句讀舛
謬”。這就是以已考釋字的結果爲前提,來推定銘文句單位長短了。之後又
用傳世文獻的句式來證明其釋字、斷句的正確性。這又是以句讀材料證銘文
釋字了。又如:

　　此以“在上嚴”爲句。叔丁寶林鐘“用喜皇考其嚴在上”、宗周鐘“不顯
　祖考先王其嚴在上”、虢叔旅大林鐘“皇考嚴在上,翼在下”。其“在上”二
　字……與此正同。彼云“嚴在上”,此云“在上嚴”,文偶顛倒耳。

(《古籀拾遺·盄龢鐘》,第14頁)

此段引文前,孫詒讓已經通過字形、字音等的考察分析,指出吕釋“上”的錯誤
之所在,肯定翟釋“在”的正確性,並認爲此字本當爲“才”,而假爲“在”。在
這個前提下,他又進一步斷定“在”所在的句子,當以“在上嚴”爲句。其後又
舉叔丁寶林鐘、宗周鐘、虢叔旅大林鐘等器的相關語句來證明其釋字、斷句的
正確性②。

(二)通過分段之法釋讀金文

　　如:

　　此鐘銘凡四百九十二字,文辭雅馴可誦。薛所釋疏舛殊甚,孫星衍《續
　古文苑》所錄頗多刊正,然終未盡究其義怡,且句讀亦多繆誤。今詳爲考
　釋,以詒好古者……銘文前後當分爲四段:自‘惟王五月’至‘眚中乃罰’爲
　第一段;自‘公曰及’至‘弗敢不對敭朕辟皇君之易休命’爲第二段;自‘公

---

① 　此例引《禮記·祭統》《左傳》語句以證金文,實亦兼有據古典文獻辭例釋字的特徵。
　　參前“據古文獻辭例釋字”節。
② 　此例借助叔丁寶林鐘、宗周鐘、虢叔旅大林鐘等器的相關語句,來證明盄龢鐘“在上嚴”
　　這樣斷句的正確性,實際上也是用了以文例來考釋古文字的方法。

日及’至‘余弗敢灙乃命’爲第三段；自‘及典其先舊’至末爲第四段。前三
段皆紀齊侯之命，末段則叔及自紀其世系及作器之事也。

（《古籀拾遺·齊侯鎛鐘》，第18—19頁）

銘文較長者，孫詒讓依文義先分成若干段落，再逐句逐字考釋，使得釋文層次
清晰、意義明了。這種分段之法，雖不直接與句式句法發生關係，但其分段所
據是銘文意義，而意義則是建立在一個個具體的句子理解之上的；這種分段之
法，也没有考釋出具體的字詞，但又與具體字詞的意義息息相關，所釋具體字
詞的意義必須與分段之總體意義相切合。故爾，我們把它放在“據義考釋”的
末尾，以見其在考釋中之作用。又如：

　　　此鐘文鉦間爲第一段，鼓左爲第二段，鼓右爲第三段。鼓左一段順讀自
右而左，鼓右一段逆讀自左而右。阮《款識·宗周鐘》亦分三段，文次與此正同。惟彼鼓
右亦順讀，與此微異耳。文義本自明晰。吴氏誤以鼓右爲二段，鼓左爲三段，有順
讀鼓右三行，遂至文句舛午不可通，疏繆甚矣，今特正之。

（《古籀拾遺·周鐘》，第174頁）

銘文布局較複雜者，孫詒讓也先依文義分成若干段落，再進行字詞意義考釋。
周鐘銘文並并不長（衹有43字），但其分布和行款逆順、左右比較複雜，致使吴
榮光顛倒二、三段落順序，順讀鼓右三行，弄得文句舛午、語義不通。由此可以
看出分段之法在考釋中的重要性及其與語句的密切關係。

　　此節，我們從上下文語義、古文獻語句、甲金文文例等幾個方面考察了孫
詒讓在考釋甲骨、金文時所運用的“據義考釋法”，從我們分析的例子和情況
看，孫詒讓在這方面確有他獨到的見解和成就，特別是放在特定的學術背景下
看，更顯其學術價值。當然，我們也應該看到，孫詒讓在據義考釋時也有其不
足之處，這也是我們借鑒這種方法時要特別加以注意的。

第五章　孫詒讓的文字學理論

第一節　孫詒讓論漢字起源

關於文字的起源，可從兩個方面來展開討論。一是爲什麼會出現文字，這是普通文字學要研究的內容，所得結論適合於所有的文字。從這個意義上講，文字的出現是爲了記錄語言，文字起源於語言記錄的需要；漢字的出現是爲了記錄漢語，源於漢語記錄的需要。一是探討某一具體形態的文字是怎麼演化出來的，本節討論的內容屬於這一類。

一、關於漢字起源的傳説

漢字是記錄漢語的符號系統，它是社會發展到一定階段的產物，它的產生經歷了一個漫長的時期。經歷了從無到有、從簡單到複雜、從個別的到成體系的漸變發展過程。古代中國人，對於漢字的起源很早就有了注意。傳世文獻中就有種種不同的推測。有文字始於結繩、源於倉頡、來源於圖畫等等説法。這些説法①，用現代文字學的觀念來考察，雖多少存在着問題和缺陷，但畢竟它

---

① 《周易·繫辭下》："上古結繩而治，後世聖人易之以書契。"《莊子·胠篋》："子獨不知至德之世乎！昔者，容成氏、大庭氏、伯皇氏、中央氏、栗陸氏、驪畜氏、軒轅氏、赫胥氏、尊盧氏、祝融氏、伏羲氏、神農氏，當是時也，民結繩而用之。"《説文解字·敘》："古者庖犧氏之王天下也……神農氏結繩爲治而統其事。"從這些材料看，在漢字没有產生之前，中國似乎有一個靠結繩來幫助記事、治理社會的時期。這種推測，在上述古籍的注釋中，看得更爲具體清晰。《周易》鄭玄注説："結繩爲約，事大，大結其繩，事小，小結其繩。"李鼎祚《集解》引《九家易》説："古者無文字。其有約誓之事，事大，大結其繩，事小，小其繩。結之多少，隨物眾寡，各執以相考，亦足以相治也。"《莊子》郭象注説："足以紀要而已。"結繩記事，雖與文字記錄語言進而記事有一定的相同之處，但是，結繩終究不是文字，與文字有本質的區別。《荀子·解蔽》："故好書者眾矣，　　（接下頁注）

們又都看到了文字起源的一些或明或暗、或直接或間接的情況①。古人的這種推測或探討,對我們今天研究漢字的起源問題具有重要的參考價值。特別是漢字起源於圖畫的認識,從總體看是有科學根據的,今天已廣爲學術界所接受②。如果要歷史地考察"文字起源於圖畫"學説的發展軌迹,恐怕不是那麼簡單。高明説:"據目前所見有關漢字的最早資料分析,可以這樣推斷,漢字是從原始圖畫發展來的,過去唐蘭在《古文字學導論》中,曾經提出'文字的起源

（接上頁注①）而倉頡獨傳者,一也。"《吕氏春秋·君守》:"奚仲作車,倉頡作書,后稷作稼,皋陶作刑,昆吾作陶,夏鯀作城,此六人者所作,當矣。"《韓非子·五蠹》:"倉頡之作書也,自環者謂之私,背私謂之公。"《説文解字·敍》:"黄帝之史倉頡……初造書契。"《淮南子·本經訓》:"昔者倉頡作書而天雨粟,鬼夜哭。"相傳,倉頡是黄帝的史官,其事迹不可考究。從最早論及"倉頡作書"的典籍《荀子》看,文字並不是出自倉頡一人之手,而是"好書者衆矣",倉頡造字之功之所以得到獨傳,是因爲倉頡"好書"專一,其功較大。其後的《吕氏春秋》《韓非子》《淮南子》《説文》等書,則把這個傳説神秘化、英雄主義化了,反而不如《荀子》來得真實科學。顯然,我們現在能看到的早期的漢字,並不是某個聖人突發奇思妙想,一揮而就的。這個英雄造字的傳説,從本質上看雖是錯誤的,但是其中所涉及的漢字出現於史前的黄帝時代的推測,則是我們在探索漢字起源的時代時可以參考的。

　　《吕氏春秋·勿躬》:"史皇作圖。"《淮南子·脩務》:"史皇産而能書。"其中的"書"字,唐蘭認爲是"畫"字之訛。他説:"《文選·宣貴妃誄》注引《世本》也説'史皇作圖',這和'倉頡作書'本截然是兩回事情。可是《淮南子·脩務訓》説:'史皇産而能書',把'圖'變成了'書',注家隨文生義,所以高誘説:'史皇倉頡,生而見鳥迹,知著書,號曰史皇,或曰頡皇。'把'史皇'和'倉頡'就混而爲一了。其實,《淮南子》這個'書'字是錯字,應當作'畫',《周禮·外史》疏引《世本》'倉頡作文字',是用'文字'來解釋'書',《藝文類聚》引《世本》'史皇作畫',是用'畫'來解釋'圖',可以爲證。"如果唐蘭的見解是正確的,史皇、倉頡不爲一人,圖、書意實有區別,不可同二爲一。但是,我們也應該注意到,作圖的"圖畫"與作書的"文字"的確有一定的聯繫。只是古人還没能認識到這種聯繫,故而也不可能明言"文字起源於圖畫"。

①　除上面列舉的之外,還有文字起源於"八卦"、"起一成文"和"書契"等多種説法。參見唐蘭《中國文字學》和高明《中國古文字學通論》等著作的相關章節。孫詒讓似乎也有類似看法。他説(《名原》上第1頁):"形學之始,由微點引而成綫,故古文自一至三,咸以積畫成形,鄭君《六藝論》云:'伏羲垂十言之教。'十言即八卦消息,爲書契之初祖,亦積畫也。"又曰:"文字生於形,而書契之作,上原卦畫,下代結繩,又以記數爲尤重,合形數以記物,由一而摹爲萬。一者,象數之權輿,而書名之原始也。"

②　參陳煒湛、唐鈺明《古文字學綱要》第19—20頁。

是圖畫'的主張,現在已被多數學者所接受。"① 把"文字起源於圖畫"的主張,推源到了唐蘭那裏,唐蘭著《古文字學導論》的時間不過是上世紀二三十年代的事,而孫詒讓在19世紀末、20世紀初就已提出了類似的見解。唐蘭是十分推崇孫詒讓並跟着孫詒讓走的,他説:"接着又發現了殷虛的甲骨卜辭,這是一個無盡的寶藏,近代最卓越的古文字學家孫詒讓已能見到這一部分的材料,孫氏所著《名原》,想根據這類新出材料來闡明文字構成的理論,雖還不能完全脱離六書的韁鎖,他的見解往往是正確的。可惜自他以後,就没有人再注意到這一方面。羅振玉、王國維衹能算是文獻學家,他們的學問是多方面的,偶然也研究古文字,很有成績,但並没有系統。""三十年前,我的同鄉老儒金蓉鏡先生寫信給我批評孫詒讓'祧許慎而祖倉頡',在老先生的眼光裏,這就是不可恕的罪狀。在那時,我也還是忠實的守家法的漢學家,治經宗鄭玄,小學宗許慎。但到現在,我也走孫詒讓的舊路,不過我們衹拿歷史材料做根據,一切舊的偶像全摧毁了。"② 可見,唐蘭是十分推崇孫詒讓的,稱他爲"近代最卓越的古文字學家"。所以,唐蘭提出"漢字的起源是圖畫",應該説,與孫詒讓是有一定關係的。在討論"漢字起源於圖畫"的學説時,我們必須關注孫詒讓在這方面的見解。

二、孫詒讓論漢字起源

孫詒讓在《契文舉例》等古文字著作的考釋中,特別是《名原》中,都直接討論過漢字的起源問題。

(一)文字起源於契刻

《契文舉例·敘》開篇即討論文字的起源問題,他説:"文字之興,原始於書契,契之正字爲㓞,許君訓爲刻,蓋鏒刻竹木以著法數,斯謂之㓞。契者,

① 高明《中國古文字學通論》第32頁。另外,現在很多語言學概論之類的著作,也多持這種觀點。如葉蜚聲、徐通鏘著《語言學綱要》(第159頁)就説:"實物記事和圖畫記事都是幫助人們記憶的一種方法,但是實物記事與文字的産生没有關係,而記事的圖畫却是文字的前身。如果把圖形簡化,一個圖形記錄語言中的一個語素和詞,那就産生了真正的文字。文字起源於圖畫,所以有人把記事的圖畫叫做'圖畫文字'。"

② 唐蘭《中國文字學·前論》第7—8頁。

其同聲假借字也。《周禮·小宰》‘八成聽取予書契’，乃契券之一種，與《易》書契小異 ①。
《詩·大雅·緜》云：‘爰始爰謀，爰契我龜。’毛公詁契爲開，開、刻義同，是知
契刻又有施之龜甲者。《周禮》：‘菙氏掌共燋契，以待卜事。’又云：‘遂歔其
燋契，以授卜師。’杜子春云：‘契謂契龜之鑿也。’亦舉《緜》詩以證義。鄭君
則謂契即《士喪禮》之楚焞所用灼龜也。綜斠杜、鄭之義，知開龜有金契、有
木契，杜據金契用以鑽、鑿，鄭據木契用以然、灼，二者蓋同名異物。金契蓋
刻書之刀、鑿，將卜，開甲俾易兆；卜竟，紀事以徵吉，殆皆有契刻之事。《詩》
《禮》所述，義據焯然。商周以降，文字繁孳，竹帛漆墨，日趨簡易，而契刻之
文，猶承用不廢。漢承秦燔之後，所存古文舊籍如淹中古經、西州贖簡皆漆書
也，汲冢竹書出晉太康初，亦復如是。然則契刻文字自漢時已罕覯，迄今數千
年，人間殆絶矣……邇年河南湯陰古羑里城掊土得古龜甲甚多 ②，率有文字，
丹徒劉君鐵雲集得五千版，甄其略明晰者千版，依西法拓印，始傳於世，劉君
定爲殷人刀筆書。余謂《考工記》‘築氏爲削’，鄭君訓爲書刀，刀筆書即契刻
文字也。”

這段敘文，孫詒讓把甲骨文的書寫特點與古代文獻中關於書契的記載以
及《説文》對“契”所作的解釋結合起來，探討、説明“文字之興，原始於書契”
的原因。這實際上也是孫氏做文字考釋所一貫堅持的，後來王國維總結出的
“二重證據法”的另一種表現形式。這段話體現了孫詒讓的幾個重要的文字
學觀念。

第一，任何事物，都可以從形式和内容兩個方面考察它的屬性。“文字的
起源”也不能例外。用今天的文字學觀點來觀察，孫詒讓這裏是從書寫工具、
方式的角度來探討漢字的起源問題，也就是從形式方面來揭示“文字起源”的
特徵，文字的起源與契刻有直接關係。契刻可以是金契，施以鑽、鑿；也可以是
木契，施以然、灼。從具體的甲骨文看，實兼括金契、木契兩者之特徵。傳世文
獻中用“書契”來代替文字，屬於修辭學上用動作方式本身代替動作方式所産
生的結果。後世文獻中把文字稱爲書契的原因、理據即在於此。書契的結果

---

① 　此指《周易·繫辭下》“上古結繩而治，後世聖人易之以書契，百官以治，萬民以察”之
　　“書契”，其義爲“文字”，與《周禮·小宰》之“書契”指“券契”有異。
② 　甲骨文實出河南安陽。甲骨初發現之時，商人爲壟斷貨源及市場，故意誤傳甲骨發現
　　地點爲湯陰等地。

可以是券契（契約）、也可以是圖畫，當然也可以是記録語言的文字。從這個角度講，孫詒讓認爲"文字之興，始於書契"的觀點是十分正確的。這與今天我們把這種内容理解成"文字源於契刻記事"是完全一致的，衹是"文字源於契刻記事"更爲具體、更爲貼切、更能反映文字起源的特徵。文字起源於契刻是"文字起源"觀在形式方面的反映。有學者認爲，"文字起源於契刻"的觀點是比較新的提法，值得進一步研究探討①。實際上，從上面的分析看，"文字起源於契刻"的觀點，在上世紀初，孫詒讓就已經提出來了，衹是没有引起學界的足够注意而已。另外，孫詒讓把世上第一部研究甲骨文的著作定名爲《契文舉例》，也多少隱含着"文字起源於契刻"這層意思。

　　第二，在"文字起源於契刻"的内容方面的探討上，孫詒讓認爲契刻最初所記載的内容當是"券契、卜占"之類的東西，他在這段叙文中，於"券契"，雖未列舉《周禮·小宰》之外的其他古籍的例子，而實際上，古代文獻中關於這方面内容的記載，還是屢見不鮮的。如《戰國策·齊策》"於是約車治裝，載券契而行""驅而之薛，使吏召諸民當償者，悉來合券，券徧合，起，矯命以責賜諸民，因燒其券，民稱萬歲"，《列子·説符》"宋人有游於道得人遺契者，歸而藏之，密數其齒，告鄰人曰：吾富可待也"中的"券契、券、契"等等均是"契據"之類的意思，古代借貸雙方，各持一份竹木制成的、契刻有齒狀的書牘，以便合齒校驗，以爲憑證。

　　這樣，孫詒讓的"文字起源於契刻"觀念實有兩層含義：一是指"文字起源"書寫方面的形式特徵，文字來源於早期的契刻這一動作；一是指"文字起源"表現内容方面的特徵，文字來源於早期的"券契、占卜"之類活動的記載。

（二）文字起源於圖畫

　　孫詒讓在《契文舉例·釋文字》（第102頁）部分説："火皆近半圓形可證，但此圓形猶弧曲耳。《考工記》'畫繢之事火以圜'，鄭注云'形如半圜然'，若然，古者畫火作半環形。文字權輿出於圖畫，故古文作火字亦爲半圜，此其義

---

① 　陳煒湛、唐鈺明《古文字學綱要》（第15頁）裏説"近年陸續有學者主張文字起源於契刻、圖畫等諸種原始記事方法，這種新觀點頗有道理，值得繼續深入探討"，"漢字起源於契刻是比較新的提法"（第20頁），並舉于省吾《商周金文録遺·序》、郭沫若《古代文字之辯證的發展》、汪寧生《從原始記事到文字的發明》等文中的論述爲證。

甚精切。"①

這顯然是説文字産生於圖畫。記録語言的文字,比起券契、圖畫來,當是比較後出的。文字究竟是從哪一個途經發展出來的,還是兼而有之?今天的學者,多傾向於券契、圖畫都有直接演化出文字的可能,或者説,券契、圖畫是漢字的兩個直接源頭②。從這一點上講,孫詒讓是極具慧眼的,他的觀點幾乎與現代學者相同。孫詒讓的關於漢字起源於圖畫的論述集中體現在《名原》這部文字學理論著作中,他在該書的《敘録》和《古章原象》《象形原始》等章節中或綜論、或具體舉證,都表明了這種觀點。

《敘録》(第2頁):"通校古文大小篆,大氐象形字與畫繢通,隨體詰詘,訛變最多。"這是從總體上,漢字演變史上,宏觀地推證象形字與繪畫的相通關係。孫詒讓的文字起源於繪畫是有條件的,不是所有的漢字都源於繪畫,衹是那些具有象形特徵的字才源於繪畫,在早期的漢字體系中,象形字的確是占了相當大的比例的③,所以從大多數漢字,從總體上來觀察、分析孫詒讓的"文字起源於繪畫"的觀點,我們可以清楚地看出,孫詒讓的"文字起源於繪畫"觀點,比起現今籠統地認爲文字起源於圖畫來,更符合文字起源的客觀實際,更

---

① "此其義甚精切",蟫本"此"字墨丁删除,"甚"字作"尤"。此條爲釋"煙"字,孫詒讓對這個字的甲骨文形體的隸定可商。但其"古者畫火作半環形。文字權輿出於圖畫"的觀點還是可取的。其後據此隸爲从大从火,釋爲"赤"字,則是十分正確的。《名原·古章原象》(上第4頁)關於火作半環形,也有更具體的論述:"然此《經》説繢事與服章相印,而火之以圜,何以爲半環形,自來無能通其象義者。今據古文,火字作,亦半圜形,廼知古服章畫火,本如是作。此實《考工》之確詁。而古原始象形字,與繢畫同出一原,其義證亦顯較可徵。"又:"古文字繢畫體物致精。"

② 文字的源頭可能與"券契、圖畫"均有關係。陳煒湛、唐鈺明認爲(《古文字學綱要》第15—20頁)"文字起源於原始記事方法……而契刻符號就是某些數目字、指事字的先驅……總之,圖畫固然是文字的主要來源,而認爲文字起源於原始的記事方法,則是更加全面、更加接近實際的""漢字與其他文字一樣,起源於原始記事方法,尤其是圖畫和契刻"。于省吾在《商周金文録遺·敘》中説:"所以寫一二三亖都作積畫,以□爲方,以○爲圓,都是最原始的文字,還要早於其他的任何象形文字,這對於考證文字發生的萌芽狀態,是具有重要關係的。"郭沫若在《古代文字之辯證的發展》一文中也説:"中國文字的起源應當歸納爲指事與象形兩個系統。"都持這種觀點。

③ 孫詒讓《名原·象形原始》就説"文字之流變,唯象形致爲繁雜。《説文》五百四十部首,象形幾居其太半"(上第5頁),"龜甲文中象形較多"(上第6頁),這些判斷並不爲過,作爲探討漢字起源的甲骨、金文等早期文字材料,"象形"的比例當更大。

爲科學合理。

《説文·敘》云："《書》曰：'予欲觀古人之象'，言必遵修舊文，而不穿鑿。"此依漢時《尚書》家説，明十二章亦原始象形文字也。今篆文唯日、月、晶，原文尚可見，金文又有作山、龍、藻諸形者，或皆其遺象。近儒考定黻文亦確，古文字與畫繢同原，此其義證也。　　　　　　　（《古章原象》，上第3頁）

又：

此原始象形黻字，與十二章繪畫之形正同者也。　　　　　　　（同上）

又：

古尊、彝、盤、盂之屬，外容突爲華文，亦多爲是兩形（按，指孫氏釋爲兩弓相背的"黻"字和四斧相背的"黼"字的金文形體
🜨、⧻）盤屈丩互，迆道滿體，今謂之蟠螭雲回形。諦審之，内實函無數⧻🜨文，足以證義，後世通行黼黻字，而原始象形文遂不可復識矣。"　　　　　　　（上第3—4頁）

這是從"古章"圖案專題的角度，討論文字起源於圖畫的問題。"十二章"指古代天子之服繡繪的十二種圖案。《周禮·春官·司服》："王之吉服，祀昊天、上帝，則服大裘而冕，祀五帝亦如之。"鄭玄注曰："《書》曰：'予欲觀古人之象，日、月、星辰、山、龍、華蟲作繢，宗彝、藻、火、粉米、黼、黻希繡。'此古天子冕服十二章。"孫詒讓正義："孔疏云：'此經所云凡十二章，日也，月也，星也，山也，龍也，華蟲也。六者畫以作繢，施於衣也。宗彝也，藻也，火也，粉米也，黼也，黻也，此六者紩以爲繡，施之於裳也。'"①"古章"圖案與早期漢字有没有直接的發展演變關係，值得探討。孫詒讓把"十二章"納入繪畫的系列，並把"十二章"之圖案拿來與相應的古文字形體進行比勘，進而以此作爲其"文字起源於圖畫"的證據的思路，也是應該充分肯定的。又如：

----

① 見《周禮正義》第6册第1628頁。《漢語大詞典》第1册第808頁直接以上引"孔疏"文字爲孫詒讓説，誤。"古十二章"的起源，清惲敬《十二章圖説序》認爲"始於軒轅，著於有虞，垂於夏殷，詳於有周"。"十二章"之圖案，可參元刊《事林廣記·服飾類》之繪刻，黼繪作斧形，黻繪作兩弓相背形，與孫詒讓説同。

　　蓋書契權輿，本於圖象，其初制，必如今所傳巴比倫、埃及古石刻文，畫
成其物，全如作繢。　　　　　　　　　　　　　　　（《象形原始》，上第5頁）

又：

　　金文父庚卣、立戈爵並繢畫豕形，首尾足鬣咸具。　　　　（上第8頁）

又：

　　考金文魚字象形致多，綜合參校，約有四變，其最完備者……皆首有喙
目，身有鱗甲，又有脊鬐一、腹鬐二，尾如丙字。《爾雅·釋魚》"魚尾謂之丙"，郭璞
注"謂似篆書字"。金文魚父癸爵丙作冈，與古文魚字正同。蓋原始象形文與圖繢最近者
也……其三變則尤簡省……此亦省變象形，與圖繢較遠矣。其四變則爲今
小篆作魚，鱗鬐不辨，首類角，尾類燕，皆以近似之字，配合整齊，以就篆體，
與初文判若天淵矣。　　　　　　　　　　　　　　　　　　（上第14頁）

　　《象形原始》一章所論諸字，多能從取象方面，說明字形與字形所代表的客觀
對象之間的關係。孫詒讓的這種說明字形構件與字形構件所代表的客體之間
的對應關係，意在探求象形字的原初意義，而這個"原初意義"則是來自於"畫
成其物，全如作繢"的"圖象"之上的。這樣就得出並達到了他認爲的"文字起
源於圖畫"的結論和目的。上所引文字，既有"蓋書契權輿，本於圖象"的總體
認識，又有"繢畫豕形，首尾足鬣咸具"的具體例字論證；既有"皆首有喙目，身
有鱗甲，又有脊鬐一、腹鬐二，尾如丙字。蓋原始象形文與圖繢最近者也"，從
正面說明文字與圖繢的關係的，也有"省變象形，與圖繢較遠矣"，從反面證明
文字與圖繢的關係的。
　　綜觀孫詒讓"文字起源於圖畫"的論述，我們可以得出以下一些結論：
　　第一，從材料方面看，孫詒讓的"文字起源於圖畫"是有根據的。他選取
的材料有兩個，一是古"十二章"，一是圖畫意味很強的象形字。應該說這兩
方面的材料都是非常典型的，都能很好地說明"文字起源於圖畫"的主旨。
　　第二，從論證方法上看，孫詒讓的"文字起源於圖畫"也是比較科學的。
他論證時，既舉了具有特殊意義特徵的例證"十二章"，也舉了具有一般意義
上帶有普遍性特徵的例證"象形字"。

第三,孫詒讓的"文字起源於圖畫"是有條件的,大都限於那些具有象形特徵的字。這就爲他的"文字起源於契刻"等理論、觀點的提出留下了空間①。

如前所述,學術界過去對孫詒讓的"文字起源於圖畫"的觀點,注意得相當不夠。而實際上,孫氏的"文字起源於圖畫"的觀點,對後來的影響是深遠的②。

第二節　孫詒讓論漢字演變

關於漢字的演變,傳統的分期是以漢字字體變化爲標準的,嚴格地説是以書體爲標準的,因此,談到漢字的演變,大都勾畫出這樣一條綫索:從甲骨文而金文、而小篆、而隸書,最後到楷書。字體作爲漢字演變的一個組成部分,自然是應該研究的。但是,作爲文字學意義上的漢字的演變,僅僅做到説明漢字書體的演變是十分不夠的。或者説,談漢字的演變,僅僅討論書體的演變,遠没有抓住問題的本質特徵。近些年,人們慢慢意識到,要闡明漢字發展演變的規律,必須從漢字與漢語的關係、字體、漢字的結構等多方面來加以闡明③。而孫詒讓作爲晚清樸學的後殿,在討論文字學問題時,已有了充分的文字發展演變

① 孫詒讓在是誰造出了文字的問題上,還或多或少有"倉頡造字"的痕迹。如他在討論"止"字及从"止"諸字時,就説(《名原》上第18頁)"倉、沮造字之初,簡易畫一,大抵如是"。這是文字起源問題中的另一種説法。此不予討論。
② 後來的沈兼士、于省吾、郭沫若、陳煒湛、唐鈺明等都有類似的認識,乃至"文字起源於圖畫"在今天成爲大家普遍接受的、通行的觀點,都是與孫詒讓的認識分不開的。沈兼士的觀點見《沈兼士學術論文集》第67—71、386頁。其餘諸家之説已見本節前述。
③ 劉又辛先後(1957、1982、1989、2000)提出漢字發展三個階段的理論,認爲第一階段是象形字階段,這個階段的文字以象形、指事、會意字爲主,時間的下限當在商代甲骨文字以前;第二階段是假借字階段,這階段的文字以假借字爲主,時間從商代甲骨文開始到秦朝統一;第三階段是形聲字階段,從秦漢到現在,這一階段的漢字以形聲字爲主體。裘錫圭在《文字學概要》第28—36頁中專門討論了漢字發展過程中的主要變化,認爲這種變化可以從形體和結構兩個方面來考察,形體方面的變化主要是簡化,結構方面的變化則有三項:一是形聲字的比重逐漸上升,二是漢字使用的意符從以形符爲主變爲以義符爲主,三是記號字、半記號字逐漸增多。劉又辛、裘錫圭等的認識,與過去討論漢字的演變偏重於漢字演變過程中書體的變化,大不相同,是極有見地的。這其中雖仍有可再討論的地方,如漢字是否有象形字、假借字階段等等,但他們都很注重書體之外的漢字結構方式的變化則是十分正確的,這也是我們在研究漢字演變時要特別注意的。

的觀念,有些觀念應該説是超越那個時代的。

一、孫詒讓的文字發展觀

孫詒讓著《契文舉例》《名原》的重要目的就是要"就所通者略事甄述,用補有商一代書名之佚,兼以尋究倉後籀前文字流變之迹"(《契文舉例·敍》第2頁),"略摭金文、龜甲文、石鼓文、貴州紅巖古刻,與《説文》古、籀互相勘校,楬其岐異以著省變之原,而會最比屬,以尋古文、大小篆沿革之大例"(《名原·敍録》第2頁)。在這種試圖探求漢字演變規律精神的驅使下,他在考釋具體的甲金文時,總是能够把一個具體的被釋字放在漢字的演變系列中來觀察,從繁簡省變的歷時角度來加以説明。這也是孫詒讓在古文字考釋以及文字學領域能超出前人、超越那個時代的重要原因。

文字發展的問題總是與文字的起源相關聯的。孫詒讓在討論漢字的演變規律時,也是與漢字的起源放在一起討論的。他説(《名原·敍録》第1頁):"文字之初,固以象形爲本。無形可象,則指事爲之。遝後孳乳寖多,而六書大備。"這是從結構的角度談漢字從象形到指事、到六書齊備的演變規律。

他又説:"況自黄帝以迄於秦,更歷八代,積年數千,王者之興,必有所因於故,亦必有所作於新名。"這是從文字與社會歷史關係的角度,討論文字演變、更迭的原則,即文字隨着社會的進步而不斷地發展變化,新舊字總是相因相易,相互作用,推動漢字的演變發展。

總之,無論是從寫作《名原》《契文舉例》等著作的目的,還是從分析漢字結構、新舊字的變易內容看,孫詒讓都始終堅持着一個發展演變的思想。

二、孫詒讓論文字繁簡

繁簡的問題,是討論漢字演變不可回避的。孫詒讓説:

"最括論之,書契初興,形必至簡,遝其後品物衆而情僞滋,簡將不周於用,則增益分析而漸繁。其最後文極而敝,苟趣急就,則彌務省多,故復減損而反諸簡。其更迭嬗易之爲,率本於自然。"(《名原·敍録》第1頁)

他把漢字在這方面的演變規律概括爲從簡到繁,最後又從繁反歸到簡的自然發展過程。這樣一個從簡到繁,再從繁趨簡的漢字演變過程,頗有點現代辯證法的精神,惜其闡述過於籠統,不夠嚴密,没能引起後來學者的足夠關注。朱芳圃評價説"簡而變繁,繁而復簡。驟觀之,似能説明其變遷。然混文字形態之多少與繁簡爲一談,實蹈界域不清之弊。蓋增益漸繁爲横的問題,多少。苟趨急就爲縱的問題,繁簡。根源雖相牽連,現象却須分別"①,朱氏對這段話的評價是中肯的。這裏,孫詒讓的確有把字形的繁簡與字數的多少放在一起來討論的嫌疑,有失粗疏。説漢字總體上有一個由簡到繁,再由繁到簡的演變過程,是值得商榷的。但是,我們也應該看到,孫詒讓在漢字繁簡變化的問題上,他指出的有些字在某一具體的演變過程中,有由簡趨繁的趨勢的觀點,則是與當今學者的看法相一致的②。

三、孫詒讓論文字省變

　　與繁簡變化相關聯的是,孫詒讓在具體字的考釋中,經常用"省變"之類的詞語來説明漢字形體的變化③,認定有一定差異的形體爲同字(即異形同字),收到了一定的效果,取得了一定的成績。我們在前面的"考釋方法"等章節中,已經論及過"省變"這方面的内容,這裏主要就孫詒讓"省變"説中存在的問題,作些討論以爲總結。

　　(一)顛倒歷史順序,以時代較早字形爲時代較晚字形之省變

　　如:

　　"貝今月💰米□眾"。七十二之三。《説文·系部》系籀文作💰,从爪,此即
"💰"之省。　　　　　　　　　　　　　　　　　　　　　　　　(《釋文字》,第88頁)

實際上,所謂省變,祇是籀文💰所从絲的下部有絲緒的紛披之狀,而甲骨文💰所

---

① 朱芳圃《孫詒讓年譜》第94頁。
② 關於漢字的形體變化,裘錫圭就認爲(《文字學概要》第30頁),"主要是簡化。繁化的現象雖然也存在,但是其影響跟簡化不能相提並論"。但是,裘先生簡化繁化的含義是嚴格限制在漢字的形體方面的,與孫詒讓的簡化繁化概念有一定差異。孫詒讓也認爲在漢字的形體演變方面,同時存在着繁簡兩種現象,如(《名原》上第5頁):"亦有原始象形字簡,而後增益之者,然不多見。"與裘錫圭説似。
③ 據我們粗略統計,僅《契文舉例》中,就有近200次(不包括一個例子中重複使用"省、省變"的情况)使用"省變"之類的詞語來説明字形的變化,使用"省變"等詞語的含義也比較寬泛。

从絲的下部没有絲緒的紛披之象,僅此而已。在《説文》系部含糸、絲的同一個字的篆文和古文之間,這種有無絲緒紛披的差別還可以找到一些。从糸的如絲、繭、繩的古文分別作🔣、🔣、🔣,小篆有紛披之狀而古文則無;从絲的如繼、🔣的古文分別作🔣、🔣,小篆从糸有紛披之狀,而古文从絲無紛披之狀。通過《説文》所收同一個字的小篆形體與古文形體的比較,我們就看得非常清楚了,孫詒讓釋🔣爲🔣字,是有根據的,但是他説🔣是🔣之省,則是不科學、不嚴密的。因爲古文早於小篆,我們不能説早出的古文形體是從後出的小篆形體省變得來的。古文的相關字形與甲骨文同,彼此有繼承關係;小篆的相關形體與籀文同,彼此亦有繼承關係。總體地、歷史地看,甲骨文、古文分別早於籀文、小篆。因此,我們不能顛倒歷史順序,認爲先出的甲骨文是後出籀文的省寫。從繁簡的角度看,祇能説,甲骨文與籀文相比,甲骨文🔣是較簡的寫法,籀文🔣是較繁的寫法,或者説籀文的🔣是甲骨文🔣的繁化寫法,而不能反過來説🔣是從🔣省變得來的。又如:

　　"出□步貝🔣其牢"。六十五之二。"🔣"从目、从矦,古文軼作🔣,詳《釋文字篇》。即古文"軼"之變體。金文小子軼鼎軼作🔣,上亦从橫目,下从兩手持弓,此从目與彼同,但省🔣爲又。　　　　　　　　　　　　　　　　　　　　（《釋禮》,第56頁）

孫詒讓説甲骨文🔣是從金文形體🔣省變得來的。其不科學、不可取的原因與上例是一樣的,也是顛倒了歷史的先後順序。即便🔣與🔣是同字,均爲"射"字的不同寫法,也不能説甲骨文的🔣是由金文🔣"省🔣爲又"得來的,祇能説🔣與🔣相比,🔣是較簡的寫法,🔣是較繁的寫法,或者説金文的🔣形是甲骨文🔣的繁化寫法。

　　孫詒讓的"省變"例子中,有不少字屬於這種顛倒歷史順序的,此不一一列舉了。這類例子大致可以繁簡論,不可以省變論[1]。雖然從考釋的角度看,很多字的系聯都是正確的,但是從漢字演變的歷史看,這種"省變"説則是不科學的,也是我們在讀孫詒讓的《契文舉例》《名原》等著作時應該注意的。

（二）輾轉省變以釋字

　　"壬申卜殼貝于🔣",廿二之一。此字从目、从口,不知何字。《説文·目部》:"睘,目驚視也,从目,袁聲。"此疑即"睘"之省。金文睘卣睘作🔣,偏旁

---

[1]　參第二章"甲骨文與金文"一節的"壬、未"條。

　　袁省叀爲口，《說文·衣部》:"袁,从叀省。"此又省衣耳。　　　　（《釋文字》,第81頁）

這個例子,孫詒讓把▨釋爲"裛"字,是建立在一省再省的基礎上的。首先,金文▨"偏旁袁省叀爲口";其次,甲骨文▨又在金文已省的基礎上"又省衣耳"。此例除了有顛倒歷史順序談省變的毛病之外,導致考釋失誤的主要原因,還在於通過一省再省的輾轉省變釋字上①。又如:

　　"龤"字甚多,字皆作"龤",如云:"□貝立□□不龤"、廿一之四。"百牛龤牢"、六十五之一。……或作"龤"字。如云:"㽙龤兄于豕",廿五之二。"龤"作"龤"。兩字皆《說文》所無,今考从"禾"者即"禾"之古文,與"年"字偏旁同,詳《釋禮篇》。从"冊"者,"冊"之省。"龤"者,《說文·龠部》:"龠,樂之竹管,三孔,以和眾聲也,从品龠,龠,理也。""龢,調也,从龠,禾聲。"此"龤"當爲"龢"之省,"龤"又省則成"龤"矣。《說文·曰部》有"龤"字②,與此異。……"龤"似即調和之義。"不龤"者,卜不吉,猶云神不和也。　　　（《釋文字》,第83—84頁）

這個例子首先通過"'冊'者,'冊'之省"來認定▨即"龤"字,接着又認爲"'龤'當爲'龢'之省",最後又說"'龤'又省則成'龤'矣"。這樣通過三次輾轉省變說的求證,把甲骨文的龤、▨認定爲同字,都是"龢"字的省變形體。祇是龤字比▨字省變的環節要多一些③。

　　又如釋"黎"（《釋鬼神》,第25頁）、釋"嗇"（《釋官》,第41頁）、釋"商"（《釋官》,第41頁）、釋▨爲"通"④（《釋文字》,第74頁）、釋▨爲"變"⑤（《釋文

---

①　▨字,自孫詒讓考釋之後,至今沒有定說,但孫釋肯定是不可取的。孫海波定爲不識字,又隸爲"昌";白玉崢認爲,迄今尚無定論,爲行文便,通常隸爲"昌"。參白玉崢《校讀》第5863頁。

②　"《說文·曰部》有'龤'字"中之"龤"字,今本《說文》作▨,从"曰",古从曰从口多通用,可互換。

③　一般來說,涉及到這種輾轉省變途經考釋的字,可信度都不是太高,但此例是一個例外,孫詒讓釋"龤、龤"卻得到大多數學者的認同。參白玉崢《校讀》第3841、4805、5878頁。

④　▨字後無定說。羅振玉釋"處";葉玉森釋"内",商承祚從之;于省吾釋"退",於義爲長,白玉崢從之。參白玉崢《校讀》第3733頁。

⑤　▨字,還有幾種有一定差異的寫法,當爲一字。學術界眾說紛紜,唐蘭釋爲"冥"、郭沫若釋"娩"、陳邦懷釋"弅"等等,郭說較爲可信。參白玉崢《校讀》第5901—5902頁、朱歧祥《殷墟甲骨文字通釋稿》第276頁第1036字。

字》,第88頁)、釋🔣爲"饋"(《釋文字》,第104頁)、釋🔣爲"静"①(《釋文字》,第130頁)等等皆其例。

(三)用"省變説"解釋,誤定字形

"……羊🔣一",二百七十一之二。……"羊"下當爲昔之省。《説文·日部》:"昔,乾肉也。从殘肉,日以晞之,與俎同意。"金文匋鼎作🔣。此即象殘肉形而省日。"昔"爲獸腊,與羊爲二物。賓祭俎實所恒用也。五十三之一云"女戍佀帛🔣",似亦"昔"之省,唯文闕,無義可説。　　　　　　　　　　(《釋文字》,第122頁)

孫詒讓釋🔣爲"昔",並用省變説加以解釋,實誤。🔣與古"昔"字所从之構件(殘肉形)相似而實不同,甲金文中也未見有其他"昔"字省作此形者。此字後來釋爲🔣(災)字,其形"象水壅之形",呈洪水泛濫之狀,已成定論②。

(四)"省變説"省掉字之主要構件

"貝參🔣于女丙之□牢"。九十七之二。……"🔣"……考金文鄭蒦父鼎羞字作🔣,又羞鼎作🔣。此疑即"羞"之省。　　　　　(《釋文字》,第82頁)

🔣字當釋"羊"字,孫詒讓誤入"省變"之列,進而認爲🔣與🔣、🔣爲同字,衹是🔣是省變之形。殊不知"羞"不是單純的象形字,字中所从之"又(手)"不是可有可無的構件,一旦去掉"又"字,字就發生了質的變化。據此,我們也可以得出一個判斷"省變説"能否成立的標準:古文字中,繁、簡字形之間若存在結構方式上的差異,如要認定它們爲同字,就必須對這種差異給予合理的解釋。

第三節　孫詒讓論象形字發展三階段

象形字演變的三階段説,是孫詒讓漢字演變學説的重要組成部分,也是他關於象形字研究的最重要的成果。下面我們從兩個方面加以討論。

---

① 🔣字後來釋讀頗多,于省吾釋爲"春",今多從之。參白玉峥《校讀》第6069頁;另參拙文《説"屯"》。

② 參白玉峥《校讀》第5836—5837頁。

一、"象形字演變三階段"學説的内容

關於漢字的發展演變,特別是古文字的發展演變,孫詒讓有他自己很獨特的見解。如他關於象形字三個發展階段的論述,就是其中的典型例子①。相關論述集中反映在《名原・象形原始》等節中②。他説:

> 蓋書契權輿,本於圖象,其初制,必如今所傳巴比倫、埃及古石刻文,畫成其物,全如作績,此原始象形字也。其形奇詭,不便書寫,又不能斠若畫一,於是省易之。或改文就質,微具匡郭。或删繁成簡,恉寫大意。或舉偏晐全,略規一體,此省變象形字也。亦有原始象形字簡,而後增益之者,然不多見。最後整齊之,以就篆引之體,而後文字之與績畫,其界乃截然别異。此後定象形字,今《説文》所載,大略如是。《説文》革、西並云:"象古文之形。"弟、民並云:"從古文之象。"即小篆變古文之例。又於古文烏云:"象古文烏省。"是古文前後自相變之例。蓋自古文放失,最初原始象形字,今不得見,金文唯魚、佳字多象形,它復罕覯。龜甲文中象形較夥,惜其文多省約奥衍,又漫闕不易讀,今尋文討義,參互鈎覈,得其可確定爲某形者數名。更以後定省變之字,稽合其異同,似尚可推其先後流變之迹,故略著之。 （上第5—6頁）

孫詒讓在這段文字裏系統地表述了他關於象形字發展三個階段的學説。細究起來,有以下幾層含義:

（一）"象形字演變三階段"學説的定義、特點

原始象形字是象形字的最早階段,此階段象形字與繪畫同出一源,其特點是"畫成其物,全如作績",惟妙惟肖,"凡原始象形字,隨體詰詘,殆無一定之璆畫"③。省變象形字是象形字的第二個階段,是在原始象形字的基礎上通過

---

① 胡奇光《中國小學史》(第340頁)認爲:"象形字發展三階段説,是孫的一個創見。"這是十分正確的。

② 關於象形文字發展三階段説,孫詒讓在《名原》的其他章節及其他文字學著作中討論具體的文字形體時,也有零散的論述。如在討論"十二章"時,説"亦原始象形文也"(《名原・古章原象》上第3頁);討論"黼、黻"字時,説"後世通行黼、黻字,而原始象形文,遂不可復識矣"(同上);討論"火"字時,説"古原始象形字,與績畫同出一原,其義證亦顯較可徵"(同上,第4頁)等等皆是。

③ 《名原》上第6頁。

省變得來的,省變途徑有:(1)改文就質,微具匡郭;(2)删繁成簡,恉寫大意;(3)舉偏晐全,略規一體。概言之,是削弱象形因素,增强抽象特徵。後定象形字是第三個階段,這一階段的字形外觀歸於整齊,筆畫取勢趨於統一,文字形體與圖畫廓清界綫,其符號性特徵得到充分的體現。

(二)"象形字演變三階段"學説分期的標準、依據

孫詒讓把象形字區分爲三類,劃分爲三個階段的主要依據,是字的象形程度的高低,而象形程度高低的參照物是圖畫①。而對圖畫的判定具有很强的主觀性,没有一個量化的尺子。因此,在對一個具體字的各種字形的歸類定性上,就存在着一定的"隨意"性。爲減少這種隨意性,孫詒讓在區分三類象形字時,還參照了從"象形程度高低"推演出來的依據——筆畫。有明顯筆畫特徵,可用筆畫計算字的書寫量的,是後定象形字,反之是原始象形字,而界於兩者之間的,則是省變象形字。

(三)"象形字演變三階段"學説中的時間層次觀念

孫詒讓把象形字分爲三類,是從歷史發展的角度切入的,因此其中含有時間層次、發展演變的觀念。總體來説,以《説文》所收小篆爲代表的象形字,時間較晚,是後定象形字;以甲骨、金文爲代表的象形字,時間較早,大致可歸爲原始象形字或省變象形字。孫詒讓的區别三個階段象形字的時間層次是絕對的,也就是説,象形字的演變發展,總是從原始象形字到省變象形字,再到後定象形字。但是,從具體字的分析看,孫詒讓的時間層次與三類象形字的對應關係則是相對的,甲金文中有後定象形字。如孫詒讓在討論甲骨、金文中的"馬、牛、羊"時,就認爲其中的部分字"形體與小篆同","皆後定象形字"②。

二、"象形字演變三階段"學説的評價

對"象形字演變三階段"學説的評價,要結合孫詒讓對漢字演變歷史的認識來考察。孫詒讓之所以特别重視象形字的研究,注重其發展階段的劃分,我們推想,是因爲以下幾個主要原因:

---

① 孫詒讓在具體例字的討論中,就往往通過直言與繪畫的關係來斷定字的類别。如(《名原》上第8頁):"金文父庚卣、立戈爵並繪畫豕形,首尾足臘咸具,疑原始象形字。"

② 分别見《名原》上第6、7頁。

　　一是象形字與漢字的主體起源關係密切,早期漢字中,象形字占了絕大多數,象形字的研究細致深入了,有利於文字起源問題的探索,有利於對漢字原初形態的認識,也有利於漢字發展演變史的研究;

　　二是象形字是其他結構方式字體的基礎,比如傳統的會意字、形聲字、部分指事字、轉注字等等都是在象形字的基礎上發展滋生出來的;

　　三是孫詒讓認爲象形字"訛變最多"①,弄清楚象形字的演變軌迹,便於揭示文字"岐異以著省變之原",達到他"會最比屬,以尋古文、大小篆沿革之大例"的目的②;

　　四是"三個階段象形字"學説的提出,便於他對象形字作出評論。

　　孫詒讓站在釋讀古文字的角度,强調、肯定象形字原始性的重要意義和作用,批評演變後的象形字,特別是小篆裏的象形字。他認爲:文字輾轉變易,發生了很多訛變,特別是"李斯之作小篆、廢古籀,尤爲文字之大戹。蓋秦漢間諸儒傳讀經典,已不能精究古文"③,"後定象形,變爲从廿、口、北、火,皆以近似之字易之,此篆書整齊之通弊也"④,"足證古文象形之精,小篆省變殊失其本義"⑤。"象形爲六書之一,然大小篆婁經改易,率略存形似。龜文則多詘曲奇詭繪象全形"⑥,"是三字(按,指牛、羊、豕)本皆屬象形,唯小篆整齊以就篆法,故僅約略形似"⑦。

　　從上面的分析可以看出,孫詒讓的"象形字演變三階段"學説,是建立在充分研究象形字及其變化的基礎之上的,因此,他對三個階段象形字各自的特點、特徵的概括分析,基本上是符合客觀實際的。這對於把握不同時期象形字的特點有重要意義。孫詒讓討論的象形字的時間跨度基本上與我們今天理解

---

① 見《名原·敍録》第2頁:"訛變最多。指事字次之。會意、形聲字,則子母相檢,沿訛頗尠。"
② 同上。
③ 同上,第1頁。
④ 《名原·象形原始》,第12頁。
⑤ 《契文舉例》第32頁。
⑥ 同上,第115頁。
⑦ 同上,第117頁。

的古文字相當①,因此,這種學説對於古文字的考釋也有重要的參考價值。孫詒讓在這個學説的背景下,對象形字象形程度高低作出的肯定和批評,具有兩面性,當具體問題具體分析。從釋讀考釋古文字的角度看,孫詒讓的臧否評價,無疑是正確的,但從文字發展進化的歷史、書寫應用、符號的抽象性特徵等方面看,孫詒讓的批評又是不實際的。

第四節　漢字結構方式之一——轉注論

　　關於漢字的結構方式,孫詒讓在《名原》中作了比較多的討論。如(《名原·敘錄》第1頁):"文字之初,固以象形爲本。無形可象,則指事爲之。遞後孳乳寖多,而六書大備。"前面我們説過,這是從結構的角度談漢字從象形到指事、到六書齊備的發展,而實際上這也是從歷史層面、發生學的角度在討論、説明漢字結構方式的幾種形態的先後順序及其原因。在上一節裏,我們討論的孫詒讓"象形字演變三階段"學説,也與漢字結構方式有非常直接的關係,這裏我們再討論孫詒讓關於漢字結構方式的另外一個更爲複雜的問題——轉注。孫詒讓在《名原》這部文字學著作中,專辟《轉注楬櫫》一章討論"轉注"這一内容。

　　傳統的六書,"轉注"的歧解最多,據有關研究統計,"自唐代以來,研究'轉注'而各抒己見者幾近百家"②,即使高度概括地分,也有"主形派、主義派、主音派"等不同的觀點類型③。孫詒讓之"轉注"論,若按上述三類來劃分,

———————

① 關於古文字的時間跨度,目前主要有以下幾種觀點。胡樸安認爲(《中國文字學史》第585頁):古文字僅限於甲骨文、金文;唐蘭認爲(《古文字學導論》[增訂本]第311頁):小篆及以前的文字都應歸爲古文字;裘錫圭認爲(《文字學概要》第67—72頁):早期隸書(主要是秦隸)也應歸入古文字;李學勤認爲(《古文字學初階》第2頁):漢初(漢武帝前)的文字也可歸爲古文字。

② 孫雍長《轉注論》第182頁。

③ 關於"轉注"認識的學術觀點,著眼於求異,細而分之,可有上百家;著眼於求同,粗而分之,則大約有如上三種類型。經本植《古漢語文字學知識》(第106—117頁)分爲"形義説、互訓説、同族説"三類。"形義説"以南唐徐鍇和清代的江聲爲代表,"互訓説"以戴震、段玉裁師徒等爲代表,"同族説"以章太炎爲代表。羅邦柱主編《古漢語知識辭典》(第20頁)分爲"主形派、主義派、主音派"。高明《中國古文字學通論》(第54—56頁)也有類似的分類。各派觀點之特點、短長,可參見孫雍長《轉注論》的相關部分。

大致可以歸入第一類。這一類觀點以徐鍇、江聲等爲代表。徐鍇認爲："六書之中,最爲淺末,故後代滋益多附焉。屬類成字,而復於偏旁加訓,博喻近譬,故爲轉注。人毛匕(音化)爲'老','壽、耆、耋'亦老,故以老字注之;受意於'老',轉相傳注,故謂之'轉注'。"① 是説"壽、耆、耋"等字是在原字旁加注形符"老"構成的,所以叫轉注字。後來清代的江聲在《六書説》中把這種觀點引申、闡述得更爲明確。他説:"立'老'字以爲部首,所謂建類一首,'考'與'老'同意,故受'老'字而从'老'省。'考'字之外,如'耆、耋、壽、耇'之類,凡與'老'同意者,皆从'老'省而屬於'老',是取一字之意以概數字,所謂同意相受。叔重但言'考'者,舉一以例其餘爾。由此推之,則《説文解字》一書,凡五百四十部,其分部即建類也;其始一終亥五百四十部之首,即所謂一首也,下云'凡某之屬皆从某'即'同意相受也'。"徐鍇、江聲之説,其中雖有不少錯誤的認識,不符合《説文解字》的原意,但他們都認爲,《説文》所謂的"轉注",實是通過在原字上加注表意字符的途徑達到造字表詞的目的,則是符合客觀實際的。孫詒讓在討論"轉注"時,與徐鍇、江聲等有類似的觀點。他曾經明確地表示"轉注從徐鍇説"② "許君之説轉注云:'建類一首,同意相受,考老是也。'徐楚金《繫傳》以《説文》部首説解'凡某之屬皆从某'釋之,其義最確。蓋倉、沮制字之初,爲數尚尟,凡形名之屬,未有專字者,則依其聲義,於其文旁詁注以明之,其後遞相沿襲,遂成正字,此'孳乳浸多'之所由來也。自來凡形聲駢合文,無不兼'轉注',如'江、河'爲諧聲字,亦即注'水'於'工、可'之旁以成字也。後世儻作新名,凡有特別異訓者,則亦可用兹例,按其義類,權注文以相揭示。蓋'轉注'以形著義,與'假借'以聲通讀,其例皆廣無畔岸"③。

孫詒讓之"轉注"論,要一分爲二辯證地看,其中有抓住了轉注特點的闡述,有合理可取的成分。但不可否認,孫氏在説明"轉注"時,也有錯誤的表述。

一、值得肯定的方面

（一）探求了"轉注"字出現、增多的原因。從大方向上看,孫詒讓認爲"轉

① 　徐鍇《説文解字繫傳》第331頁。
② 　《名原·敘録》第2頁。
③ 　《名原·轉注楬櫫》,下第13頁。

注"字,是爲了解決文字創制之初,文字符號與語言詞語不對稱的現象,即一字一形過多地兼表多義多詞,而創造的一種構字方式。用他的話説,就是"蓋倉、沮制字之初,爲數尚尠,凡形名之屬,未有專字者,則依其聲義,於其文旁詁注以明之,其後遞相沿襲,遂成正字,此'孳乳浸多'之所由來也"。

（二）説明了"轉注"字的構字方式和特徵。孫詒讓認爲"轉注"字的構字方式和特點是:"蓋'轉注'以形著義",即"後世儻作新名,凡有特別異訓者,則亦可用兹例,按其義類,權注文以相揭示""凡形名之屬,未有專字者,則依其聲義,於其文旁詁注以明之"。用今天的話來説,就是在一個多義符號的旁邊加注一個形符,以使多義符號原所表某一不太明顯的意義更加顯著,加注的形符就起一種標識章顯的作用。

（三）認爲"轉注"是一種造字表詞以示别異的構字方法,不是僅存於表詞層面的用字之法。

二、值得再研究討論的方面

（一）誇大了"轉注"字的範圍。這一點他是在肯定"徐楚金《繫傳》以《説文》部首説解'凡某之屬皆从某'釋之,其義最確"觀點的基礎上表現出來的。"建類一首"與部首顯然不是一回事,"同意相受"與"凡某之屬皆从某"也不相同①。徐鍇、孫詒讓等的問題都主要在於誇大了"轉注"概念中"類首""同意相受"的範圍。

（二）混淆了"轉注"與"形聲"的界限。孫詒讓認爲"自來凡形聲駢合文,無不兼'轉注'",兩者的區别似乎衹在於運作過程不一樣。"'轉注'以形著義","'假借'以聲通讀",而結果則是相同的。這顯然與轉注字、形聲字的實際情形不符。無論是從造字的意圖、運作的過程、産生的結果等各個方面看,"轉注"與"形聲"均存在着本質差異,不可混同。

孫詒讓在上述總體思想的引導下,在《名原·轉注楬櫫》中列舉討論了一些轉注字,其説頗有創建。如首列的"玟、珷"二字:

　　金文盂鼎云:"不顯玟王受天有大命,在珷王嗣玟作邦。"又云:"㽙于玟王正德,若玟王令二三正。"此文、武二字並从王,古無其字,蓋因文、武

---

① 　參孫雍長《轉注論》第43—53、57頁。

爲先王謚，權注文以示別異，亦刱例也。近人多舉《説文》玉部"玎"爲齊玎公謚，以
證此玟珷字。不知玎字从玉不从王，彼本有玎字而假借用之，與此迥異。《説文》自有玟字，與此
亦不相涉也。①　　　　　　　　　　　　　　　　　　　　　　　　　（下第14頁）

這裏孫詒讓討論了盂鼎中兩個不見於字書、經典的"玟、珷"字，他認爲這兩個
字是爲了記錄特有的詞語（先王之謚）而通過在已有的"文、武"二字旁"權注
文以示別異"而得到的轉注字。並由此認爲"金文人名字多奇異，疑各有特別注
記，如後世花押之類，不能盡詳"，僅"舉其罕見者，以明達例"②。

　　除了這裏列舉的爲特有的人名用字加注形符以標識，另造"轉注"字的類
型之外，孫詒讓在討論中，還列舉分析了"以馬牛形幖識牲畜、以氏形幖識姓
氏、以女形幖識性別、以父形幖識表德、以邑形幖識國別"等等創制"轉注"字
的具體類型③。這些都是有創建的，發前人之所未發。這一研究成果的貢獻，
不僅僅在於考出了一些前人未能很好識讀的甲骨、金文，更重要的是它可能
發掘出了許慎"轉注"的真正内涵，歸納出了一些行之有效的條例，爲後來學
者進一步研究"轉注"開闊了視野，提供了新的思路。

　　孫詒讓的"轉注"説與徐鍇等前人的研究，雖有相因的關係，但應該
説，也是獨樹一幟的，無論是從總體認識，還是從具體的考釋分析看，都是
如此。徐中舒、孫雍長等或接受、或高度評價了孫詒讓的"轉注"説，是有
見地的④。

---

①　原文中"玟、珷"字爲金文形體的摹寫，从斧形之"王"，與繩索串玉形之"玉"字別。篆
　　隸之後，"王"與"玉"混，致使从"王"的"玟王、珷王"專用字與《説文》《玉篇》《集韻》
　　等書玉部的"玟、珷"字混同。

②　《名原》下第13頁。

③　參《名原》下第14—16頁。

④　徐中舒在《怎樣研究中國古代文字》中説："轉注、假借爲一類……假借字多了，一字賅
　　多義，使用時容易發生問題，於是增加偏旁，以分別其義。這就是轉注。即加偏旁以轉
　　相注明也……故以一字賅多義，或聲音相同，即可通用，謂之'假借'；後人以偏旁轉相
　　注明，使此多義各有所屬，謂之'轉注'。"徐中舒論轉注實本孫詒讓之説。孫雍長在
　　《轉注論》第五章"對'轉注'造字法的必然認識"中，列舉的自唐以來，"對'轉注'造字
　　法有過不同程度的合理認識和論述"的幾個代表人物中，就有孫詒讓，並評價説："孫詒
　　讓深知'轉注'造字之原委，故能由《説文》而及於龜甲金石文字，楬櫫要例，發前人之
　　所未發。"

第五節　"篆意"和"篆勢"論

孫詒讓在他的文字學研究中已經使用了後世文字學家、訓詁學家十分看重的"篆意"和"篆勢"等術語。

"篆意"略相當於後來的"筆意"。陸宗達在討論筆意和筆勢時,把源頭追到了許慎的《説文解字》,他説:"許慎爲了準確地分析漢字字形的結構,揭示出一條字形發展變化的規律——筆意與筆勢。什麽是筆意呢? 許慎認爲最古的漢字,它的字形結構,保存了造字的筆畫意義,叫'筆意'。《説文解字‧敍》説:'(古文)厥意可得而説。'意即筆意。"又説:"什麽是'筆勢'呢? 漢字的形體是不斷變化的,筆畫日趨約易,加以書法取姿,致使原有的筆意漫漶不明,已不能分析它的點畫結構有何意義了,這種字形叫'筆勢'。"① 後來北齊顔之推在其《顔氏家訓‧書證篇》裏提出,許慎分析文字是用筆意解釋字形的。他説:《説文》一書"隱括有條例,剖析窮根源……若不信其説,則冥冥不知一點一畫有何意焉"。近人黄侃從"厥意"中概括出"筆意"這個術語,指能够體現原始造字意圖的字形。他説:"最初造字時,一點一畫皆有意義。""不知筆意者,不可以言筆勢。"②

《説文解字》的"筆意"理念是隱括在字形結構的分析之中的,並没有直接提出"筆意、筆勢"的概念或術語來,這從《説文》本身和顔之推的表述中已看得非常清楚。至於是誰最早提出了"筆意、筆勢"等類似的術語,現在還不得而知,這可以作爲一個專門的學術問題來討論。也許黄侃是最早使用這兩個術語來指稱和區分這兩種不同的文字字形現象的。但我們在研究《契文舉例》時,發現孫詒讓已經用類似的術語(篆意和篆勢)來指稱和區分這種現象。如:

　　　"……辛卯喜譺",百八十二之三。此當爲"喜饎"二字。《説文‧喜部》:

────────

① 《説文解字通論》第70頁。後來,陸宗達、王寧合著《訓詁方法論》第40、173—174頁對這一問題又有論述,可見其重要性。

② 陸宗達、王寧合著《訓詁方法論》中,列舉使用"筆意、筆勢"這對術語的最早例子,就是黄侃的這段文字。這段文字又見於《文字聲韻訓詁筆記‧文字學筆記‧論筆勢變易》。

"喜,樂也。从壴、从口。"《食部》:"餕,脩飯也。从食,夆聲。或作饋,从貴。或作餴,从奔。""饎,酒食也。从食,喜聲。《詩》曰'可以饋饎',或作糦,从米。"《毛詩·大雅·泂酌》作"餴糦"。《詩·七月》:"田畯至喜。"鄭箋:"喜讀爲饎。饎,酒食也。"《爾雅·釋詁》:"饎,酒食也。"《釋文》引舍人本饎作喜,此"喜"即喜字,其讀亦當爲饎,與《詩》箋及舍人本《爾雅》合。饋左从食,即食,右从夆,夆之變體。金文叔夜鼎饋作 𤔲,變 屮 爲 ,从 。《説文·夆部》:"夆,从夆,丯聲。""𢆶,从夆,从 、从中。"二字迥異,此从 ,似與𢆶字相近。古文變易不拘恒例如此。此省从 ,篆意略同。　　　　　　　　　　　　　　　　　　（《釋文字》,第104頁）

　　孫詒讓這裏拿甲骨文的 𧇮、金文的 𤔲 與《説文》的 𩛚 進行形體上的比較,認爲金文的 𤔲 在 𩛚 的基礎上變 屮 爲 ,从 ,而甲骨文與金文相比,又省 爲 。甲骨、金文的這些變化和有了區別的形體,在孫詒讓看來,都還保持着原來的造字意圖,都還屬於能够表現字的本義的原始象形字,故説"篆意略同"①。

　　"篆勢"的例子如:

　　"𩵋"、"𩵋"、"𩵋"字並與前同,唯篆勢小異,審校文義當爲"裁"之借字。"甾"、"裁"聲相近,古可通用。　　　　　　　　　　　　（《釋地》,第50頁）

---

①　孫詒讓使用"篆意"這一術語的例子不多,據初步查檢,我們在孫氏的幾部文字學著作中,還祇發現這一例,但他的這種思想則是貫穿在他的整個文字學理論和實踐中的。在稍後的《名原·象形原始》等章節中就表現得非常成熟和系統。他把這種能反映原初造字意圖的字形叫作"原始象形字"（略相當於他的"篆意、象義",後來的"筆意"）,把那些篆化的脱離了原始的造字意圖的字形叫作"後定象形字"（略相當於後來的"筆勢"）,處於這兩種形態之間的叫作"省變象形字"。但我們也應該看到,由於其他一些因素的影響,孫氏在具體的實踐中,即甲金文的考釋中,不一定都能得出正確的結論。如此條的"饋"字。關於這一內容,前面我們已有專門的討論。"篆意"這一術語所表示的意義,孫氏在稍後的《名原》中多用"象義"來表示。如《象形原始》（上第23頁）中對"鬲"字的討論就説:"𣇊雖與鬲别,而附耳之遺形,借此字僅存,其象義可互證也。"（按,"𣇊"不从耳,上當從兩柱。參商承祚《殷虛文字類編》"𣇊"條。）此條也同時用到"篆勢"這個術語。兩相比較,"象義"爲"篆意"（或後之"筆意"）,指構字意圖之義昭然若揭。又如《象形原始》"虞"條（上第29頁）"其象義殊不可解""訛舛失其象義"等等皆是。

諸文皆"如"字，女形並同，唯从口有方員，篆勢小異也。①

（《釋文字》，第94頁）

"𐀀"、"𐀁"疑皆象形"弓"字。古文躬字从此第二字，本連屬左畫摩滅中斷，而篆勢猶可推仞也。②　　　　　　　　　（《釋文字》，第116頁）

又如：

今篆文唯日、月古文作⊙、☽，今作日月，篆勢微異。原文尚可見。③

（《名原·古章原象》，上第3頁）

紅巖刻文，奇譎難識，唯此象字，確爲原始象形，與沮、倉字例符合。後定古文，變衡爲縱，以就篆勢。而秦篆因之，遂與原文殊別矣。④

（《名原·象形原始》，上第10頁）

從《契文舉例》和《名原》中的"篆勢"實例看，孫詒讓的這個術語與後來的"筆勢"有一定的相關性，但還不是完全相同。孫氏的"篆勢"還主要是指字形筆畫的姿態，一般不與字體結構所表示的意圖發生聯繫，這一點與"筆勢"相似。

---

① 諸文指𐀀十三之一、𐀁七十二之四、𐀂百七十九之三（按，樓本作"百九十七之三"，此據蟫本）、𐀃百九十七之三等甲骨文文體。"方員"後作"方圓"。此"方圓"指幾個"如"字所从"口"構件的筆形差異。筆形的方圓問題是"篆勢"關注的重要內容。孫氏在《名原·象形原始》（上第23頁）中討論"鬲"字時又說："諸字雖無腹交文，而匡郭耳足咸備，唯篆勢方圓小異，似皆一字。"此"方圓"則指的是甲金文的"鬲"字構形中的耳、腹構件的筆形有方、圓之別。

② 《說文》矢部"躬"古文作𐀄，不从𐀁。孫詒讓之古文有《說文》所未載者，此其一例。關於𐀁字，後來說法頗多。唐蘭釋"弦"（見《獲白兕考》）、屈萬里釋"勿"（見《殷墟文字甲編考釋》第313、345、358、373、491頁）、羅振玉釋"彈"（見《殷虛書契考釋》中第23頁）、吳其昌釋"彈"（見《殷墟書契解詁》第144頁）。今多數學者從羅、吳釋"彈"。郭忠恕《汗簡》弓部："𐀁，彈。"其形與此近。今本《說文》弓部："彈，行丸也。从弓單聲。𐀅，彈，或从弓持丸。"段玉裁注改𐀅爲𐀁，並說："或說彈从弓持丸如此。各本篆形作𐀅（按，从弓从丸），今正。《汗簡》云：'𐀁，彈字也，出《說文》。'又《佩觿》《集韻》皆有𐀁字。"《類篇》弓部"彈"字亦有𐀅、𐀁兩個或體。

③ 《說文》日部"日"古文作⊖，與此異；月部"月"無古文。

④ 據《名原》摹刻，紅巖古刻的"象"字通體填實，呈自然狀態橫書，小篆等後出形體則虛廓（衹存其輪廓）縱書，故孫氏言"變衡爲縱，以就篆勢"。紅巖古刻的這個字是否即"象"字，存疑，但不影響對孫詒讓這一學術思想的分析。

如上舉"如"條中，口形的方圓之別，祇在説明兩種口形的取勢不一樣，並不注重這種方圓差別與"如"字構形意義的關係。但與"筆勢"也有區别："筆勢"的分析，在於認定字形的筆畫化、綫條化、符號化等這些後出特徵的性質，以區别具有"筆意"結構特徵的早期字形，進而避免在分析字的本義時，出現錯誤，因此"筆勢"跟字體演進的時間層次有比較直接的關係，常指小篆（也包括部分小篆以前筆畫化、符號化成分較重的古代字形）及以後的字形。而"篆勢"的分析，則重在確定幾個字形（任何字）在筆畫的多寡、筆形的方圓、綫條的斷續、構形的縱橫、構件的位置等細微差别，進而建立字與字之間的聯繫，這種聯繫可以是歷時縱向的，也可以是共時橫向的。因此"篆勢"既可以用來指稱甲骨、金文等早期古文字的形體，也可以用來指稱小篆及其以後的字形。如上舉"甾、如、弓"等條是指甲骨文的字形，而《古章原象》則是指稱小篆字形，《象形原始》則是指稱西周金文字形及與此有聯繫的小篆字形。"篆勢"比較適合且多用於文字分析的比較之中。

"篆勢"與"篆意"（或後來的"筆意"）的區别在於："篆勢"的分析，自始至終是字的形體，而"篆意"的分析，開始時是形體，終結點或目的則是形體所反映出的構形意義。"篆勢"解決的是字體形態内部的問題，而"篆意"解決的則是字體形態與字形之外的概念意義（詞義）之間的關係問題。

綜上所述，孫詒讓在考釋、分析漢字時，區分"篆意"與"篆勢"，有前人所沒有的獨到見解。這種區分有利於更加精細地描寫、分析漢字，有利於確定字的形體與形體之間的聯繫，有利於説明字形的結構意義（造字意圖），有利於區分漢字本身的形式和意義，也有利於區分字的意義和字所記録的詞的意義，對於後來"筆意、筆勢"理論的建立也有積極的意義。

第六章 字 論

第一節 總 論

一、孫詒讓的金文考釋

　　孫詒讓的文字研究，概括地說，體現在三個方面：甲骨文的研究、金文的研究、文字學理論的研究。其中金文的研究，開始得最早，延續的時間也最長。從著作的撰寫時間看，考釋甲骨文的《契文舉例》早於研究文字學理論的《名原》，但從具體問題的思考看，《名原》中的部分內容當先於甲骨文的考釋。本節所述字論，主要討論古文字的考釋問題，也就是說，涉及到的是關於孫詒讓甲骨、金文考釋的評價問題。

　　關於金文考釋的評價，前人已有了比較一致的看法。劉恭冕說：“《商周金識拾遺》者，瑞安孫君仲容之所作也。君於學無所不窺，尤多識古文奇字。故其所著，能析其形聲，明其通假。近世鴻通之儒爲此學者，自儀徵阮氏、武進莊氏外，未有堪及君者，可不謂盛與！恭冕嘗受而讀之……皆至精確，足證舊時釋者之誤……此皆契符經傳，可資爲義據者也。”[①] 可見，劉恭冕對孫詒讓金文考釋的評價是相當高的。朱芳圃說：“道咸以後，金石之學甚盛，人材輩出，其中可區爲數類，嘉興之張、吳縣之潘、福山之王、浭陽之端，不過有力羅致，故陳楄揭觀，所謂鑒賞者爾。南海之吳、錢唐之曹、嘉魚之劉、平湖之朱，不過欲騁譽於藝林，故勤搜廣播，所謂好事者爾。其可犖犖稱道者，吳式芬、吳大澂、陳

---

① 　劉恭冕《商周金識拾遺·跋》。劉恭冕所舉“至精確，足證舊時釋者之誤”的例子有釋叔殷父敦之“朝夕”、虘彝之“甲胄”、周宄敦之“眛爽”、周嗪睽敦之“虞師”、周大鼎之“走馬”、周韓侯伯晨鼎之“彤弓彤矢”、商鐘之“賑（賓）”、周鐘之“子（𤔲）”、遣小子敦之“魯”等。

介祺及先生數家而已。"①朱芳圃把孫詒讓與吳式芬、吳大澂、陳介祺等列爲可"犖犖稱道者",實不爲過,從文字考釋角度看,孫詒讓的成就應在阮元、吳式芬等人之上。俞樾《古籀拾遺·敘》:"仲容好學不倦,而精力又足以副之。凡前人所未識之文及誤認之字,皆以深湛之思,一索再索而得之。如匽喜之即爲燕喜,妄甯之即爲荒甯,成唐之即爲成湯,幽尹之即爲幽君,皆犁然有當於人心。又據齊侯鑄鐘之'既專乃心',證心腹腎腸之誤文;據周麋生敦之'以召其辟'證昭事厥辟,會紹乃辟之誤解,尤有功於經義……千載之下,考定形聲,獨出己見,非有卓見者,而能若是乎? 又謂甲胄之甲,古或从衣;履絇之絇,古或从久,據古籀之遺文,補《說文》之或體,引伸觸類,如此者當不少矣。"俞樾從前人未識之文、誤認之字兩個方面肯定了孫詒讓在金文考釋方面的成就,並認爲"千載之下,考定形聲,獨出己見,非有卓見者,而能若是乎",評價之高,超乎尋常。章炳麟《孫詒讓傳》:"自段玉裁明《說文》,其後小學益密,然說解猶有難理者。又經典相承諸文字少半缺略,材者欲以金石款識補苴。程瑤田、阮元、錢坫往往考奇字,徵闕文,不審形聲,無以下筆;龔自珍治金文,益繆體滋多於是矣。詒讓初辨彝器情僞,擯北宋人所假名者。即部居形聲不可知,輒置之;即可知,審其刻畫,不跌毫釐,後傅之六書。所定文字,皆隱括就繩墨,古文由是大明。"②後來,戴家祥也說:"金壇段懋堂玉裁有言:'學者之考字,因形以得其音,因音以得其義。治經莫重於得義,得義莫重於得音。'《廣雅疏證·序》。卜辭、金文,去今縣遠,文例、字例與《說文》群經相表裏,非淹貫故訓,不能通其句讀。公之治學,大都聲義密合,辭無苟設……皆'考之史事與制度文物,以知其時代之情狀,本之《詩》《書》,以求其文之義例,考之古音以通其義之假借,參之彝器,以驗其文字之變化,由此而之彼,即甲以推乙'。用靜安先生《毛公鼎考釋·序》中語。段氏所云得形得音得義之學者,公則庶乎其近之矣。"③章炳麟、戴家祥均從段玉裁治《說文》之經驗切入,認爲孫詒讓考釋金文,能做到"審其刻畫,不跌毫釐""所定文字,皆隱括就繩墨""大都聲義密合,辭無苟設""段氏所云得形得音得義之學者,公則庶乎其近之矣"。

　　上面所舉基本上都是宏觀的論述,實際上各家在論述過程中,都有微觀

---

① 朱芳圃《孫詒讓年譜》第54頁。

② 同上,第84—85頁引。

③ 《斠點〈名原〉書後》,附戴家祥校點《名原》後。

的例子。下面,我們再舉些這方面的例子。朱芳圃在評價孫詒讓《籀文車字說》①時指出:"以象形文字比證古代器物,因以考明其制度,爲考古學上重要之方法。大抵器物可分二類:一,器物現存,足資比證,如矢、鬲、豆、尊之類是也;二,易朽之物,後世無傳,如車制,其俎形,是也。前者較易爲力,後者必用推索之功。先生之釋車制,王國維之説俎形,證之《詩》《書》,考之禮制,皆能遥契冥符,實爲考古學上重要之著作。"② 這是就孫詒讓對"車"字的考釋,歸納出"以象形文字比證古代器物,因以考明其制度,爲考古學上重要之方法"。孫氏釋籀文"車",實不止於此,因爲他也糾正了《説文》籀文"車"字近兩千年之訛寫。又如,容庚曾經説:"竊謂治古文字之學,譬如積薪,後來居上。嘉道之間,阮元、陳慶鏞、龔自珍、莊述祖、皮傅經傳,鹵莽滅裂,晦塞已極。吳氏大澂明於形體,乃奏廓清。然而訓詁假借,猶不若孫氏之精熟通達,所得獨多……皆確當不易。"③ "皆確當不易"之字,容庚列舉了孫詒讓釋"甾、媵、濂、敊、膚、裹、象弭、縣、省、御、遹"等字詞。

　　從上面諸家論述看,自孫詒讓《古籀拾遺》《古籀餘論》《名原》等著作問世以來,學術界對孫詒讓的金文研究,多是持肯定態度的,無論是金文的單字考釋,還是關於金文的總體論述。前面的相關章節中,我們已就孫詒讓的金文研究做過分析討論,此處不再贅述。

二、孫詒讓的甲骨文考釋

(一)學術界對《契文舉例》認識的深化

　　孫詒讓的甲骨文研究,學術界的看法差異較大。最早對孫詒讓甲骨文研究作出評價的,當推羅振玉和王國維。羅振玉曾於1910、1913年兩次論及孫詒讓的《契文舉例》:"亡友孫仲容徵君詒讓亦考究其文字,以手稿見寄,惜亦未能洞析奧隱。"④ "顧先後數年間,僅孫仲容徵君詒讓作《契文舉例》,此外無聞焉。仲容固深於倉、雅、周官之學者,然所爲《舉例》則未能闡發宏旨。"⑤

① 孫詒讓《籀文車字説》作於光緒三十年(1904)甲辰,後收入《籀廎述林》。
② 朱芳圃《孫詒讓年譜》第88頁。
③ 見戴家祥校點《古籀餘論·跋》。
④ 見《殷商貞卜文字考·自序》。
⑤ 見《殷虚書契·自序》。

評價不高,然所論並不具體,祇是籠統地説"未能洞析奥隱""未能闡發宏旨",爲批評、否定説張本。其後,王國維1916年冬於滬肆得《契文舉例》稿本①,他在給羅振玉的信中説:"兹有一事堪告者,旁晚出至蟬隱,見孫仲容比部《契文舉例》手稿,乃劉彝仲携來者,以五元從蟬隱得之。書連序共九十六頁,每半頁十二行,行二十三字。其所釋之字雖多誤,考證亦不盡然,大路椎輪此爲其始,其用心亦勤矣(𠂤釋爲貞,始於仲老,林博士——指日人林泰輔——與之暗合耳)。此書明年如接辦《學術叢編》,擬加删節,録其可存者爲一卷印之,何如? 想公知此稿尚存,當爲欣喜。"②"惟其書實無可取,思欲選擇數條爲一書,恐不成卷帙也。"③"孫仲頌《契文舉例》當即寄上。惟此書數近百頁,印費却不少,而其書却無可采,不如《古籀拾遺》遠甚。即欲摘其佳者,亦無從下手,因其是者與誤者嘗併在一條中也。上卷考殷人制度亦絶無條理,又多因所誤釋之字立説,遂覺全無是處。我輩因頌老而重其書,又以其爲此學開山更特別重之,然使爲書費錢至數百金則殊不必,公一觀此書當與維同感也。"④王國維對《契文舉例》的評價一次比一次低,一次比一次具體。羅振玉在接到王國維的書信和《契文舉例》稿本後,對該書的評價也變得更低了。他説:"静安寄孫徵君《契文舉例》至……粗讀一過,得者十一,而失者十九。蓋此事之難,非徵君之疏也。"⑤

此後,隨着甲骨文研究的深入,對《契文舉例》的評價,特別是對其中文字

---

① 孫詒讓《契文舉例》著成不久,即把稿本寄給了友人端方、劉鐵雲、羅振玉等人。見陳夢家《殷墟卜辭綜述》、孫延釗《先徵君籀廎公年譜》卷八"民國五年"條、羅振玉《殷商貞卜文字考》序文等。王國維所得稿本當爲孫氏寄給端方者,見孫延釗《先徵君籀廎公年譜》。如此,羅振玉於1910、1913年所見《契文舉例》的本子當與王國維所購得的本子來源於同一個底本。朱芳圃《孫詒讓年譜》也説:"先生撰是書(按,指《契文舉例》)畢,即以原稿寄呈端方。辛亥國變,端氏死難蜀中,其後家道中落,遺藏散出,民國五年丙辰冬,王國維得其稿本於滬肆,因寄羅振玉,刊於《吉石盦叢書》中,其書始顯於世。"可證是説可信。
② 《王國維全集·書信》第159—160頁。
③ 同上,第164頁。
④ 同上,第166—167頁。裴錫圭認爲引文中的"頌"通"容"、"嘗"通"常",是。見《談談孫詒讓的〈契文舉例〉》。
⑤ 見《丙辰日記》12月11日。王國維也有類似的評價,他説:"此書雖謬誤居十之八九,然筆路椎輪,不得不推此矣。"見朱芳圃《孫詒讓年譜》第89頁。

考釋部分的評價,反倒越來越高。胡樸安在總體認同羅振玉"未能洞悉奧隱"結論的前提下,指出《契文舉例》"爲研究甲骨文之先導。孫氏之書,粗有發明,略辨文字,一也;略知卜法,二也;考知商禮,三也;論定官制,四也;考證商都方國,五也;證鄭氏龜卜之誤,六也。三十年前,有此甲骨文例之刱作,可謂難能也"①。胡氏的這個評價,較之羅、王,正面肯定的成分多了許多,特別是被王國維批評得"全無是處"的上卷,胡氏也總結出了幾條"難能可貴"的成績,但對文字考釋部分的評價仍然過低。胡氏的評價主要還是建立在學術史的基礎上的,應該説是有史的眼光和根據的。稍後,唐蘭也説:"然頗有精到之説爲羅、王以後所不及者。今人治卜辭,惟以羅説爲宗,鮮有讀孫書者矣。"②這個論斷可以説是十分準確的。嚴一萍也説:"所釋之字(指《契文舉例》所釋字),以今視之,錯誤雖多,然至今無可易者,猶比比皆是。"③白玉崢作《契文舉例校讀》時,也對孫詒讓的甲骨文研究多有褒揚:"然其(指甲骨學)所以爲近世之顯學者,實乃籀廎先生披荆斬棘,爲承學之士所開創之坦途也。先生據小篆及金文,上溯甲骨文字,其創獲之多,雖不若後之學者,然甲骨之學,則因先生而奠立了初基,先生'省上一畫'之説,實爲據金文而上溯甲文之典例。"④"籀廎先生於甲骨文字初爲世人知悉時,即可辨識其倒誤,其功力之深湛,良有以也。"⑤"其兌接後之卜辭,與籀廎先生所推補者悉合。其事雖微,然在文字、辭例等未明之當時,實爲難能可貴者,即在甲骨學大昌之今日,推補辭句,亦非易易,可證先生於甲骨、金文功力之深湛。"⑥白氏這裏從"創始之功、辨識倒誤、推補辭句"等幾個方面充分肯定了孫詒讓的成就。在具體字的考釋上,白玉崢的肯定之辭更是隨處可見⑦。

　　裘錫圭是系統肯定孫詒讓甲骨文考釋的第一人,他在《談談孫詒讓的〈契文舉例〉》一文中指出:"《舉例》中對文字的錯誤考釋固然很多,正確的同樣

---

① 　胡樸安《中國文字學史》第594—595頁。

② 　《天壤閣甲骨文存考釋》第84片考釋。

③ 　《中國文字》(第15册)合定本4卷第1757頁。

④ 　《契文舉例校讀》第3625—3626頁。"省上一畫"指 ✳ 字作 ✳。

⑤ 　同上,第3675頁。

⑥ 　同上,第3817頁。

⑦ 　如同上第3735頁"帝"字,3739—3741頁"酒"字,3703頁"雀"字,3637頁"令、侯"字,3672頁"俎"字,3808頁"岳"字等皆其證,用"比比皆是",實不爲過。

也很多。正如嚴一萍所指出的，'然至今無可易者，猶比比皆是'。大部分孫氏正確釋出的字，羅振玉在《殷虛書契考釋》中也都釋出來了……不過，既然孫氏之書早於羅氏之書，與其像很多人那樣把認出這些字的功勞歸於羅氏，還不如把這種功勞歸於孫氏合理。"這個評判極有道理①。除此之外，他通過孫詒讓與羅振玉（學術界都極推崇羅氏）具體釋字的比較，認爲"《舉例》釋字勝過羅氏之處也並不少見"，並把這種情況細分爲"有些字孫氏已經正確釋出，羅氏却誤釋或無釋"②"有些字羅氏基本上也釋對了，至少並未完全釋錯，但是從文字學上看，孫氏所釋顯然更爲精確"③等類型。指出"有些孫氏首先正確釋出的字，就被人們誤認爲由他人首先正確釋出了"④"《舉例》在考釋文字方面還有一些很有價值的意見，雖然一度'未爲後人采信'，但是隨着甲骨文研究的深入，其價值已經逐漸爲廣大學者所認識"⑤。最後得出結論，"《舉例》在釋字方面的貢獻應該説是相當大的"⑥。應該説，從主觀因素看，"孫詒讓在古文字方面的學力，決不在羅、王之下"，如果不是受到資料等方面客觀條件的限制，孫詒讓在古文字方面會作出更大的貢獻，其成就大概也不會在羅振玉、王國維之下⑦。這個認識雖有假設的成分，但的確是有推論根據的。

（二）孫詒讓《契文舉例》中的甲骨文考釋

孫詒讓的甲骨文考釋主要集中在《釋文字》篇中，內容占《契文舉例》全書的近一半，早期的評價由於比較關注孫詒讓甲骨文研究的其他方面，往往忽略

---

① 道理不僅在於孫詒讓、羅振玉著作時間的早晚，還在於孫詒讓《契文舉例》著成之時，曾寄贈給羅振玉，羅氏著《殷商貞卜文字考》《殷虛書契考釋》等著作時，看到過《契文舉例》。

② 裘氏所舉"誤釋"例有"羌、省、曵、亩、岳"等字，"無釋"例有"殼、周、乘、冊"等字。

③ 這類例子，裘氏舉了甲骨文中當"順"講的"若"字、讀爲"在"的"才"字、與"復"有別的"复"字等。

④ 裘氏舉李孝定《甲骨文字集釋》"乘"字條爲例，其例漏引孫説，很易使人認爲甲骨文的"乘"字是由王國維首先釋出來的。

⑤ 裘氏舉了"禽、以、兆、由、擇"等字爲例，其中後三字，目前雖不爲定論，但至少比釋"古、執"等更有道理。

⑥ 裘氏還肯定了孫詒讓在文字考釋之外的甲骨文研究的其他方面的成就，如《卜事》篇中關於"卜征、卜至、卜雨"等的內容，《鬼神》篇中關於鬼神卜辭內容的概括，《方國》篇中關於商、周、羌的論述，《典禮》篇中關於"求年、受年"等的論述。

⑦ 參裘錫圭《談談孫詒讓的〈契文舉例〉》第342頁。

了孫氏對甲骨文字的考釋。裘錫圭之後,越來越多的學者開始關注孫詒讓在這方面取得的成績①。特別是最近幾年,這種關注尤爲明顯和突出。2000年11月,在孫詒讓的家鄉浙江瑞安舉辦了"孫詒讓國際學術研討會",不少會議論文就是從甲骨文字考釋的角度展開討論的,其中詹鄞鑫的《甲骨文研究的貢獻》②,張静、黄德寬合寫的《〈契文舉例〉的再評價》等文章的主要篇幅都是放在對孫詒讓甲骨文字考釋的討論上的,這些文章不僅有定性的結論,而且有對所有被釋字的逐一判定、全面考查。這標誌着學界對《契文舉例》評價已經從原先抽象的宏觀把握上轉移到了全面的考量與分析上。

　　詹鄞鑫統計得出,《契文舉例》共考釋331字,其中基本正確的137字,占總釋字的41%;基本錯誤的156字,占總釋字的47%;得失参半的24字,占總釋字的7%;考釋未定的14字,占總釋字的4%。從這個統計結果看,孫詒讓成功考釋出的甲骨文,絕不是"得者十一而失者十九"。張静、黄德寬的統計分類稍細,也同樣説明了這一問題,其結論爲:正確的117字,正多誤少的10字,正誤兼半的37字,誤多正少的15字,錯誤的150字,闕疑的33字,無法判斷的9字。正確與錯誤的比爲117:150,也絕不是"謬誤居十之八九"。但是,我們也應該看到,除去干支字、月份字及計算機字庫所無之字外③,上述兩家均認爲正確的字祇有57字,即使加上張静、黄德寬列爲"正多誤少",而詹鄞鑫列入正確的5例(祖、年、牢、步、唐),兩家也祇有63字相同。這又從另一

---

① 陳夢家《殷虛卜辭綜述》對孫詒讓甲骨文考釋的評價,與羅、王相比,雖然有了進步,但仍認爲"羅、王對於《契文舉例》的批評,雖不免苛刻了一點,大致上還是不錯的",與唐蘭、胡樸安等相比,則評價仍然過低。陳氏又説(第56頁)"他(按,指孫詒讓)所認的對的以及和羅氏水平相等的共185字,雖然大部分也見於羅氏《考釋》書中,並且多半是從和單個金文的比較中得出來的,但這些字畢竟是最基本的常用字。因此,我們以爲在甲骨文字考釋上,孫氏還是有他開山之功的,他是初步的較有系統的認識甲骨文字的第一人"。從陳氏統計的孫詒讓認對的185字的數量看,在孫詒讓所釋甲骨文總數中所占的比例已屬不小。
② 詹先生的文章,會後適當修改後又挂在了他自己的個人網頁上。
③ 干支字中,詹鄞鑫認爲"己、子、巳、午、申"幾字考釋有問題,而張静、黄德寬認爲"辛、癸、子、丑、寅、巳、午、申"等的考釋不正確。在"己、癸、丑、寅"等字的認定上存在着差異。在月份上,張静、黄德寬認爲"一月、二月、三月、四月、五月、六月、八月、九月、十一月、十二月、十三月"等考釋正確,詹鄞鑫未予列舉,大概因爲這些都不是以單字的形式出現的。

個方面説明,在判定具體某字正確與否上,帶有很强的主觀色彩,存在着仁者見仁、智者見智的傾向。其中詹鄞鑫單獨認爲正確的字有"易、章、中、卜、占、正、田、師、啟、益、來、俎、專、兹、戈、戉、求、嬪、衆、帚、廼、喜、登、豐、桑(乘)、鼎、弓、豕、馬、禽、雀"等字。張静、黄德寬單獨認爲正確的字有"亘、告、角、乎、用、母、女、大、介、多、亞、效、央、酒、直、𣪘、系、鬥、咸、向、衣、臣、歸、赤、壴、鼓、執、奭、去、冊、目、虎"等字①。兩家雖祇是列舉性的,並未對具體字一一作出分析討論,但我們從他們的學術背景和全文的論述看,他們還是對所舉字作了全面的考察研究的,所得結論具有一定的可信度、代表性。我們下面看一些字。

卜:詹:正確;張、黄:未列入正確類。

　　Ч籀廎先生釋卜,是也。羅振玉氏曰"象卜之兆。卜兆皆先有直坼,而後出歧理,歧理多斜出,或向上,或向下,故其文或作Ч,或作ト"……彦堂先生曰:卜之字,本象兆璺之狀,《説文》訓"灼剥龜也,象灸龜之形。一曰:象龜兆之縱横"……卜字之最初結體,實爲兆坼之象形,而字之讀音,正乃灼龜見兆時之爆聲,遂取其形,命其音,定其意,形音義具備,文字之功能盡矣。
　　　　　　　　　　　　　　　　　　　　　（白玉峥《校讀》第3635頁）

可見,孫詒讓釋Ч爲卜是正確的,詹鄞鑫的判斷是正確的,是有根據的。

亘:張、黄:正確;詹:未列入正確類。

　　籀廎先生釋亘,極確,無可移易。　　　　　　（白玉峥《校讀》第3659頁）

求:詹:正確;張、黄:列入錯誤類。

　　𣏟,籀廎先生釋求,是也。　　　　　　　　（白玉峥《校讀》第3665頁）

酒:詹:未列入正確類;張、黄:正確。

　　籀廎先生釋酒,是也。　　　　　　　　　　（白玉峥《校讀》第3667頁）

易:詹:正確;張、黄:列入非正確類(形是義非)。

---

① 　張静、黄德寬認爲正確的字還有3例,未予録列。

籀廎先生釋易,極確。　　　　　　　（白玉崢《校讀》第3669頁）

韋:詹:正確;張、黃:列入非正確類（正誤兼半）。

𩏑……籀廎先生釋韋,極確。　　　　　　（白玉崢《校讀》第3678頁）

禽:詹:正確;張、黃:列入非正確類（形是義非）。

白玉崢《校讀》（第3712頁）:"𤳊,籀廎先生釋禽,羅振玉氏釋畢……吴其昌氏釋畢……屈萬里先生曰:'羅振玉釋畢,然稽諸卜辭,義多不合,孫詒讓以爲禽之省,是也。卜辭禽字,義皆如後世之擒字。'"屈氏評説是[1]。白玉崢隸𤳊爲"禽",裘錫圭也説:"《舉例》在考釋文字方面還有一些很有價值的意見,雖然一度'未爲後人采信',但是隨着甲骨文研究的深入,其價值已經逐漸爲廣大學者所認識。例如'𤳊'字,孫氏認爲是'禽之省'（下41下—42上）,羅氏則釋爲'畢'（《集釋》2555—2556頁）。羅説一度占有統治地位。唐蘭在《天壤閣甲骨文存考釋》中始批評羅説而闡發孫説,並指出這個字應是'禽'的初文而不是省文,對孫説作了修正（《集釋》2557—2559頁）。現在絶大多數學者已經接受了釋'禽'的説法。"[2]

赤:詹:未列入正確類[3];張、黃:正確。

孫詒讓釋𤆍（甲骨文）、𤆍（金文）等形體爲"赤"[4]。後人多渾然不察。白玉崢《校讀》:"𤆍,羅振玉氏釋赤,曰:'從大從火,與許書同。'王襄氏曰:'召鼎作𤆍,與此同。'崢按:《説文解字》:'赤,南方色也。從大從火。'"[5]朱歧祥《殷墟甲骨文字通釋稿》（第147頁）:"從大置於火上,隸作赤。"從白玉崢、朱歧祥的解釋看,釋𤆍爲"赤"可成定論,但白玉崢把首釋𤆍爲"赤"的知識産權移植給了羅振玉,則是應該訂正的。羅振玉、王襄説均源自孫詒讓"'𤆍'當爲'赤'字,《説文·赤部》:'赤,南方色也,從大火。'……金文召鼎赤字作𤆍,與此正同"的考釋。由此也可看出,判定某字何人首先考釋,也非易爲之事,當遍檢

---

[1]　孫詒讓認爲𤳊是"禽"字的省變寫法,可以再討論。

[2]　見《談談孫詒讓的〈契文舉例〉》。

[3]　詹鄞鑫把"赤"字作爲孫詒讓在《名原》中的新釋字,並列爲考釋正確的一類甲骨文字。

[4]　參《契文舉例·釋文字》第103頁。

[5]　白玉崢對甲骨文𤆍的取象,有進一步的討論,認爲《説文》所析,非其初義,是。但釋𤆍爲"赤",則是肯定的。

細查所有材料。

　去:詹:未入正確類;張、黃:正確。

　白玉崢《校讀》(第3661頁):"㕮,籀廎先生釋吞,誤。商承祚氏釋去。"查戩蟫本、樓本,㕮,孫詒讓並不釋爲"吞",而是釋作"㕮"。白玉崢誤判。同一片甲骨刻辭①,在《釋文字》篇中,孫詒讓又有考釋,即釋爲"去"字,是爲明證:"'㕮□貝立止'、七十一之四、'貝父其㕮',九十五之三。'㕮'疑'去'之異文。《説文·去部》:'去,人相遠也。从大,凵聲。'《凵部》:'凵,凵盧,飯器。'此變凵爲口。金文灋字如盂鼎作𤼩,師西敦作𤼩,偏旁去並作㕮可證。"

　從上面分析的這些具體的例字看,我們都可以替認爲孫詒讓考釋正確的一方,找出各種合理、可信的依據。實際上,在詹鄞鑫和張静、黃德寬等判爲考釋正確的字之外,還可以列出一些被學術界不同範圍、不同程度地認爲是正確的例子。如"如"字:

　白玉崢《校讀》(第5925頁):"𡥀,羅振玉氏釋如,惟於字之結體則無説……治契者認𡥀爲如字者,久成定論。"白氏舉釋𡥀爲"如"字的代表人物爲羅振玉,不舉孫詒讓,是失於疏忽的。孫詒讓在《釋文字》篇中,就明確説:"'戊申□貝立其𡥀'、七十二之四。'貝参𡥀□',百九十七之三。……諸文皆'如'字,女形並同,唯从口有方圓,篆勢小異也。"如果白氏的"治契者認𡥀爲如字者,久成定論"是正確的,那麼,孫詒讓的首釋之功當不可没。又如"妾、畏、毀、侶、由、兆"等字②。另外,我們在前面各章中討論相關問題時,也曾列舉過一些孫詒讓考釋正確的例字,此處不再列舉。

　綜上所述,就甲骨文字的考釋而論,孫詒讓的成就,可以肯定地説,還是不低的,如果我們再把《契文舉例》放在特定的學術史背景(甲骨文考釋的第一部著作,前無可参之著作,除《鐵雲藏龜》外,也無更多可用之材料)下來進行評價的話,對孫詒讓考釋甲骨文的成就的肯定程度當更高。

---

① 《釋月日》篇中該片甲骨刻辭誤注爲"七十二之二",白玉崢《校讀》校訂爲"七十一之四",樓本也訂正爲"七十一之四",與《釋文字》篇引"七十一之四"爲同一片甲骨刻辭。

② "畏"字,参見白玉崢《校讀》第3790、6008—6009頁(按,白氏誤認爲孫詒讓將釋爲"畏"的形體釋爲"卑")。"妾"字,参見白玉崢《校讀》第5927頁。其他字見前舉裘錫圭的論述。

第二節　分　論

　　在這一節裏,我們將運用孫詒讓在考釋甲骨文、金文時曾經使用過,又被大家所接受的方法來討論一些相關的甲骨文、金文。

一、釋“橐”①

　　《殷周金文集成》第2841號毛公鼎拓片有⊗字,這個字該如何隸定,又該如何釋義,至今未有定說。本節試爲考釋,以求教於方家。

　　孫詒讓《古籀拾遺》卷下《毛公鼎釋文坿》將⊗隸爲“𢎚”,釋曰:“疑此與鞃通,《詩·韓奕》‘鞹鞃淺幭’,此朱遳𢎚言以朱鞹飾鞃也。”後來,他又在《古籀餘論·录伯戒敦蓋》(《殷周金文集成》作“录伯𣪝簋蓋”,下從《集成》)裏隸⊗爲“𢎚”。毛公鼎⊗出現2次,录伯𣪝簋蓋⊗也出現2次,均一讀爲“鞃”,一讀爲“弘”。孫氏的釋讀有兩點值得肯定:第一,孫氏把⊗、⊗看作同一個字的不同寫法;第二,⊗、⊗兩種寫法都各自記錄了語言中兩個不同的詞,且⊗、⊗與詞的對應關係是匹配一致的②。但是孫氏的具體隸字和釋詞,則值得討論。後來,楊樹達在《積微居金文餘說》卷二《录白𣪝簋三跋》裏,認同了孫氏的上述兩點,否定了他的隸字釋詞,認爲:“《說文·三篇上·革部》鞃訓車軾中把,⊗字形殊不類,鞃字之釋殆非也。考圅皇父匜圅字作⊗,圅皇父簋作⊗,並象藏矢之器形。以彼例此,則⊗實象藏弓器之形,疑其爲韔字也。《詩·秦風·小戎》篇曰‘虎韔鏤膺,交韔二弓’,毛傳云:‘韔,弓室也。’《說文·五篇下·韋部》云:‘韔,弓衣也。从韋長聲。’⊗字正象弓室藏弓之形,其爲韔字明矣。”楊說比照“圅”字形體進行討論的思路是可取的,“圅”字金文形體⊗、⊗的確與⊗形有相

---

①　該部分內容已在《古漢語研究》2003年第2期上全文發表,此處作了些技術性處理。

②　录伯𣪝簋蓋有兩個“𢎚”字,“賓𢎚朱虢”中的“𢎚”讀爲“鞃”,“叀𢎚天命”中的“𢎚”讀爲“弘”。孫詒讓之前後,“賓𢎚朱虢”中的“𢎚”,吳式芬(《攈古錄金文》卷三之二)、柯昌濟(《韡華閣集古錄跋尾》丙篇)、郭沫若(《兩周金文辭大系考釋》上冊)均讀爲“鞃”;“惠𢎚天命”中之“𢎚”,吳式芬、吳闓生(《吉金文錄》卷三)、郭沫若均讀爲“弘”,吳大澂(《愙齋集古錄》)、劉體智(《小校經閣經文拓本》卷八)釋爲“宏”。

似之處。但其結論仍然值得商討:其一,從形體方面看,以"圅"字推之[1],&不當隸爲"韔"字,因爲&既無像"韋"的形符,也沒有表"長"的聲符。倒是隸爲"圅"或"团"更貼近原形,且與"圅"字一致[2]。但是,《説文》及後來的字詞典又均不載"圅、团"字,説明這樣隸定也不符合漢字形體演變的歷史,是有問題的。其二,從意義或表詞方面看,這個形體確實描繪的是"藏弓之器具"或"藏弓之動作",但上古時期,記載這個意義的不止"韔"一個字,"彔(韜)、韣(襡)、鞬、櫜"等字都有這個意義。

《説文》弓部:"彔,弓衣也。从弓㚇。"《廣雅·釋器》:"韜,弓藏也。"

《説文》韋部:"韣,弓衣也。从韋蜀聲。"《禮記·内則》:"斂簟而襡。"注:"襡,韜也。"

《説文》革部:"鞬,所以戢弓矢,从革建聲。"《廣雅·釋器》:"鞬,弓藏也。"

《説文》韋部:"韔,弓衣也。从韋長聲。"

《左傳·昭公元年》:"伍舉知其有備也,請垂櫜而入。"杜預注:"垂櫜示無弓。櫜,弓衣也。"《玉篇》櫜部:"櫜,弓衣也。"

這種一個意義(詞)對應多個字的現象是字詞複雜關係的一種表現。因此,隸爲"韔"字祇是一種可能性,最多是四五種可能性中的一種罷了。在考釋古文字的活動中,僅憑意義一個要素來隸定字形是非常危險的。在這種情況下,隸定考釋一個字,不僅要考慮意義要素,更要綜合考慮形體、讀音、文字系統、語境等意義之外的多種因素。

這個文字符號除了我們上面提到的⑧、&兩個變體之外,殷商西周金文中還可作⑧等形體,共用14次,分別見於《殷周金文集成》第2841(2次)、2831(2

<hr>

[1] 吳大澂《説文古籀補》據金刻謂"器中容物謂之圅",王國維《静安遺書》第16册《不娷敦蓋銘考釋》從形、音、義三者之關係,證明"射矢所用者爲箙""藏矢所用者爲函",王説可信。

[2] 楊樹達釋"韔"之説,近半個世紀以來少有人采納,其原因主要就在於形體上沒有根據。現在一般隸此字爲"圅",如《金文引得》(殷商西周卷)就是典型代表。釋"圅"的一個重要原由,恐怕就是參考了"圅"字的隸定和考釋。另外,戰國古文有"韔"字,其構形與此異,與《説文》暗合,爲"从橐省,長聲"的結構。這也説明⑧、&等形體不宜直接隸定爲"韔"字。參裘錫圭、李家浩《曾侯乙墓竹簡釋文與考釋》和何琳儀《戰國古文字典》第687—688頁。

次)、4318(1次)、4319(1次)、4343(1次)、4469(1次)、4326(1次)、4467(2次)、9898 (1次)、4302 (2次)號拓片 ①。綜合上列諸器觀之,這些形體基本上都如楊樹達所言,描繪的是"弓衣"或"藏弓於弓室"之形,其出現的語境除2841、4302各1例不作賞賜用品之外,其餘均爲與車相關之賞賜物品。車上賞賜之物,是否當含有"矢箙弓袋",學術界向有爭議。孫詒讓、王國維、于省吾等持肯定觀點,黃然偉等持否定意見 ②。然從傳世典籍制度看,似乎前者更爲可信。

《周禮·冬官·考工記總敘》孫詒讓《正義》:"鄭珍云:'輢,《說文》云'車傍也',則注云插車輢者,止謂插車之兩旁耳,自是插於外闌……車箱外三面皆有闌。三面材,自軹以外尚寬四寸六分者,所以爲置闌地也。古人臨戎所需一切,皆宜在其左右。而隧前一分,爲人所憑立;隧後二分,又登降無常……故必於輿外爲闌焉。兵器旗物以插闌上,金鼓諸具庋在闌中……要可證左右前三面闌木皆扄也。'……兵車闌扄之制,當如子尹所定……古兵車、乘車輢外咸有闌扄,亦謂之闌。"依此可知,古之兵車、乘車上,凡"臨戎所需一切,皆宜在其左右",兵器之"矢箙弓袋"必爲所需,自當載之左右。

又《夏官·司弓矢》記載了各種弓矢的類型和施用的場合,其中有不少是有關車的。如"田弋,充籠箙矢,共矰矢",注:"籠,竹箙也。"疏:"謂田弋則共籠箙,以矢充之,庋之田車笭間也。"孫詒讓《正義》:"陳奐云:'《說文》:"籠,笭也。笭,車笭也。"矢箙繫於笭,故曰籠箙。'"

又《夏官·繕人》:"凡乘車,充其籠箙,載其弓弩。"孫詒讓《正義》:"鄭珍云:'車箱外三面皆有闌,其式前之闌,金鼓在焉。金鼓之下則置矢房弓弢。《左傳·哀二年》,趙鞅爲軍將,執金鼓,而曰'吾伏弢嘔血,鼓音不衰'。公子重耳言'左執鞭弭,右屬櫜鞬'……皆其驗。'按,鄭說是也。凡車外三面闌有笭,以居用器及兵器……箙即魚服……賈疏云:'繕人惟主王所乘之車而言。凡乘車,則除革路之外,玉、金、象、木之車,車皆有右,備制非常,皆充其籠箙及

---

① 統計數據主要根據《金文引得》(殷商西周卷)。其中,4318號的例子,《金文引得》漏收;4319號的例子,文字漫漶不清,4343號的例子,字形稍有差異,本文討論時不作爲形體的主要參考。

② 孫詒讓、王國維、于省吾之說分別見《古籀拾遺》卷上第29頁、《毛公鼎考釋》第17頁、《澤螺居詩經新證》卷上第26、29頁"象弭魚服""簟茀魚服"條;黃然偉說見《殷周青銅器賞賜銘文研究》。

所載弓矢。'"又"既射則斂之",注:"斂,藏之也。《詩》云:'彤弓弨兮,受言藏之。'"孫詒讓《正義》:"其乘車所載弓矢等,不問射與不射,車止亦斂之……乘車載兵,以備不虞,不必皆射。"

從《周禮》及鄭玄、賈公彥、陳奐、鄭珍、孫詒讓等的注解可以看出,古代車輿,特別是兵車,均備兵器,且有專供擱置兵器的位置和器具"闌扃、笭"之類。故古代與車相關的賞賜物品中含有"矢箙弓袋"是很正常的。

從文字記錄語言的系統性來看,雖然如前所列,"韔、弢(韜)、韣(襡)、鞬、橐"等都可以用來記錄"弓衣、弓袋"這個詞,但彼此可能也有些區別性的差異。據研究,"韔"是隨身所帶輕便弓袋;"韜"是皮弓袋,與"弢"一聲之轉,二字相通用;"韣"是用於祭禮的弓袋,也作弓袋泛稱;"鞬"是較大的皮弓袋,常供騎射者負攜①。可供參考。結合我們考察對象的形體看,與"韔"一樣,"韜(《說文》釋爲"劍衣")、韣(襡)、鞬"等字的結構與字形🏹、🏹、🏹沒有相似的地方,作爲釋讀詞語,勉強可通,但作爲隸字,則不足取。"弢"字的結構,雖與🏹、🏹、🏹的形體有些關聯,均含有"弓"形,但據許慎的"從弓攴,攴垂飾,與鼓同意"的解釋,"攴"是會意字的一個構件,當是"弢"字意義的組成要素,也就是説,如果🏹、🏹、🏹等符號是"弢"字,那麼,這些形體中當有"攴"字的象形符號,但實際上,該組符號中除開"弓"形之外,剩餘的部分與"攴"沒有形體上的相似對應性,故🏹、🏹、🏹不宜隸定爲"弢"字②。另外,在古文字體系裏,特別是金文裏已有"弢"字,不作🏹、🏹、🏹等形體③。

最後,還剩下一個"橐"字,《說文》橐部:"橐,車上大橐。从橐省,咎聲。《詩》曰:'載橐弓矢。'"《玉篇》橐部:"橐,弓衣也。"《集韻》號韻:"橐,

---

① 參黃金貴《古代文化詞義集類辨考》第162—166頁,其説不一定完全允當,但畢竟對這些近義字作了有益的探索和區分。

② 段玉裁《説文解字注》、桂馥《説文解字義證》均贊同許慎的分析,並分別作了進一步的解釋。段玉裁曰:"鼓从又,則謂手擊之。弢从又,則謂手執之也。此云與鼓同意,乃使二篆之意可以互證。"桂馥曰:"《集韻》:'橐,攴也。'攴,即弢……'攴垂飾,與鼓同意'者,《廣韻》:'攴,腰鼓大頭名。'馥按,鼓从攴,今誤从支。"然而,朱駿聲《説文通訓定聲》則主張"弢"字"从攴聲"。此不取朱説。

③ 高明《古文字類編》第357頁"弢"條收有甲骨文、金文的例子,其形與🏹、🏹、🏹不相涉。如高説成立,那麼,後來文獻中"弢"的"弓衣"義當爲其通假用法。此不作爲否定隸🏹、🏹、🏹爲"弢"字的立論依據。

毀也。"《廣韻》豪韻："櫜，車上囊。"關於"囊、櫜"，從古至今，就有大與小、有底與無底的爭論。但從總體上看，"囊"也好，"櫜"也罷，均指儲藏器物的口袋。"弓衣"之"櫜"屬囊櫜類，其形當似囊櫜，但又不是囊櫜。徐鍇《説文解字繫傳》裏説："櫜，今弓胡簏也。""胡簏"古籍中又作"胡鹿、胡禄、胡籙、胡盝"等，雖用字不同，然其音其義則一也。本指藏矢之器，其形與"櫜"似，故徐鍇借助時語"胡簏"來説明"櫜"字（弓胡簏，藏弓的胡簏），並加弓修飾，以示區別。"櫜"於器爲"弓衣"，於用爲藏納，故段玉裁《説文解字注》曰："引伸之義，凡弢於外者皆爲櫜。"承培元《説文引經證例》曰："凡刀劍室弓矢韇皆可稱櫜。而藏兵亦可曰櫜，一義之灌注也。"這就是古籍中既有"彤弓弨兮，受言櫜之"（《詩經·小雅·彤弓》），"載櫜弓矢"（《詩經·周頌·時邁》）的記載，又有"垂櫜而入"（《左傳·昭公元年》）、"赴車不載櫜韔"（《禮記·檀弓下》）、"袒櫜奉胄"（《禮記·少儀》）、"左執鞭弭，右屬櫜鞬"（《左傳·僖公二十三年》）的記載，也有"櫜甲束兵"（《吕氏春秋·悔過》）、"櫜旌卷斾"（《魏書·陸叡傳》）等表述的原因。𢎘、𢎘、𢎘等的外框實象有底之囊櫜形，故其字隸定之時，必須參照《説文》櫜部字的構形，且要與"弓"的意義相關。也就是説，𢎘、𢎘、𢎘的隸定最好符合兩個條件：第一，含有"櫜"或類似於"櫜"的構件；第二，含有與"弓"相關的義素。如果考慮到銘文的語境，還得加上第三條，那就是前面提到的隸定字所表示的物品必須是車上之物。查櫜部共收5字，結合上古的訓詁材料，同時符合這三條的，就祇有一個"櫜"字了。"櫜"從"櫜"省，符合第一條；"櫜"在古籍訓詁裏的一個重要意義是"弓衣"，符合第二條；"櫜"是"車上大囊"，符合第三條。祇是𢎘、𢎘、𢎘結構爲會意，"櫜"則爲形聲。而這種"會意、形聲"結構的相互變換，是漢字結構演變中的常見現象。

前面説過，孫詒讓據毛公鼎隸𢎘爲"㪍"字，郭沫若據番生簋隸𢎘爲"㪍"字[1]，有一定的形體依據，但均不可取。"㪍"與"㪍"爲一字，隸"㪍"，忽略了盛弓之器具緘口處供貫繫把持之紐（除毛公鼎2例外，其餘12例均有"貫繫把持之紐"）。而隸爲"㪍"字，則體現了像𢎘（录伯戥簋蓋）、𢎘（番生簋）等主流形體上"紐"的特徵。緘口處供貫繫握持之紐，其字實爲"聽"，《説

---

① 見《兩周金文辭大系圖録考釋》第133頁。郭沫若共有3例釋爲"㪍"，其餘釋爲"㪍"，隨意性較大。

文》韋部："韢，囊紐也。从韋惠聲。"徐鍇《説文解字繫傳》："紐，所以關囊。"段注："囊，車上大橐也。紐，系也，一曰結而可解也。"戴侗《六書故·動物二》："韢，今以衣紐之牝環爲韢。"徐鍇《繫傳》"所以關囊"、段注"系也"，釋"韢"之功用；戴侗之"牝環"，釋"韢"之形象。合而觀之，我們所釋之字，盛弓之器具緘口處之符號形狀，正合徐、段、戴所注之義。"紐、鈕"當爲同源分化字。《周禮·夏官·弁師》："弁師掌王之五冕，皆玄冕，朱裏，延，紐。"注："延，冕之覆，在上，是以名焉。紐，小鼻，在武上，笄所貫也。"疏："云'紐，小鼻，在武上，笄所貫也'者，《説文》糸部云：'紐，系也。'又金部云：'鈕，印鼻也。'《廣雅·釋器》云：'鈕謂之鼻。'"孫詒讓《周禮正義》："按：凡器物之有空竅可穿繫者，並得稱鼻，冕鼻謂之紐，猶印鼻謂之鈕也……戴震云：'延有紐，自延左右垂，笄貫之以爲固。'……冕延與武殊，猶之禮冠之梁與武殊，故必於延下綴紐，下垂及武，復於武旁爲空，與紐空正相直，而後以笄橫穿紐武之空。"《楚辭·九思·怨上》："將喪兮玉斗，遺矢兮鈕樞。"姜亮夫《楚辭通故》（第一輯）第62頁"鈕樞"條云："按，鈕樞合成詞，今則倒言爲樞鈕也。鈕，《説文》訓本印鼻，按即《周禮·弁師》'延紐'之紐，鄭注'紐，小鼻，在武上，笄所貫者'，當爲本義，印鼻則引申之義也。紐以封笄，樞者户樞，所以持門，則紐樞皆所以持貫穿之物者，則與關鍵之義同。謂持之則可以轉環者也。"從孫詒讓、姜亮夫説可知，"紐、鈕"實同源，"凡器物之有空竅可穿繫者"，皆可謂紐。故"冕鼻"謂之"紐"，"印鼻"謂之"鈕"，"鏡鼻、弩鼻"亦曰"鈕"（見《洪武正韻》有韻，《正字通》金部），"衣上扣繫之牝環"謂之"襻紐"（見《六書故·動物二》《正字通》金部），"囊上之韢"謂之"囊紐"。⊗、⊙右上之形，正像囊上供扣繫握持之紐形。這也正是"囊"區別於其他囊橐類器物的重要特徵。"囊"爲"車上大橐"，其形較大，置於車上，需有專門的紐韢加以拴繫。故古人造字時，特别在該器物袋口處加以描繪，突出其特徵。

綜上，金文中相關的⊗、⊙、⊙諸形均當釋爲"囊"字。這樣，另外兩處即2841、4302兩器中過去認爲通"宏"或"弘"的例子，當另作解釋。毛公鼎之"囊我邦我家"、彔伯𢭐簋蓋之"更惠囊天命"中之"囊"當通"膏"。《周禮·地官·大司徒》："其植物宜膏物。"鄭注："膏當爲囊，字之誤也。蓮芡之物有囊韜。"孫詒讓《正義》："段玉裁云：'此鄭君謂爲聲之誤也。膏高聲在古音蕭宵肴豪部，橐咎聲在古音尤幽部，一字雙聲。'……《爾雅·釋艸》郭注云：'蓮謂房也。'房與橐韜並取包裹之義。"朱駿聲《説文通訓定聲》"橐"條下曰："《周禮·大司徒》'其植物宜膏物'，以膏爲之。"是"橐、膏"相通之證。通"膏"之"橐"取"潤澤、滋潤"義。《廣雅·釋言》："膏，澤也。"《詩經·曹風·下泉》："芃芃黍苗，陰雨膏之。"孔穎達疏："此苗所以得盛者，由上天以陰雨膏潤之也。"《國語·晉語四》："重耳之仰君也，若黍苗之仰陰雨也；若君實庇蔭膏澤之，使能成嘉穀，薦在宗廟，君之力也。"《漢書·李廣蘇建傳》："蘇君今日降，明日復然，空以身膏草野，誰復知之？""橐我邦我家"即"潤澤我邦我家"，"叀橐天命"即"惠澤天命"。

二、釋"五"①

《名原·原始數名》（上第1頁）討論了"五"字，認爲《説文》古文作✕，"然金文龜甲文皆同作Ⅹ，無作✕者"。孫詒讓指出Ⅹ爲"五"字，是正確的，但沒有對Ⅹ字形體結構進行分析，此作專節討論之。

"五"表數目，甲骨文中已大量使用。其形作Ⅹ或✕，構字方式，顯然與"一、二、三、三"等數目字不同。古文字形體中另有≡字表示數目"五"②，這個形體才與傳統認爲的積畫指事構字方式相同③。Ⅹ、✕既然不屬於積畫構字，它與數目詞"五"就不應有形體上的内在聯繫。如此，Ⅹ、✕的最初取象是什麽？Ⅹ、✕的關係如何？"五"的"交午"義何來？都是值得探討的問題。

（一）Ⅹ、✕的取象

《説文》五部："Ⅹ，五行也。從二，陰陽在天地間交午也。凡五之屬皆從

---

①　此節内容整理發表於《語言研究》2000年第4期，此處作了一些技術性處理。

②　參張舜徽《説文解字約注》第3576頁。

③　關於數目字，于省吾以爲："由一至九可分爲二系，而五居其中。按由一至四，均爲積畫，此一系也。由五至九，變積畫爲錯畫，此一系也……初文之紀數字，由五至九本作✕𝝠＋𝝠，均由二畫結構而成，此可爲自成一系之驗……初文中之原始字，由一至四，均爲積畫，積畫既多，則不勝其繁，故由五至九，均用至簡之二畫以構成之。"于氏錯畫成字之説，自成一家，但實過於精密牽强，"五"之甲骨文多作Ⅹ，"六"多作𝝠，又作𝝠、𝝠、𝝠等，均不由二畫構成，已破于氏之説，故本文不予討論。于氏説見《釋一至十之紀數字》，收入《雙劍誃殷契駢枝三編》。

五。✕,古文五省。"許慎"五行"之説顯係附會①,其形體分析也顯然有誤。二,據徐鉉、徐鍇、段玉裁等的分析,是指"天地"。段玉裁更是作了完整的分析説明:"古之聖人,知有水火金木土五者,而後造此字也"(釋"五行"),"像天地"(釋二),"此謂✕也,即釋古文之意。水火木金土,相克相生,陰陽交午也"(釋"陰陽在天地間交午"),"小篆益之以二耳,古文像陰陽午貫之形"(釋✕、✕之關係)。段玉裁不脱許慎之樊籬,硬將✕的構形與"水火木金土"學説牽連起來,實不足道,認爲✕是小篆在古文✕上增益二字,祇要對甲骨文、金文稍作留意,其説就不攻自破了。

　　甲骨文發現後,許多學者據此來解説"五"字之取象本義。

　　丁山認爲②:✕之本義當爲收繩器,引申之則曰交午……然則謂"五、互"形近音同義通,毋寧謂"✕古文互"之爲近矣。互,《説文》云:"可以收繩。"故並繩與器而象之。✕則象器之尚未收繩也,故見其交横之輻……蓋自借✕爲亖,收繩之義失,而别造互字;自借↑爲交互,交横之義失,而有"五行"之説。此古誼失傳後儒皆不得其解者也。

　　張秉權認爲③:亖像五指横伸之形,原與一二三四的像手指之形,是同樣的道理。又因五指横伸掌紋可見,而書寫五横,又嫌過於繁複,於是就以像掌紋的✕來表示一掌五指之數的五。後來又在✕的上下,各加一横而成✕形,以象掌中有紋。"五"有交午之義,可能是從掌紋的✕中引申出來的。

　　于省吾認爲④:於是"五"字以✕爲之。若初文本作✕,雖亦爲四畫,然結構已複,較積五畫爲五,尤見其難……蓋"五"之演變,由亖而✕者,以其書寫之便也。由✕而✕者,上下均加横畫,以其易與"乂"字之作✗者相混也。契文"乂"字數見,均作✗,自交叉處分之,上短下長,然究與"五"之作✕者相近易混。

　　此三家之説,丁説爲優。張説牽强亖、✕内在之聯繫,謂亖爲五指横伸之

────────────

① 劉起釪《釋〈尚書·甘誓〉的"五行"與"三正"》、趙光賢《新五行説商榷》有關於"五行"的討論,劉認爲"陰陽五行説"成於漢初,趙認爲成於春秋後期,較之"五"字,當屬後起現象,可參考。另甲骨文✕可横寫作⋈,二像天地之説顯然不可信,‖何以像天地。✕、⋈顯係器具的竪置横置之别。横置者如仲五父盨、戈五甗、伯睘卣等器中"五",均作⋈。

② 參《數名古誼》第91—92頁。

③ 參《甲骨文中所見的"數"》,《史語所集刊》第46本第3分。

④ 參《釋一至十之紀數字》,見《雙劍誃殷契駢枝三編》。

形,╳爲五指橫伸所見之掌紋,實無理據。≡爲積畫構字,幾成定論。通讀于氏釋文,實不知╳、⊠取象何物,其構字方式爲何例。張、于均認爲⊠之上下兩橫是在╳上添加的,不能令人信服。丁山釋"五"爲收繩器,並認爲"五"即"互",雖證據略爲單薄,有可商之處,但其"收繩器"之詮釋,大方向是正確的。

⊠實像繞綫之具,非僅爲收繩,也可收絲或其他綫狀物。

《説文》竹部:"籆,收絲者也。从竹蒦聲。"段注:"《方言》曰:'籆,榬也。兗豫河濟之間謂之榬。'郭云:'所以絡絲也。音爰。'按,今俗謂之籆車。"按紡織史進化之規律,"籆"當是在較爲原始的繞絲器具上改進而成的。我國利用工具制作的紡織品,大約出現在進入新石器時代之後不久[1]。早期的"收絲/紗器"相當原始簡單,不含任何機械制動成分,故"籆"之原始者僅有"籆"的單個構件⊠或工[2]。這種⊠、工由於是竹制或木制,不易長久保存,故其早期實物未能發現。但稍晚發掘之物可幫助我們了解其形制。1979年在江西貴溪崖墓(距今2595±75年,屬春秋戰國之間)中發掘出一批紡織工具(見圖),其形制恰似⊠、工之形。形體爲工者,長62—73釐米,係整塊木料制成,外表光滑;爲⊠者,中間交叉處用竹釘栓住,兩頭則用榫頭嵌入,制作相當講究,長度爲36.7釐米,相關專家認定爲當時的繞紗板和繞紗框[3]。其爲⊠者正與甲文⊠同。

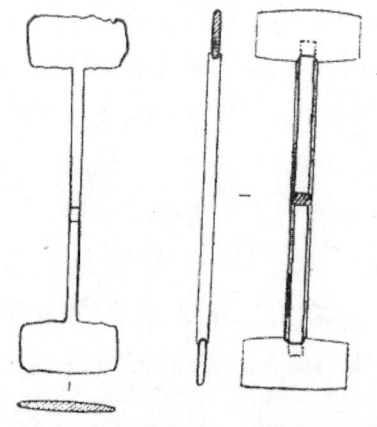

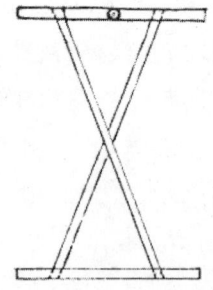

圖1　貴溪崖墓出土H形繞紗板
　　　(江西博物館提供)

圖2　貴溪崖墓出土X形繞紗框
　　　(江西博物館提供)

[1]　參陳維稷主編《中國紡織科學技術史》第6頁。
[2]　參周法高主編《金文詁林》第15册第7874頁引高鴻縉説。
[3]　同注[1],第51—52頁。

　　這種繞紗框繞紗時全憑手腕擺動器具。王夫之《船山全書·説文廣義》釋“互”時説：“以小竹一縱兩橫，制若‘工’字，以收繩者也。收繩者一左一右，一上一下，相轉而交約之，故爲‘交互’字，以彼此交錯而同就也。”王筠《説文釋例》卷十一：“蓋此器即吾鄉之絡絲朵子也。其形正似工字，惟象人手推握之狀，斯成互耳。其絲往來相交，而交互之義起焉。”二王所論其器之形制極是①。衹是因時代、地域之變遷，未見㐅形者。然今偏遠農村仍用此器以繞綫、繩、絲之類。湖北天門農村20世紀五六十年代仍用此器以繞絲綫，幾乎户户有之。其器高約50釐米，寬約15釐米，材料爲竹制，其中之㐅以細薄竹片爲之，上下之“二”爲稍厚之竹條，竹條兩端鑿成榫眼，竹片兩端制榫頭，榫頭榫眼相接則成㐅形，竹片之交叉處以竹釘固定。繞綫時，手握竹片之交叉處，左右旋繞搖動，絲綫則上下相續而纏在㐅之竹條上。其器天門俗呼“互［xu⁵⁵］綫耙子”或“綫耙”。其形亦正像甲骨文“五”之㐅形。小兒放風箏時，繞綫之具與此同，衹是尺寸比“收絲之器”的㐅要小得多。不獨天門如此，今貴州、重慶等偏遠之地亦有此器，功用、形制大致相當②。

　　“五”字之形㐅的取象從甲骨文到小篆乃至今天，應該説没有發生太大的變化，其所象之物爲收繩之器的結論應該是可信的。人們之所以未能發現其本義，原因大致有兩點：一是“五”在甲骨文時代已借作數目字，淹没了其本義；二是没有很好地利用考古發掘材料和現今的地域器具名物。人類的有些東西，是千百年不變的，衹要其器物文化賴以生存的環境未變。考釋古文字時，我們應充分注意到這一因素。

　　（二）關於㐅、㐅之關係

　　《説文》：“㐅，古文五省。”認爲㐅是從㐅省變得來的。段玉裁反對《説文》省變之説，力主小篆之前“五”應作㐅，“小篆益之以二耳”。王筠《説文釋例》卷十五：“《周禮·壼涿氏》‘午貫’，鄭注：‘故書午爲五。’賈疏云：‘十字爲之，是足明㐅十同體矣。’五貫者，蓋本作㐅，後人以小篆㐅易之，其意遂不可見。故鄭君依杜子春改爲午，然仍存故書五字，使後人得緣以用心。是知㐅篆最古，必

────────────────────────

①　王夫之、王筠均以“互”爲據，釋工形。“互”與“五”之關係，筆者另有專文討論。

②　天門爲筆者家鄉，其器形制功用爲所親見親用；貴州、重慶材料爲黄仁瑄、陳朝鮮二君告知。黄仁瑄爲貴州銅仁思南人，陳朝鮮爲重慶童南人。其他偏遠之地亦當有此種器具。

如是乃足象陰陽交午之形。"顯而易見，王筠也認爲ㄨ是後起之形體，至小篆乃如此。

于省吾、張秉權也認爲ㄨ是在ㄨ上增加兩橫畫得來的。張舜徽《説文解字約注》卷二十八也説："五當以ㄨ爲初文，而ㄨ又以交午爲本義，實象交錯之形。""ㄨ爲初文"，ㄨ自然是後出的了。自段、王始，治《説文》者大都持這種觀點。然今人也有贊同《説文》觀點者。黃錫全《汗簡注釋》ㄨ條："五，古體作ㄨ……三體石經《説文》古文省作ㄨ。"又："ㄨ，吾。出《義雲章》。古作ㄨ（商尊）、ㄨ（四年相邦戟）……此形省作。"

ㄨ與ㄨ的關係，究竟是從ㄨ省減爲ㄨ，還是從ㄨ增益爲ㄨ，僅從孤立的兩個形體看，實難遽斷。但若從取象發生、通變例等方面考察，則可得出一些可供參考的結論。

第一，從取象發生看，ㄨ當爲比較原始的形體，古今的收絲繩之具，大致如此。ㄨ大概是爲書寫簡便的需要采用的簡體寫法，由於這種簡便寫法與ㄨ易混，終未能通行開來。

第二，從通例變例看，據《甲骨文字詁林》"甲骨文之五字均作ㄨ，偶有作ㄨ者"，ㄨ當爲通例，ㄨ爲變例，這似乎也暗示ㄨ先出，ㄨ省作。因爲從目前的研究、認識水平看，尚未發現與甲骨文一脉相承的更早的有定論的古文字形體。

綜合上述兩點，我們不如相信《説文》，把ㄨ看作ㄨ的省寫形式。

（三）關於ㄨ、ㄨ形體

商承祚認爲"ㄨ即五字，以四字知之"[1]。李孝定説："ㄨ……蓋偶一爲之。猶存原始紀數字之遺意，多一橫畫或係筆誤，金文均作ㄨ。"[2]許進雄："……'壬子卜……其至五日……'，五作ㄨ，頗怪異。"[3]

此三家均把ㄨ、ㄨ隸定爲"五"字是對的，但或疑交叉處之橫畫是筆誤，或怪交叉處多出竪畫，或以積畫解字，均不足取。既明ㄨ爲收絲繩之器，積畫之説當不能成立；我們從丁山"ㄨ則象器之尚未收繩也，故見其交橫之輻"得到啟發，ㄨ上所加"一"或"丨"，雖有橫竪之不同，但其功用一致，均在指示器物上已繞纏有絲繩之綫物。故ㄨ作ㄨ、ㄨ，既不是筆誤，亦不怪異。李圃

---

① 《殷契佚存考釋》第二二四片考釋。
② 《甲骨文字集釋》第4177頁。
③ 《懷特氏等收藏甲骨文集》第82頁。

認爲✕形填實爲◆，"中間交互纏繞緯綫，故✕又可於中間繞綫之交叉點處加用字綴以指事，作✕"①。其説切中✕、✕等形構造之關鍵。✕、✕當是✕之異寫②。

(四)"五"字之"交午"義

"五"字本爲收絲之器具，其"交午"義是如何獲取的，歷來有不同説法。

1. 以《説文》爲依據，據"陰陽交錯"立"交午"義

徐鍇《説文解字繫傳》、王觀國《學林》、段玉裁《説文解字注》、王筠《説文釋例》均持這種觀點。段玉裁、王筠説見前。徐鍇《繫傳》裏説："五者，午也，故象交午者，陰陽之争也。"王觀國《學林》卷九"狃午"條："今按古篆五字爲✕，象陰陽交✕之義。"此説之誤，已如前述，此不再議。

2. 以✕中之✕爲據，立"交午"爲本義

林義光《文源》："五，本義爲交午……✕象相交。"朱芳圃《殷周文字釋叢》："✕象交錯形……當以交錯爲本義。"張舜徽《説文解字約注》："五當以✕爲初文，而✕又以交午爲本義，實象交錯之形。"這種觀點的不足之處在於過於依重《説文》所立之古文，忽略了《説文》字頭✕即"五"之本形，具有很早的源頭，古文✕祇是"五"字本形的一種省書，因而據✕形誤將"交午"(引申義)立爲本義。

以上兩種關於"五"的"交午"義獲取的説法，雖不可取(或以後出之思想附會早有文字之形體，或以引申之義替代文字取象之本義)，但這些説法均能抓住"五"字中之✕來加以闡釋則是有一定道理的。我們明白了"五"爲"收絲之具"後，那麼，"交午"義就祇能是其早期的滋生意義了。"五"之所以能獲得'交午'義，其因大致有二：一是✕字收絲綫時，收絲綫者手握✕器中間之交叉處，左右旋繞搖動，絲綫則交互疊置纏繞在✕上；二是✕字尚未收絲之時，其中間交叉處之輻條歷歷可見。✕器處在動態(收絲之時)也好，置於静態也罷，都會讓人聯想到"交午"義。處於動態時，"交午"義源於動作和絲綫纏繞之結果；處於静態時，"交午"義源自✕器中間輻條交叉之形象。

① 《甲骨文文字學》第235頁"五"條。

② 卜辭中有𠮷字，柯昌濟《〈殷墟卜辭綜類〉例證考釋》疑即古"吾"字，或"敔"之古文。黃錫全《汗簡注釋》認爲𠧢，古作𠮷(商尊)，𠮷(四年相邦戟)。據此推之，✕即✕字。

三、釋"對"①

古文字中，"對"字的構形取象，目前學術界尚無定説。孫詒讓在《名原·古籀撰異》中説："古文爲李斯所變亂，漢時已無完書，《籀篇》復闕於建武之際，故其形聲義例，許君已不能盡釋。《説文》所載漢人説亦多皮傅之論，如'對'，古文本从士，不从口，而許以爲漢文帝所改。"孫詒讓批評許慎是對的，但認爲"對"古文从士，也是可商的。下面我們將首先從甲骨文切入，利用出土器物材料，證明"對"字所从之ᚷ、工即古代收絲器；然後通過《説文》中从"丵"之"嵩"、戰國文字中从ᚷ之"繡"、甲金文"對"等字形體的比較分析，討論"對"字所从"丵"的構形取象來自"積繞織綉絲綫物品"，與《説文》"叢生艸"之"丵"有別；最後得出結論，"對"是一個會意字，會"以手持ᚷ或工積繞絲紗"。

我們在上一節討論過ᚷ（五）字，認爲ᚷ即"收絲繩之器"，並舉江西貴溪崖墓出土的ᚷ形繞紗框爲證。其中一呈工形的器具，考古學家、紡織史專家認定與ᚷ功用相同，爲繅絲時的繞紗工具。前文由於篇幅所限，未能就工形器展開討論。甲、金、戰國文字"工"字作此形。《説文》工部："工，巧飾也。象人有規矩也。"楊樹達以爲許説不確，並據"左、晉、式、巧"等字，釋"工"爲曲尺，可備一説②。何琳儀認爲"工"字"構形不明"③。我們認爲，ᚷ、工實同字異構。這裏討論的"對"字，即是典型的例子。

《説文》丵部："對，應無方也。从丵从口从寸。對或从士，漢文帝以爲責對而爲言，多非誠對，故去其口以从士也。"楊樹達在《釋對》一文中，否定了許慎的釋義和形體分析，認爲甲金文構形多不从口，"應無方"便成無據之言。漢文帝"去口从士"不過是歪打正著，與古文字的形體恰巧相合。楊釋重在破許，"對"爲何義、結構如何則語焉不確。查甲骨文，"對"有作𢧵（佚六五七）、𢧵（甲七四〇）、𢧵（前四·三六·四）諸形者，趙誠、何琳儀均隸定爲

① 此節內容整理發表在《古漢語研究》2001年第4期。
② 參楊樹達《積微居小學述林》第58—59頁。
③ 何琳儀《戰國古文字典》第412頁。

"對"字,趙未進行構形分析,何則言"構形不明,或説,从又,堂聲"①。甲骨文 🝔、🝔 之異構,正好與江西貴溪崖墓之繞紗器具的形體相吻合,可見,作 🝔 作 🝓 無別。

"對"字甲骨文字形描繪的是以手持 🝔 或 🝓 以收紗理絲的形象。其上之 🝓 即"小",甲骨文獨體"小"字作 🝓(甲六三〇),象沙粒形,引申爲細微、微小。金文作 🝓(何尊),戰國文字承襲金文,作 🝓(《中國歷代貨幣大系》三二 "小曲市南"空首布。周空首布"小曲",何琳儀讀爲"少曲"),《説文》:"小,物之微也。"何琳儀謂"小、少古本一字"。實"小、少"同源,"少(沙)、紗"古今字。王力《同源字典》認爲:"少、小準雙聲疊韻,同源。"劉均杰《同源字典補》認爲"沙、紗同音,沙是散碎的石微粒,紗是輕細的絲織品",故同源。《玉篇》系部:"紗,紗縠也。"《集韻》麻韻:"紗,絹屬,一曰紡纑,通作沙。"《釋名·釋采帛》:"縠(縠),粟也。其形戚戚,視之如粟也。又謂之沙,亦取戚戚如沙也。"《周禮·天官·内司服》:"褘衣、揄狄、闕狄、鞠衣、展衣、緣衣、素沙。"注:"素沙者,今之白縛也。六服皆袍制,以白縛爲裏,使之張顯。今世有沙縠者,名出於此。"孫詒讓正義:"沙、紗,古今字。呂飛鵬云:'古無紗字,至漢時始有之。'"《荀子·勸學》:"白沙在涅,與之俱黑。"《論衡·率性》:"白紗入淄,不染自黑。"《漢書·江充傳》:"充衣紗縠襌衣。"顏師古注:"紗縠,紡絲而織之也。輕者爲紗,縐者爲縠。"上引材料表明,無論從字形,還是從語源,"小、少、紗"均有同根共源之關係。🝔、🝔、🝔 上之 🝓 實即古"紗"字。

表"紗"之 🝓 何以置於 🝔、🝓 之上方?這與繰絲的工序有關。古代繰絲時,要經過煮繭、索緒、集緒、繞絲等複雜工序。繞絲時,總是把數根繭絲綯絞一起,併成一根,具體併多少,要視經緯的粗細和繭絲本身的粗細而定。據考古材料,西周絲織物經緯綫的繭絲根數爲14~21,周代晚期已達7~10根②。宋應星《天工開物·治絲》記載,繭煮開後,提起緒絲,引入竹針眼,繞上鼓輪,再挂上送絲竿,然後方可登車積繞。治絲登車時,還需用盆盛炭火,置於車

---

① 趙説見《古文字研究》第10輯第352頁,何説見《戰國古文字典》第1215—1216頁。徐中舒《甲骨文字典》"對"條引林義光、朱芳圃、高鴻縉、李孝定諸家説,最後總結:"諸説不一,迄無定論。"可參考。

② 參陳維稷主編《中國紡織科學技術史》第50—51頁。

旁,以烘乾出水濕絲。故絲要懸置於ᕕ、工之上方。至於懸挂於ᕕ、工上之繭絲,何以取三數,這與漢語"三"可表多數有關。文字構形中,亦常以三個同形部件匯聚成字,以表衆多。如三人爲"众"、三木爲"森"、三金爲"鑫"、三土爲"垚"、三火爲"焱"、三水爲"淼"等等。文字構形中,亦有積三畫以成構字部件表衆多之例,如"彩、彰、辵、參、參、彤、今"等之"彡"。《説文》彡部:"彡,毛飾畫文也,象形。"毛飾也好,畫文也罷,當不止三筆,以"彡"表之,示其多也。《説文》首部、᠎部、須部字中之"᠎、彡"或指頭髮,或指面毛,或指胡須,均當不止三根,以三畫"᠎、彡"表之,亦喻其多也。特別是᠎、᠎字,與ᕕ、᠎字有異曲同工之妙。᠎,髮生於上,故᠎置於頭之上方;᠎,頭倒懸,髮垂於下,故᠎置於頭之下方。ᕕ、᠎,絲縷挂於上,故小置於ᕕ、工之上,表紗之小顯然不止三根,以小喻細微之紗多,明矣。實際上,示多之筆畫,亦可是四畫或五畫,不實而解之即是。甲、金、戰國古文中,"對"左上有作ﾊﾊﾊ(太保敦)、ﾙﾙﾙ(毛公鼎)者,其中太保敦之᠎與前述繅絲過程特別貼近,上之ﾊﾊﾊ示衆多絲縷挂於上方,然後經挂竿合多爲二,再合二爲一,最後才收繞到收絲器工上。"對"之篆、隸、楷形體,當直接源於甲骨、金文的形體,特別是毛公鼎的形體。

　　許慎據小篆形體分析"對"從丵從口從寸,雖不正確,但其"從丵从寸"的説解對於考釋"對"字也不是全無幫助的。何琳儀"或説從又黹聲"的綫索對於考釋"對"字也具有重要意義。《説文》中的"丵"形,實有幾個有一定相似之處的不同來源:一爲"叢生艸",《説文》丵部:"丵,叢生艸也,象丵嶽相並出也。"又如"叢"字,《説文》丵部:"叢,聚也,從丵取聲。"《周禮‧地官‧大司徒》:"五曰原隰……其植物宜叢物。"鄭玄注:"叢物,萑葦之屬。"《説文》艸部收有"藂"字,釋爲"艸叢生貌,從艸叢聲",當爲"叢"之後出分別字。二爲"積繞織綉絲綫物品",如從黹諸字。三爲"穿木丵之形",如"鑿"字,《説文》金部:"穿木也。"段玉裁注:"穿木之器曰鑿。"《釋名‧釋用器》:"鑿,有所穿鑿也。"《論衡‧效力》:"鑿所以入木者,槌叩之也。"這種挖槽穿孔用的"鑿",其所從之"丵"與前面兩種"叢、黹"等所從之"丵",來源顯然不一樣。據出土文獻《侯馬盟書》,"鑿"中之"丵"作▽、᠎,即鑿之象形字,依形體演變規律,隸變當作"辛"或"辛"①,但小篆字形訛變爲"丵",與"叢、黹"所從之"丵"混。所

――――――――――
① 郭沫若《甲骨文字研究》認爲"辛、辛實爲一字"。

以發生如此訛變,大約因爲它們形體相似。徐鍇《說文繫傳》:"此字(雄按,指
"𦮼"字)下半雖非干字,以其形似即次於干,所謂據形聯繫引而申之也。"清代
苗夔《說文繫傳校勘記》:"'非干''於干'兩干字皆當作辛。"徐鍇、苗夔據《說
文》篆形,尚能明辨兩形之分別,但他們却不知《說文》所收之篆形"𦮼"中已
混入"辛"類之形。清代王紹蘭《說文段注訂補》:"《春秋·文五年》冬十月甲
申許男業卒。《左氏》《公》《穀》經並同,《公羊》解云:許男業卒,正本作辛字。
按,辛者,𦮼之爛字,即《說文》艸叢生之𦮼也。蓋許男本名𦮼,因此字經傳少
見,學者罕識,故或誤爲業,或誤爲辛耳。"王紹蘭之論,說明"𦮼、辛"形似,極
易誤植。王筠《說文釋例》"𦮼"條:"此部所以次辛部後者,形微似耳。"徐鍇、
王筠均明白許慎依次相連編排"辛、𦮼",是因爲它們形體相似。形似導致了
本該從"辛"或"辛"的"鑿"而訛變成了從"𦮼"。

　　與上述由於訛變引發的一形多源不一樣,文字形體在産生、演變的過程
中,還會發生另一種一形兼表多個來源的情況。古文字中,"齊"字就有以"手
工業鑄造翻模之鑄件整齊表意(從箭鏃)"和以"農作物整齊象形表意(從麥
穗)"兩個不同的來源①。"𦮼"也是如此,有兩個不同的形義取象來源:一是從
"艸木叢聚生長"取象,《說文》之"𦮼"字和從𦮼之"叢"等是其例。一是從"積
繞織綉絲綫物品"取象,《說文》中"黹、對"等字所從之"𦮼"爲其例。從語源
的角度看,這兩個不同的形義取象具有同源關係,其核心源意義當是"聚積"
和"參差不齊"。章太炎《文始》:"《說文》:'𦮼,叢生艸也,象𦮼嶽相並出也。'
變易爲叢,聚也。又爲薵,艸叢生貌。自大篆已有薵字矣。又作舌音則爲蓐,
陳艸復生也。蓐對轉東則爲茸,艸茸茸貌。從齒音,則孳乳爲蔟,行𧁾蓐也。
又孳乳爲縟……此與黹字從𦮼同意。"章太炎已經看出"叢"等字從𦮼與"黹"
從𦮼有"同意"同源關係,實屬可貴之灼見。章氏的《文始》意在突破字形,系
聯同源詞,探求語源,而對文字形體本身的結構,則關注較少,故未引起後來文
字學學者的足够重視。

　　前一種形義取象,《說文》已說得相當清楚,此不重述。這裏重點討論說
明後一種形義取象。《說文》黹部:"黹,箴縷所紩衣。從㡀,𦮼省。"段玉裁注:
"按,許多言希聲而無希篆,疑希者,古文黹也。從巾,上象綉形。𦮼者,叢生

草也,篾縷之多,象之。"段注"疑希者,古文黹"是正確的,《周禮·春官·司服》:"祭社稷五祀則希冕。"鄭玄注:"希,讀爲絺。或作黹。"是其證。但其以"篾縷之多"、象"叢生草"則可商。實際上,"黹"之"𢁆"的取象另有所本,並非由"艸木叢生"取象。戰國楚系文字有𥿋(天星四六〇七,黃金~),何琳儀釋讀爲"从二黹,疑黹之繁文,讀黹,《爾雅·釋言》'黹,紩也'"。齊系文字有𥿋(璽匯1560,孫~),晉系文字有𥿋(璽匯1834,事~)、𥿋(長陵盉,晏~)、𥿋(璽匯2871,𢁆~)等,何琳儀均釋讀爲"繶,从糸,黹聲。《集韻》:'繶,《説文》袚衣也,或作緻。'長陵盉𥿋,讀緻。《廣雅·釋器》釋練"[1]。何釋與段注的"疑希者,古文黹"相吻合,無疑是正確的。這些字中的𢁆與"對"的甲骨文形體所从完全一樣,這恐怕不能用巧合來解釋,祇能説明它們彼此之間有內在聯繫,有相同的來源。《甲骨文編》共收5例"對"字,其中3例从𢁆,2例从𡳿。《金文編》收"對"字較多,右旁之形絕大多數从又,極個別从寸。左旁之形,上部與甲骨文相同,頂部表絲紗之直畫,絕大多數仍然是三畫,祇有個別的變成了四畫或五畫。下部變化稍大,無作𢁆形者。作𢀳者,則上之橫畫多向上翹起,有的還在上下橫畫之間加上圓點,與"封"字下部混。戰國文字裏,楚系文字的"對",多从口對聲,作𢀳,這個形體是在"𢁆"下加口,然後把"𢁆"之上部右移至"又"之上變來的。這從𢀳(包山楚簡一二)、𢀳(包山楚簡一五反)兩字看得非常清楚,前者直接在"對"字的左下加口,後者則在加口的同時,"𢁆"之上部右移。秦文字則直接在"對"字左下加口,成爲我們看到的許慎作爲字頭收入《説文》的"對"字。"對"字加口成"對",是爲了分化"對"字表詞任務過重而另造的分化字,以"對"專表"應答"。

聯繫甲、金、戰國簡帛文字,我們可以看出𢁆、𡳿、𢁆當是"𢁆"的形體來源之一。其演變源流大致如下:

$$\mathrm{𢁆、𡳿} \longrightarrow \mathrm{𢁆、𢁆} \longrightarrow \mathrm{𢁆} \longrightarrow \mathrm{𢁆}$$

"對"之"收絲繞紗",從廣義上講,實亦是"治紗",使紗有條不紊地積繞於收紗器上。故《廣雅·釋詁三》把"亂"與"斸(對)"並列在一起,釋爲"治也"。進而引申之,有"責對治獄"之義。何琳儀云:"包山簡'𧮫',讀對,責對而治獄。"[2]桂馥《説文解字義證》"對"條:"錢君大昭曰責對爲窮治也……《急

---

① 戰國文字材料均來源於何琳儀《戰國古文字典》。何琳儀釋文見該書第1210頁。
② 《戰國古文字典》第1216頁。

就篇》'犯禍事危置對曹',《漢書・劉向傳》'詣獄置對',又'臨江王徵詣中尉府對薄'。"上列諸"對"字皆"治理"義。又"收絲繞紗"之結果,是把"絲紗"聚合於一處,故《爾雅・釋詁》曰:"合、會,對也。"《詩經・周頌・般》:"敷天之下,裒時之對。"余培林《正詁》:"二句言普天之下,皆會合聚集於此。"正用"聚合、聚積"之義。

綜上所述,"對"字从丵並不難解,它直接取象於上古纏絲過程中的"繞絲收紗"活動,其構字方式屬會意,可描述爲"以手持⊠或工積繞絲紗"。至於《説文》字頭的"對"則是個形聲字,當爲"从口對聲",王筠《説文釋例》、王煦《説文五翼》裏已有闡發,此不贅述。

四、釋✳(篗)[1]

羅振玉《貞松堂集古遺文》十六卷、劉體智《善齋吉金録》二十八册和《小校經閣金文拓本》十八卷、王辰《續殷文存》二卷均收有"✳甗"(見圖一)。容庚《金文編》將其收入"附録",作"✳甫甗"以示未釋,同時收有"⚹婦觶"(見圖二)。據《殷周金文集成》,"✳甫甗"爲殷器,"⚹婦觶"亦爲殷器。我們認爲,✳、⚹無别,如果把✳看作豎置式的話,那麼⚹則是横置式。在古文字的書寫方式中,我們經常能看到這種同一個字的横豎置的不同方式[2]。實際上,"⚹婦觶"的器、蓋用字已很好地證明了這一點,分别作✳、⚹。故下面的討論,以✳爲例展開。

這個字在甲骨文中已經出現,今舉辭例如下:

癸未卜,永貞:翌戊子王往逐✳。　　(《殷契佚存》三八九版)
癸未卜,貞:翌戊子王往逐✳。　　(《續甲骨文編》三、三六、八版)

---

① 此節是拙文《釋"五"》《説"垩""⿱"》《釋"對"》等文的續篇,完成於2001年5月,提交"首屆中國文字學國際學術研討會——紀念許慎撰著《説文解字》1900周年"的會議論文,發表於《江漢考古》2002年第4期。孫詒讓隸爲"束",不可取。詳下節《釋迷(還)》。另外,這個形體,孫詒讓之前後,説法頗多。吴大澂、劉心源等隸爲"來"(見《愙齋集古録》第二册第13頁單伯鐘,《奇觚室吉金文述》卷五第11頁交尊);方濬益同孫詒讓,隸爲"束"(見《綴遺齋彝器款識考釋》卷一第30頁);湯餘惠釋爲"𠂢",在銘文中讀爲"佐"(見《讀金文瑣記》[八篇])。諸説或隸字與原形不合,或釋義於文不諧。

② 參《釋"五"》《説"垩""⿱"》《釋"對"》等文。

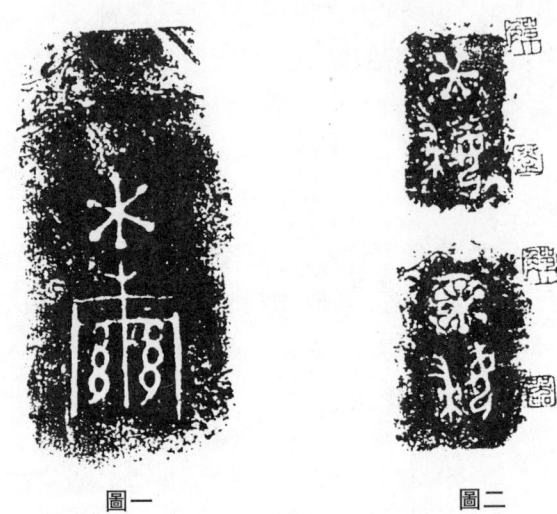

圖一　　　　　　　　　圖二

另甲骨文中有"戊子卜,宁貞,王逐✕于沚,亡灾? 之日王往逐✕于沚,允亡灾,隻✕八"(《甲骨續存》二、一六六版),"戊子卜,宁貞,王逐✕于沚,亡灾? 之日王往逐✕,允亡灾,隻✕八"(同前,一四七九版,亦見《殷契拾掇》二編十九版),"癸未卜㲉貞:多子隻✕"(《小屯南地甲骨乙編》三六七四版),多處涉及✕字,嚴一萍通過辭例、内容的比較,釋✕爲"鷞"①,姚孝遂認爲:"'✕'或省作'米',爲狩獵之對象。卜辭多見獲✕之記載。嚴一萍以爲即'鷞'之本字,爲'鷹'之一種,其説可從。《爾雅·釋鳥》'鷞'亦或省作'來',當是'✕'或'米'形體之訛。"②嚴、姚的解釋,對上述例子來説,似乎是通了,但細考之,則實多有未安之處:第一,米的取象是什麽,全文未作任何交待,等於没有釋米;第二,釋✕爲"鷞"的基礎是建立在米爲"來"之上的,但兩位先生未就二字之形體、語音等方面的聯繫作出必要説明;第三,如果"米、來"的關聯不存在,那麽,釋✕爲"鷞"就失去了依據,最終得出的結論也就值得懷疑。本文擬從這些問題入手,對米字作嘗試性解釋。

甲骨辭例有限,我們先釋殷商金文裏的米字。

關於"米爾甗",爾字,古文字學界無定説,可視爲未識字。但紡織史界,則

① 見《釋✕》。
② 于省吾主編《甲骨文字詁林》第2册第1778頁。

有他們的看法,認爲這個字就是“繭”字,這是有科技史的根據的①。從文字的角度看,似乎“繭”與□還不完全吻合,但從文字史的角度看,“繭、□”同字,還是可能的。據張涌泉《敦煌俗字研究》,“繭”在敦煌文獻中,有“繭、蔺、璽、璽、璽”等不同寫法,除了“糸、虫”可以互换位置外,其構形字素“⿱”中間,有時可以没有“虫”,如“璽”;有時又可以没有“糸”,如“璽”;有時甚至“糸、虫”都没有,如“璽”。桂馥《説文解字義證》“繭”條下已舉《玉篇》重文作“璽”的例子,並列舉了《漢書・王莽傳》《論衡・自紀篇》《尸子》等書中“繭”作“璽”的實例加以論證。與《説文》相比,這些當然是後出的字形,有的甚至是訛變,但是它可以説明漢字構形中的一些共同的規律:漢字構形時,是抽取客觀對象中那些有代表性的特徵來參與構字,而不必兼顧所有的特徵,有時甚至是比較主要的特徵,由於構件單位、構字視角、理念等主客觀因素的影響和限制,也不得不被捨棄掉。“繭”字作□,从二糸而不从糸、虫,大致緣於此。另外,“糸”的古文作□,“□□甗”中,“芇”裏所从正作□,與“糸”之古文合。《説文》“繭”的古文作“絸”,段玉裁認爲从糸、見聲,這也説明“繭”字構形可不从“虫”,其中“糸”作□,亦與□所从合②。因此,釋□爲“繭”是能够成立的。過去,人們不把□定爲“繭”字,大概受制於《説文》“从糸从虫”的“權威”解釋,不敢越雷池而行。

□字釋爲“繭”之後,□字的考察範圍就大大地縮小了。結合器物的功用看,甗類器,中設箅子,兼甑、鬲二器之功能,可炊可煮。《博古圖》云:“甗之爲器,上若甑,可以炊物;下若鬲,可以飪物,蓋兼二器而有之,或三足而圜,或四足而方。”據考古發現,浙江吴興縣錢山漾新石器時代遺址出土的4000年前的絹片,絲條粗細比較一致,説明當時已能初步控制繅絲的水温和沸煮的時間。《春秋繁露・實性》:“繭待繅以涫湯而後能爲絲。”《淮南子・泰族訓》:“繭之性爲絲,然非得工女煮以熱湯而抽其統紀,則不能成絲。”上面諸條相互印證,可以推知,此甗可能是用來做與煮繭繅絲有關的事情的。與煮繭繅絲相關的器具,除了煮器之外,剩下的最重要、最關鍵的就是繞收絲的器具了。原始的、最基本的繞收絲的器具是□、□等,而這個□字與它們在形體上有較大的差異。另有“篗”字,《説文》竹部

① 參陳維稷主編《中國紡織科學技術史》第416頁;又《絲綢藝術史》第14頁。

② 段玉裁《説文解字注》“糸”條認爲“糸象束絲之形,此謂古文也,古文見下(按,作“□”),小篆作‘□’,有所增益”。“繭”條認爲:“从虫从芇……張參所據本是也。今據正。虫者,蠶也。芇者,僅足蔽其身也。”敦煌“繭”的俗體所从之“⿱”,實爲“芇”字之演變。

釋爲:"收絲者也。从竹蒦聲。"段玉裁注:"《方言》曰:'篗,榬也。兗豫河濟之間謂之榬。'郭云:'所以絡絲也。音爰。'按,今俗謂之篗車。"朱駿聲《説文通訓定聲》:"今蘇俗謂之篗頭,有車曳者,有手轉者。""篗"亦作"籰、籰",故里俗語又作"篗子、籰子",如清代唐訓方《里語徵實》卷中上:"收絲器曰篗子。"《紅樓夢》第七十回:"(丫頭們)搬高墩,捆剪子股兒,一面撥起籰子來。"(雄按,此"籰子"指放風箏時的繞綫器。)《説文》收"篗"字,不收"籰、籰"字,段玉裁認爲"篗"是訛字,實際上"篗"是後起的俗寫,"籰"亦當是後起字。《玉篇》《方言》《集韻》作"篗"①。而《廣韻》藥韻引《説文》作"籰":"籰,《説文》曰:'收絲者也。'"此後,"籰"幾乎取代了"篗"的主流地位,成爲大衆用字。《天工開物·乃服·調絲》:"懸搭絲於鈎内,手執籰旋纏,以俟牽經織緯之用。"乃至今天的《漢語大字典》給"籰"繪圖,而"篗"下則無圖。"籰"的形制如何? 除《漢語大字典》的繪圖之外,我們還可以從古代與技術史相關的典籍繪圖中和古代文字訓詁著作對相關字詞的解釋中獲得感性認識和理性領悟。

　　明代宋應星《天工開物》的《治絲》《緯絡》等章節中均有籰的繪圖,形制與《漢語大字典》相似,衹是有大小之别。《中國紡織科學技術史》繪制的各個時期的籰的圖形,特别是考古發掘的晉代"籰子",實屬珍貴。這種籰的形狀也與《漢語大字典》相同,由於這種竹木制成的有一定組合技術成分的器具,容易腐爛,不易保存,故現今尚未發現更早的實物。這就表明,"籰"的形制從古到今,没有發生太大的變化②,爲我們考釋記録這個詞的早期漢字形體提供了方便和依據。關於文字訓詁的主要有下面幾條。

　　箏:繞絲工具。《説文》竹部:"箏,筳也。"段玉裁注:"筳、筦、箏,三名一物也。"朱駿聲《説文通訓定聲》:"《通俗文》:'受緯曰箏。'按,亦曰筦。今蘇俗謂之篗頭,圓列其梃如栅。"

　　筳:繞絲工具。《説文》竹部:"筳,繀絲筦也。"段玉裁注:"糸部曰:'繀,著

---

① 《集韻》藥韻另收有"篗"的或體"箷"。

② 我們曾在《釋"五"》一文中指出,人類一些最基本的用具是長久不變的。最早的繞絲器具𢎛、工,在甲金文中尚未發現以獨立字的方式作本義用,衹在作字的構件時,才體現其造字時的意義。後來,用發展了的,由𢎛、工改進和組合的新字"籰"來表示繞絲器這個詞,雖説表詞相同,但從形體傳承看,兩者(𢎛、工與"籰")不能視作同一個字。

絲於筟車也。’按，絡絲者，必以絲尙著於筳，今江浙尚呼筳。”朱駿聲《説文通訓定聲》：“筳，所以絡絲者，蘇俗謂之篗頭。筳即其四周挺如栅者。”

筦：繞絲工具。《説文》竹部：“筦，筟也。”朱駿聲《説文通訓定聲》：“筦，一名筳，蘇俗謂之篗頭，列梃如栅而圓，所以縮絲於其上者。”徐灝《説文解字注箋》：“筦之本義爲絡絲之筟車。”

篗：繞絲工具。《方言》卷五：“篗，榬也。”錢繹《箋疏》：“今人絡絲之器，刻木爲六角，圍尺許，以細竹長五六寸者六，聯其上下，復爲穿納柄於其中，長二三尺，持其柄而搖之，則旋轉如車輪，謂之絡車，疑即此與？”

櫺：繞絲工具。《説文》木部：“櫺，絡絲柎也。”段玉裁注：“絡絲柎者，若今絡絲架子。”

這幾個字，後世字詞典均釋爲“絡絲工具”，實際上，早期的用軖纏繞繅出的絲與用篗收絲所用的器具形制大致相同，或者説，篗形器具的功用廣泛、形狀大小不拘。比如元代王禎的《農書》軸式整經圖中的大絲框，其形制就與篗相似①。《説文》收有“軖”字：“紡車也，从車㞷聲，讀若狂。”段玉裁注：“紡者，紡絲也，凡絲必紡之而後可織……木部曰：‘櫺者，絡絲柎。’竹部曰：‘篗，所以收絲者。’糸部曰：‘維，著絲於筟車也。’又在繀之後紡之前。俟再考。此非車也，其稱車者何？其用同乎車也。其物有車名，故其字亦从車。”《黄侃手批説文解字》“軖”條：“同互篗。”關於“互”，我們曾作過説明，應與“五、篗”有别②。從段注、黄批看，“軖、篗、柎、櫺”等字有相當密切的關係，特别是黄侃手批，更是用“同”來看待“軖、篗”，視二爲一，當然，我們也應該看到，黄侃手批是從主要功能和義項上説的，即渾而言之，均可稱之爲“絡絲工具、繞絲之器”，但析而言之，兩字還是有差别的：軖，王筠《釋例》：“今人抽棉爲綫謂之紡，而繅繭爲絲謂之軖。依許言之，則兩名一事，其事曰紡，其器曰軖也。若依今語解之，則絲不待紡。又按，網絲也者，謂網其絲也，以静字作動字用也，結網者往復而結之，軖絲者往復而縈繞之，故借以爲言也。”顯而易見，王筠認爲“軖”之命名，是從繅絲時有纏繞之動作、功用著眼的，故从車㞷聲。後來也用來指繅絲時使用的器具，原始繅絲器具當不止繞絲器一種，但主要的還是收絲器，因此，從這個意義上來説，用“軖”來指稱“繞絲之器”，也是可行的。而“篗”之命名則著眼於繞

①　趙翰生《中國古代紡織與印染》第123頁轉引，商務印書館1997年。
②　參拙著《釋“五”》《説“互”“鬲”》《釋“對”》等文。

絲器具本身的形貌、質地,故从竹叟聲,專指繞絲之器。其形質如何,我們可從
以下幾個方面考察得之。

（一）質地

1."箏、筦、筵、籛"等被《説文》列爲收絲之器的字,均从竹;

2.考古的材料證明,無論是戰國時輾轆式的繅絲軒還是晉代的籛子,都是
竹制的①。這裏説其質地爲竹制是就大多數而言的,並不排斥用其他材料做成
的,比如木制的。上舉錢繹《方言箋疏》所説,就是竹木兼用的。

（二）形貌

這個問題至關重要,與我們考釋的字直接相關。從訓詁的角度看,上舉諸
字,朱駿聲都作了描繪性的訓釋。先後用了"圓列其梃如栅""筵即其四周挺
如栅者""列梃如栅而圓";錢繹用了"刻木爲六角,圍尺許,以細竹長五六寸
者六,聯其上下"。朱、錢所釋之義,繪之成圖,則爲六角之形（若聯接其六個
端點,則略呈圓狀,即朱説的所謂"列梃如栅而圓"和錢説的"圍尺許"）,正與
甲金文中✳、✲形體合,嚴格地説,這個形體實是後世"籛"的核心部分起支
撐作用的交叉輻條的象形。現在我們看到的籛（包括出土的文物及其復原
品）都已是機械化的産物。而起初的籛與原始的繞絲工具——工、☒當相差
不遠,不過是它們（多爲三個）的交叉組合而已。組合時,單個工或☒自身構
成的平面與✳、✲形成的圓面垂直,工、☒的上下兩竹條（或木片）伸出在圓
平面之外,這就是✳、✲六個角上有黑頭（金文）和短劃（甲骨文）的原因。
後來,再把兩個工組合在一起,便成爲現在看到的"籛"的雛形。再後來,延長
竹箸的兩端,中間裝上軸,即成爲有柄的"籛"了。綜上所述,無論從形體,還是
從意義看,✳都當釋爲"籛"。✳是個獨素字,象形表詞。"籛"則是個合素字,
意音表詞。

釋✳爲"籛"之後,✳🕮就是"籛繭",也就是"煮繭繅絲"的意思。商代鑄
器主要是"實用器",也就是説主要是作爲器具來使用的。因此,刻鑄✳🕮的甗
説明它是用作煮繭繅絲的。至於"✳婦觶"可讀成"籛婦觶"或者"籛婦觶"。
這個"籛"可能是族徽或姓氏,可能就是後來"璺"姓的先祖。金文中的✳,也

---

① 參趙翰生《中國古代紡織與印染》第114頁、陳維稷《中國紡織科學技術史》第167頁圖
III3-2-8。

有作人名用的,如"✳作父癸觶"(《殷周金文集成》第6426號）。人名用字與字本身的構形,一般來説,没有直接的關係,此不討論。

　　釋✳爲"篗"之後,甲骨文中的"逐✳、逐✿、隻✿"也就可以順理成章地隸定爲"逐篗、逐䲲、獲䲲"。"篗、䲲"異字同詞,"篗"是借字表詞,"䲲"是形聲合素構字,本字表詞。這樣,就既解決了✳的取象問題,又説明了✳和"篗"在語音上的聯繫。同時,釋✿爲"䲲"也有了依據。而且,釋✿爲"䲲"也與上舉卜辭"逐✿于沚"的辭例吻合:據《爾雅·釋水》"水中可居者曰洲,小洲曰渚,小渚曰沚","沚"爲水中小塊陸地,而"䲲"正是水鳥,《廣韻》鐸韻:"䲲,水鳥。"這也證明了甲骨文中"逐篗、逐䲲、獲䲲"的記載不虚。行文至此,嚴一萍、姚孝遂釋✿爲"鵜",✳爲"鵜"之省的結論,就不攻自破了。

　　至於"䲲"與"篗"有何語義上的聯繫,下文有詳細討論,這裏祇舉宋代詩人梅堯臣《至廣教因尋古石盆寺》的詩句"化蟲懸縊女,啼䲲響繅車"作爲結束語,稍示"䲲、篗(篗)"之關係,此不贅述。

五、釋遫(遷)[①]

　　本節討論殷周銘文裏的遫字,過去釋爲"逨"或"遴",没有定論。我們從字形分析切入,通過該字所在語境的探討,結合相關字詞的考釋,在否定舊説的基礎上,提出新見解,認爲該字就是後來的"遷"字,在銘文裏主要有三種用法:第一,用作人名;第二,用作動詞"行往、前去";第三,借爲"護",表"輔佐、輔助"。

　　《殷周金文集成》第2164、2165號(圖一、圖二）均含有此字,《集成》確認這些拓片所在器物的時代爲西周早期,定器名爲"史遫方鼎（史逨方鼎）",並在2164號後注曰:"第二字或釋逨,或釋遴。"這個字在上列器物中,用作人名,難以判斷釋爲"逨、遴"的優劣。下面,我們將從字形、語境、相關字詞的考釋等幾個方面來考察該字。

[①]　此節是《釋"✳(篗)"》的續篇,完成於2001年9月,作爲"古文字信息化處理國際學術研討會"的會議論文,後發表於《華東師範大學學報》(哲學社會科學版)2002年第2期。孫詒讓在《古籀餘論·單伯鐘》中釋此文爲从辵从朿之"䢛(按,《説文》定爲"迹"之籀文,从朿。孫詒讓認爲是"迹"之古文,與《説文》異)",誤。誤釋原因主要是隸爲"朿"的構件與原形有較大差異。另外,此處釋爲"迹",句中於義無取。

圖一　史迷方鼎1　　　　圖一　史迷方鼎2

首先,從字形方面看。通過這一組器的附圖,可以非常清楚地看出,鼎器的✻形構件的兩斜畫的下端無T字形封頂,很多古文字學者注意到了沒有封頂這個特點,或把它與“來”字等同起來,進而釋迷爲“速”字;或把它與“莽”字等同起來,釋爲“卉”,進而釋迷爲“遴”[①]。實際上,✻的形體,與“來”字的差別還是非常明顯的:第一,“來”字竪畫上端均突破頂部的橫畫,與橫畫相交成“十”字形(見圖三),而✻字竪畫的上端則沒有突破頂部的橫畫,與橫畫相接成T字形[②]。第二,“來”字下部的兩斜畫與上部的兩斜畫相隔較遠,不構成相交相接的關係,且上部兩斜畫的頂端的對稱性向外下斜書的筆畫與斜畫本身不構成T字形,而構成L形。而✻的斜畫則基本相交相接,構成兩條交叉的直畫,且斜畫與頂端的封頂筆畫大都構成T字形。這些就是✻和“來”在形體上的區別性特徵。“莽”與✻的區別就更大,“莽”字下部比✻多出表示“夲”的兩斜畫;中部的斜畫相對平緩,顯係分開的四筆,上下筆畫彼此不相交,有的中間還插入另外的構件(見圖四),不象✻字上下斜畫相交成直綫;“莽”上部的封頂筆畫則呈左高右低,且多以竪畫頂端爲限向右下斜書,而✻之上部筆畫則多平直,不偏不倚居中橫書,與竪畫構成T字形。這種T字形筆畫是✻字的典型特徵,是“來”和“莽”所不

---

① 長水《岐山賀家村出土的西周銅器》釋爲“速”。唐蘭《何尊銘文解釋》釋何尊該字爲“迷”,張政烺《何尊銘文解釋補遺》又釋爲“遴”,蔡運章《甲骨文與古史研究》第118—122頁釋爲“遴”。後來學者或從唐蘭釋“迷”,或從張政烺釋“遴”,少有提出新見者。

② 周法高主編《金文詁林》第3590頁迷觶摹寫迷之竪畫上端突破橫畫,與橫畫相交呈“十”字狀,今查原拓,竪畫實未突破橫畫,仍呈T狀。

具備的,所以,把逨釋爲"逨、遵"是沒有文字形體上的依據的。

旅鼎　　　　牆盤　　　舀鼎　　　　　掫車父簋　毛公鼎　長衛盉

圖三　"來"　　　　　　　　　圖四　"棶"

　　其次,從語境方面看。逨在何尊、單伯鐘、牆盤、長甶盉等器中均有較長的上下文語境,可供考釋逨字時參考。

圖五　何尊局部

　　何尊的文例爲"(昔才爾考公氏)克逨玟王"(圖五),唐蘭釋爲"逨",據其譯文,知其讀爲"勞來"之"來",這種"來"有兩個義項,一是"勤勉",一是"勸勉"。作爲前一義項,"來"後帶的應是事項性賓語,如《漢書·王莽傳》:"力來農事,以豐年穀。"作爲後一義項,"來"後帶的是人物性賓語,如《禮記·中庸》:"凡爲天下國家有九經……來百工也。"根據文例,何尊屬於後一種情況,然而根據文意,"爾考公氏(臣下)勸勉文王(天子)",又是違背情理的。所以,將逨釋作"逨"是有問題的。因此,張政烺又補釋爲"遵",讀爲"弼"。其根據是郭沫若認爲㝬伯簋"(乃祖)克棶先王"中的"棶"假爲"弼"[1],然而,查該器之"棶"(圖六)字,實與逨字所從之朿相去甚遠,非一字。故通"弼"之說,實亦可商。

圖六　㝬伯簋局部

　　單伯鐘的文例爲"(丕顯皇祖剌考)逨匹先王"(圖七)。馬承源隸爲"逨",無釋文[2]。秦永龍隸爲"遵",釋爲"弼",力斥釋"逨(來)"之非[3]。釋爲"弼",使"弼匹"同義連用,通則通矣,但問題在於古人惜墨如金,何以要同義複用? 故這種解釋也祇能是一家之言,不足爲定論。

①　郭沫若說見《兩周金文辭大系圖録考釋》考釋部分第148頁下。

②　《商周青銅器銘文選》第3册第165頁。

③　《西周金文選注》第82—83頁。

　　牆盤的文例爲“(甬更乙且)迷匹乒辟”(圖八)。侯志義隸爲“來”①，洪家義隸爲“逨”，釋爲“歸依”，不贊成隸爲“遴”，釋爲“弼”②。釋“逨”爲“歸依”，是從上下語境推出來的，無書證理據。此外，牆盤另有“來”字，作，與迷所從之，差別明顯，不宜視作一字。吳鎮烽隸爲“遴”，釋爲“弼”③。秦永龍釋“甬更”爲“通達賢惠”，釋迷爲“遴”，認爲是個“從辵聲”的字，並以何尊、井侯簋、貞簋等器中的相關字爲例，認定“遴字所從得聲的乃奉之省”④。省形説實不可取，據我們掌握的材料，還没有發現一個迷是從奉(或)的，皮之不存，毛將安傅，這就像許慎説“家”是省聲字一樣，是完全没有根據的。

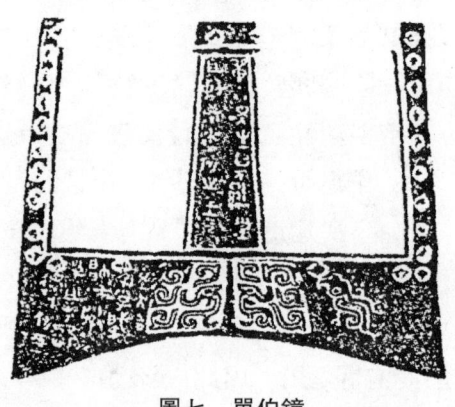

圖七　單伯鐘

圖八　牆盤局部

　　長由盉的文例爲“(穆王蔑長由以)迷即井白(邢伯)”。洪家義隸爲“逨”，認爲“逨即：來即。《詩·衛風·氓》‘來即我謀’，意爲行就”。“來”作爲“往來”動詞，是有方向性的，語義指向是由彼至此、由遠到近。而長由盉的語境正好與此相反，是穆王鼓勵長也去邢伯那裏(會射)，是由近到遠、由此至彼，與《氓》詩有別。故隸迷爲“逨”是有問題的。侯志義讀迷爲“奔”，認爲此句是言“穆王勉勵長由去奔馳以就邢伯比射也”。讀爲“奔”，雖與語境暗合，但“奔”與迷字形相差太遠，故此説不足爲憑。

① 《西周金文選編》第113頁。
② 《金文選注繹》第215頁。
③ 《西周金文擷英》第23頁。
④ 《西周金文選注》第82頁。

從上面的討論可以看出,無論從文字形體的角度,還是從銘文語境的角度,迷字都不能釋爲"速"或"遻"。那這個字究竟應該如何隸定解釋呢?

《殷周金文集成》9603拓片源自史迷角(器蓋同銘),第2164、2165、9063號同出一地,經專家研究,三器中的迷、迷是指稱同一個人的人名[1]。弄清楚這個問題非常重要,它直接涉及到迷字的隸定,鼎器迷字斜畫的下端無T字形封頂,而角器迷字斜畫的下端是有T字型封頂的,這一有一無,爲我們揭開迷的謎底提供了條件:迷不過是迷的省減寫法,米、米無別,迷也就是迷字。這樣,我們祇要能釋讀米字,迷字的問題也就基本上解決了。

我們曾討論過米字,認爲這個字就是古代的收絲器"篗"字,也作"篗、篗"。也就是説,米可以讀如"矍"聲。迷是一個从辵米聲的形聲字,可隸定成"遷"字。漢字構形理論表明,如果一個形聲字的聲符本身又是一個"形聲結構",那麼,這個形聲字與由這個形聲字的形符同"形聲結構"中的聲符構成的形聲字同義(表詞相同)。如《龍龕手鑒》目部:"矘,同矓。"段玉裁《説文解字注》目部:"矘,按《篇》《韻》皆矓爲正字,矘爲或字。"同理,"遷"也就是"遻"。古"辵、彳"通,故"遷、彳矍"義通。《廣韻》藥韻:"遷,行不住。""彳矍,往也。"實際上,"行不住"也就是"往"。明白了迷爲"行往"之後,上舉長由盉、牆盤、單伯鐘迷的釋讀就有了結果,它們均表示由此至彼之"行往"義。此三器的意思分別是"穆王鼓勵長由前往邢伯那裏(會射)""通達賢能的乙祖,前去輔弼其君王""丕顯的皇祖烈考前往輔佐先王"。這樣釋讀,不僅解決了迷這個動詞的方向性問題,而且也避免了迷與其它動詞的同義複用。

至於何尊的迷,要稍微複雜一些。在釋讀何尊的迷之前,我們先考察小臣謎簋,此器共2件,每件蓋、器銘文相同,共出現4個"謎"字[2]。根據我們上面的討論,這個字應隸作"謎",釋爲"譏",古籍裏,作爲組字構件的"矍、奻"常可相互替換,"篗、篗"同指收絲器,《廣韻》藥韻"矘"與"矓"、"嬳"與"孃"同詞,這就説明"謎"即"譏"。郭沫若隸"謎"爲"諫",認爲"諫殆諫之繁文,作器者名"[3]。郭釋雖可商,但其關於"諫、諫"字的繁簡之論的思路則是正確的。

① 參長水《岐山賀家村出土的西周銅器》和蔡運章《甲骨文與古史研究》第118—122頁。

② 此采通用觀點。《殷周金文集成》《積微居金文説》即如此。徐中舒、郭沫若隸定字與此不同。

③ 見《金文叢考·小臣謎簋》第333—334頁。

準此，“護”當爲“護”之繁文。《方言》卷三：“挾，護也。”錢繹《箋疏》：“《説文》：‘護，救視也。’《史記・蕭何世家》：‘何數以吏事護高祖。’《廣雅》：‘挾，護也。’又云：‘挾，輔也。’”《釋名・釋言語》：“候，護也，司護諸事也。”《廣雅・釋詁》：“輔、佐、佑、虞、護，助也。”王念孫疏證：“皆謂輔持也……虞、護聲相近，故皆爲助也。”由此可見，“護”有輔助、輔佐等義。何尊的⿰辶送，即“遷”，“遷、護”古同音（鐸部，見、匣合母），故可通假，“遷”表輔助、輔佐義。何尊的“克⿰辶送文王”可釋爲“能輔佐文王”。

綜上所述，金文中的⿰辶送不能隸爲“逨、遼”等字，祇能隸爲“遷”，也就是“遷”字，其意義用法主要有三種：第一，作人名、地名。如史⿰辶送方鼎、史⿰辶送角、散盤等。第二，作“行往、前去”解，如長由盉、牆盤、單伯鐘。第三，作“輔佐、輔助”解，如何尊等。

六、釋🐦（鸋）①

本節討論甲骨文裏的🐦字，認爲這個字當隸爲“鸋”，也就是後來通行的“鸋”字。通過文字形體、語音演變、事物命名、詞語更替等方面的分析討論，我們認爲：甲骨文的🐦，就是《山海經》的“瞿如”，即《玉篇》《篆隸萬象名義》的“鸋”，也就是《廣韻》及後來字詞書中的“鸋”字。

《甲骨文合集》9572片有🐦字，辭例爲：“戊子卜，㝷貞，王逐🐦于沚，亡災？之日王往逐🐦于沚，允亡災，隻🐦八。”《甲骨文編》將其編入附錄。這個字，到目前爲止，主要有兩種解釋，一種釋“鶄”，一種釋“鵒”②。🐦是個形聲字，從鳥✳聲。甲骨文中多有假借之例，故有借聲符✳來表🐦的情況。如《甲骨文合集》557片：“癸未卜，貞，翌戊子，王往逐✳？”557片與9572片辭例相同，✳當讀若🐦，爲逐捕之對象。要釋讀🐦字，首先得釋讀其構件，字之上部是鳥或隹，沒有疑問，關鍵是下部的✳字。

我們前面討論過殷周金文裏的✳字，認爲當隸爲“籩”或“籩”，否定了隸爲“來、桼”的可能性。甲骨文與殷周金文大體同時，其字也應隸作“籩、

---

① 本節是《釋“✳（籩）”》的續篇，發表於《語言研究》2002年第1期，中國人民大學報刊複印中心《語言文字學》2002年第11期轉載。

② 嚴一萍釋爲“鶄”，見《釋🐦》。蔡運章釋爲“鵒”，見《釋✳、鵒》，《甲骨文與古史研究》第118—122頁。

簾"。如果我們對✻字的分析不錯,那麼,從理論上講,✿字可隸定爲"鸒"或"鸒"。漢字構形規律表明,如果一個形聲字的聲符本身又是一個"形聲結構",那麼,這個形聲字與由這個形聲字的形符同"形聲結構"中的聲符構成的形聲字往往同義(表詞相同)。如《龍龕手鏡》目部:"矘,同矘。"段玉裁《説文解字注》目部:"矘,按《篇》《韻》皆矘爲正字,矘爲或字。"同理,"鸒、鸒"也就是"鸒"或"鸒"。從《龍龕手鏡》和段注可以看出,人們常以含有較簡聲符的字作爲正字,而以較繁的作爲或體。漢字在從較爲象形的古文字向符號化隸楷演繹的過程中,隸定造字時,也往往是直接用那些較簡的、最基本的聲符形體參與造字,所以,有時根本就沒有用較繁形體造出的或體。這也許就是我們在隸楷化的典籍和字詞書中找不到"鸒、鸒"形體而衹能看到"鸒、鸒"的原因。由於"鸒"這個字出現較晚,我們把甲骨文的✿隸作"鸒",這樣,上舉甲骨文的"逐✿于沚、隻✿八、逐✻"也就是"逐鸒于沚、獲鸒八、逐鸒"。

"鸒"表示的是什麼鳥?《玉篇》已有説明,其鳥部曰:"鸒鳥似白雞。"胡吉宣《玉篇校釋》引《山海經》文後曰"字作瞿"。《山海經·南山經》:"禱過之山,有鳥焉,其狀如雞而白首,三足、人面,其名曰瞿如,其鳴自號也。"《正字通》鳥部:"鸒,考《山海經》有瞿如鳥,郭璞贊:'瞿如三首,厥狀似雞。'本作瞿。"郝懿行《山海經箋疏》:"瞿,《玉篇》《廣韻》並作鸒。"余廼永《新校互注宋本廣韻》亦引《山海經》爲例校注"鸒"字。這就説明,《廣韻》的"鸒"就是《山海經》的"瞿如",也就是《玉篇》的"鸒鳥"。字可作"瞿",亦可作"鸒"。《篆隸萬象名義》卷二十四鳥部"鸒"字重出:一曰:"鸒,鳿字。"一曰:"九縛反,如雞三首。""九縛反"之字當爲从"瞿"作"鸒",與《廣韻》"鸒"釋義合。又《篆隸萬象名義》瞿部:"瞿,許縛反,視遽貌。"劉尚慈校:"字當作'瞿',音當作'九縛反'。"其中之"視遽貌"與《説文》"瞿"之釋義合,這表明劉校是正確的。一般認爲,《篆隸萬象名義》較多地保存了《玉篇》的原貌,故這從一個側面説明,"鸒"字在《玉篇》時代確已在社會上使用,字亦可作"鸒"。綜合上述材料看,在從《山海經》到《山海經》郭璞注《玉篇》《篆隸萬象名義》《廣韻》《正字通》乃至今人的相關校注的漫長歲月的演變過程中,"似(或)白雞"的鳥,其文字記載之形體,可作"瞿",亦可作"鸒",還可作"鸒"。由於《玉篇》及同類字書釋義過於簡略,加上《山海經》通過神話形象曲折地反映現實圖景,因此,我們僅僅通過這些材料還不能完全破譯甲骨文裏的"鸒"字。甲骨文裹的"鸜"是"逐、獲"的對象,這個對象應該是具體可感的有生命的鳥,而不是什麼虛幻的怪鳥。因此,要弄清"鸜"是何種鳥,還得通過比較、借助其它相關的材料。

這裏要比較的是前面提到的"鸜"字。"鸜"同"鸋"①,下面以"鸋"行文。從文字形體出現的時間看,"鸜"字雖早於"鸋"字,據我們調查,同時收有這兩個字的最早的字詞典是《廣韻》,它作了不同的解釋:一爲"白首三足鳥"②,一爲"水鳥"。然而,深入地從語言學角度分析,便會發現,它們所記載的詞或代表的事物,恐怕不一定有這種差別。這可從以下幾個方面來考察。

從語音演化的角度看。"鸋"中古屬入聲鐸韻影母,"鸜"中古屬入聲藥韻見母,稍有差異。但在上古,"鸜"屬見母鐸部,"鸋"雖出現較晚,但依其所從聲符"蒦"可以推知,"鸋"上古當歸匣母鐸部。這樣,"鸜"與"鸋"上古同屬鐸部,且聲系具有旁紐關係,音讀極近。這一點,從相關的諧聲字體系看得非常清楚。我們已知古時"籆、籰"同詞,這是用兩個有相同讀音的不同形體的聲符,進行替換造出的同音異體字。《廣韻》藥韻"矐"與"瞱"、"嬳"與"孃"、"懽"與"懂"同詞。《説文》萑部:"蒦,一曰視遽貌。"又瞿部:"矍,一曰視遽貌。"段玉裁注:"蒦與矍形聲皆相似,故此義同。"均屬此例。由此推知,"鸋"與"鸜"也可構成異字同音關係,表詞相同。

這一點,從古代命名的角度看得更加清楚。古代給動物命名,有一條非常普遍的規律,那就是通過摹擬其叫聲來給它命名。如鵠之名"鵠"。《急就篇》:"鳳爵鴻鵠鴈鶩雉。"顏注:"鵠,黃鵠也。一舉千里,其鳴聲鵠鵠。"鴨之名"鴨"、鴉之名"鴉"、鵝之名"鵝"等等皆是。據《山海經》"其名曰瞿如,其鳴自號也"可知,鸜鳥是因其叫聲獲得"瞿如(即鸜)"的名稱的。鸜之叫聲以"矍"擬之。而這個"矍"正好又是收絲器"籰"的聲符,"籰"的原始字形作✳,是個象形字,後來演化成了"籰",成爲一個形聲字。這個字所表之物乃竹制之器,其形體圓挺如柵,其讀音如"矍",這個"矍"乃是摹擬繰繭繞絲時的聲

---

① 《集韻》莫韻:"鸜,鳥名。"《廣韻》鐸韻作"鸋",釋爲"水鳥"。《漢語大字典》以"鸋"爲正字,以"鸜"爲異體。《現代漢語詞典》收"鸋"不收"鸜"。

② 余迺永《新校互注宋本廣韻》鐸韻:"全王及《廣韻》餘本云:'三首鳥。'按,《山海經》禱過之山之鸜鳥'白首三足'。王二誤作'白身三首'。"依余校,當爲"白首三足鳥"。與《廣韻》大致同時的《集韻》《類篇》均兼收"鸜、鸋"字。

音的。這也就是説,甲骨文的✿(鸎)與✳(籰)有相同的讀音,用了相同的聲符,乃是因爲鸎鳥的叫聲與繰繭繞絲時的聲音相同。清杭世駿《〈東城雜記〉序》:"居民勤織作,繰車緯籰,接響連檐。"於此,"繰車緯籰"之響聲可見一斑。"鸁"字雖晚出,但其命名方式仍與"鸎"同,也是以它的叫聲來命名的。有詩爲證:宋梅堯臣《至廣教因尋古石盆寺》詩:"古寺近田家,山尋石盆差。化蟲懸縊女,啼鸁響繰車。"其中"啼鸁響繰車"是説鸁鳥的叫聲就像繰車繰繭繞絲轉動的響聲。概括言之,"鸎"與"籰"同以"夒"爲聲符,是因爲"鸎"的叫聲與"籰(或篗)"繰繞絲綫時發出的聲音相同。"鸁"與"篗"同以"蒦"爲聲,也是因爲"鸁"的叫聲與"篗(或籰)"繰繞絲綫時發出的聲音相同。給"鸎、鸁"命名同是摹擬鳥之叫聲,給"籰、篗"命名同是描摹器物之響聲,而"籰、篗"又是同一個詞(收絲器)的不同文字的書寫形式,所以"鸎"與"鸁"之讀音相同不是一種偶然巧合的同音詞現象,而是一種同源同詞的異體書寫現象。

這種同源同詞事實,還可以從詞匯史,也就是詞語形式更替的角度加以説明。王力在上個世紀40年代初就曾指出:"古語的死亡,大約有四種原因……第二是今字代替了古字。例如'怕'字代替了'懼'。"[1]後來,蔣紹愚、張永言等也分別撰文討論了類似的問題[2]。"鸎、鸁"都不是常用詞,在古籍裏使用有限,但是從古代字詞典及相關典籍的記載中,還是可以發現兩字的大致使用情況的。據我們調查,《玉篇》裏已收"鸎"字,因此,其出現時代當在《玉篇》之前,如果算上《山海經》的材料,該字出現的時間則可大大提前,大致與我們討論的甲骨文的✿字連接上。而"鸁"則出現較晚,《廣韻》已收有"鸁"字,其出現時間當稍早於《廣韻》系列的字詞書,但不會早於《篆隸萬象名義》《玉篇》。此後,古今兼蓄的字詞典,一般兩字均收。如《集韻》《類篇》《篇海類編》《正字通》《康熙字典》《漢語大字典》等。而《現代漢語詞典》則衹收"鸁"字,不載"鸎"字。因此,這兩個字的出現、使用、消長,在時間的先後序列上,大致呈互補關係。唐宋之前,應該是"鸎"字的天下,唐宋之後,則"鸎、鸁"字並行,但"鸁"指實際可感之"水鳥","鸎"則指神話領域之"怪

① 見王力《古語的死亡殘留和轉生》,《國文月刊》第9期。
② 見蔣紹愚《近代漢語詞匯研究》,《蔣紹愚自選集》第205—207頁;張永言、汪維輝《關於漢語詞匯史研究的一點思考》。

鳥"。出現這種"雟"取代"鸓"指"水鳥"的原因,大約由於《山海經》記載帶有神話的色彩,比較怪異,人們難於理解,故到了唐宋時期,另外造了一個"雟"字與"鸓"字並行,此後,"雟"行,"鸓"祇作爲歷史詞語用在特定場合裏。

行文至此,"雟、鸓"同詞的問題也就解決了。儘管從甲骨文的🐦字到《山海經》的"鸓",再到後來的"雟",其間雖有神話的曲折反映的影響,也有人們認識上的偏差和中斷,但由於自然界物種演化的穩固性和社會基本生產工具的不變性,使得我們有可能弄清它們同詞的關係,這一條件是我們做文字考釋工作的人應該特別加以利用的。解決了"鸓、雟"同詞的問題,甲骨文中逐捕、抓獲的鳥也就可以直接理解成現在通用的"雟"了。

另外,《甲骨文合集》32832片有"辛未貞,王其🐦十人"。這個🐦字從止🐦聲,根據前面的分析,形聲字的聲符如果又是一個"形聲結構",那麼,這個形聲字可以用"形聲結構"中的聲符來作爲它自己的聲符。因此,這個🐦字也就是迷字,我們隸定成"遷"字,意義是"前往"。這裏用爲使動,"遷十人"即"使十人前往"。《甲骨文合集》10315正之"丁卯卜,㱿貞,🌟姤有子",🌟隸爲"篝",讀爲"護",意義是"護佑"。"🌟姤有子"即"護佑姤有子"。

七、射

"射"字,《説文》矢部:"躲,弓弩發於身而中於遠也。从矢、从身。篆文作射,从寸,寸,法度也,亦手也。"孫詒讓首先指出,這個解釋是有問題的。他在《名原・古籀撰異》(下第1頁)中説:"古文射作🏹,象手執弓注矢形。而篆文改作射,則以其偏旁與身寸相近也。"孫詒讓的這個分析判斷是相當精辟、相當正確的。許慎之所以失誤,是因爲他據已發生訛變的小篆形體立論。孫詒讓之所以精辟、正確,主要是因爲他看到了許慎不可能看到的甲骨文、金文等古文字材料,這又一次説明了材料在古文字考釋中的重要性。孫詒讓在《契文舉例》的《釋禮》(第56頁)、《釋文字》(第79、116—117頁)等章節中,多次列舉了甲骨文、金文、石鼓文"射"的形體🏹、🏹、🏹、🏹、🏹、🏹、🏹、🏹、🏹、🏹,這些形體都説明"射"字古之簡寫,可從弓從矢,繁寫則可從弓從矢從又(又與寸,古文字體系中可通作,詳前),"象手執弓注矢形",是個會意字。小篆作"射",從身從寸,是因形近("弓"與"身"近,"又"與"寸"近)而訛變。過去,由於學術界不太關注孫詒讓的文字學研究,孫詒讓的這一見解一直不被大家所知曉。後來,商承祚作《説文中之古文考》時,才讓人們明白了小篆"射"字從身從寸致誤的原因:"射爲篆文,則躲爲古文矣……静簋作𝌆,是躲從弓從矢,或從弓從矢從又,象張弓注矢而射。此從身乃弓形之訛,石鼓文作𝌆,誤之漸也。"小篆"射"構形訛變之説方顯於世,然時間已晚了35年①。

八、爲

"爲"字的構形解釋,孫詒讓之前,多本《説文》:"𤕫,母猴也。其爲禽好爪,爪,母猴象也;下腹爲母猴形。王育曰:'爪,象形也。'"僅以小篆爲據,實難判定許慎的得失,但若參照甲骨文、金文等材料,則許慎之誤晰然可見。孫詒讓認爲:"𤓎角,詒讓按,𤓎,阮釋爲象。《説文》象部:'𧰲,象耳、牙、四足之形。'無重文,惟載豫古文作𧰲,以偏旁推之,古文象蓋當作𧰲,此𤓎字上從爪,其非象字審矣。此當即爲字。晉姜鼎'作惠爲𠤤',爲作𤓎……召伯虎敦'爲伯父庸父',爲作𤓎……並與此合。晉鼎、召敦筆畫最備……合而勘之,則固較然一字也。爲者,作也。金文最簡者,或但云作某器,此觶云'爲角',猶寶尊虎首彝云'作寶尊彝'矣。"②由於許慎把"爲"字解釋爲"母猴",以至直到孫詒讓之前的阮元等人,都不能把金文中本從爪從象的𤓎釋爲"爲",而誤釋爲"象"。孫詒讓釋金文中的𤓎、𤓎、𤓎等形爲"爲"字,指出它們與古"象"字的區別,批評阮元釋"𤓎角"爲"象角",認爲"爲者,作也"等都是十分正確的。但由於他未能見到甲骨文中從爪從象的"爲"字,故他還不可能考釋出甲骨文中的"爲"字。稍後的羅振玉考釋出了甲骨文中的"爲"字:"爲字古金文及石鼓文並作𤓎,從爪從象,絶不見母猴之狀。卜辭作手牽象形,知金文及石鼓從𤓎者,乃𤓎之變形,非訓覆手之爪字也。意古者役象以助勞,其事或尚在服牛乘馬以前。微此文,幾不能知之矣。"③對甲骨文中的"爲"字來説,應是一個貢獻。但我們也應該注意到,羅振玉的釋文,從材料到結論,都明顯地受到了

---

① 商承祚《説文中之古文考》寫定於1940年,而《契文舉例》成書於1904年,《名原》成書於1905年。
② 《古籀拾遺》第91—92頁。
③ 羅振玉《殷虚書契考釋》卷中第60頁。"微此文,幾不能知之矣",不盡然,孫詒讓已通過金文的𤓎字考釋出了"爲"字,也就是説通過金文的𤓎字也可知之。另有意思的是,羅振玉在他的《殷商貞卜文字考》釋甲骨文的"爲"字爲"牽"。

孫詒讓的影響①，今之研究古文字者，祇知羅氏釋出了甲骨文中的“爲”字，而不知孫詒讓早已釋出了與甲骨文結構完全相同的金文中的“爲”字。其後，大家都認同了這一考釋②。

九、車

《説文》車部：“車，輿輪之總名。夏后時，奚仲所造，象形，凡車之屬皆从車。𫐉，籒文車。”這個籒文𫐉字从戔，無所取象。孫詒讓認爲：“《説文》車部車籒文作𫐉，从二車二戈，於形聲皆無所取，且與轃車字混，而二徐以來未有知其誤者……考金文車，本象駟馬車之全形，其義至精，不徒可證《説文》之訛，且可考正古駟馬車制……𨍏……諦審其形，左兩⊕象兩輪，旁兩畫象轂㼍之鍵，而軸貫之，其中畫特長，夾於兩輪與軸午交者，輈也。輈曲爲梁形，前出而連於衡，故右爲𢎛形。長畫與輈午交者，衡也，兩旁短畫下歧如半月者，軓與軶也。蓋衡縛於輈，軓縛於衡，而軶又縛於軓……古龜甲文亦有車字作𤦂，與金文同，惟中畫上下分歧，不相連貫，則契刻偶錯異耳……此字本爲上輈下輪，象車平列之形。金文縱衡傳易，多爲左輪右輈者，亦其變體爾。”③這裏，孫詒讓不僅訂正了《説文》所收古文的錯訛④，而且通過甲骨文、金文的字形考證了古代駟馬車制，學術界對此評價甚高。又：“‘日丁卯御𤦂馬’，百十四之一。𤦂即古文‘車’字，金文毛公鼎作𨍏，吳彝作𨍏，與此正同。《説文·車部》：‘車，古文作𫐉。’从戔蓋傳寫之誤。”⑤“籒文車作𨍏，龜甲文作𤦂，此半象車雙輪，半象輈持衡及兩軶形。而《説文》訛作𫐉，則以其偏旁與戔相近也。”⑥孫詒讓釋甲骨文、金文的𤦂、𨍏爲“車”，並分析了《説文》所收籒文𫐉致誤的原因，當爲的詁。後人

---

① 胡奇光《中國小學史》第341頁即持此説，是很有道理的。
② 陳邦福、孫海波、李孝定、姜亮夫、姚孝遂等都認同了這一考釋，祇是不知孫詒讓已早於羅振玉釋出了與甲骨文結構完全相同的“爲”字。諸家考釋見于省吾主編《甲骨文字詁林》第1607—1610頁。
③ 《籒廎述林》卷三第23—24頁。
④ 孫詒讓所説“古文”當爲“籒文”之誤。
⑤ 《契文舉例》第115—116頁。
⑥ 見《名原》下第1頁。此外，孫詒讓還在《古籒拾遺》的《周韓侯白晨鼎》《毛公鼎釋文坿》等節中論及籒文“車”字。

多從其說①。

十、娩

《契文舉例·釋文字》(第88頁):"'乙亥卜帝⬚奴匕',九之一。'□子貝今如⬚',十三之一。'帝⬚奴',卅六之四。……'丁酉㲃貝來乙子立入于⬚',百八十六之一。'□□⬚不其奴匕',二百卅二之四。此字奇古難識,唯从双甚明析……疑此當爲'樊'之省。《說文·双部》:'樊,驚也,从双,縊聲。'此上从𠔼者,九之一、二百卅二之四,蓋縊之省。𠔼又變作冖。此與'牢'从古文'終'省相類,而實不同。散氏盤以𤔔爲縊,則此字从𤔔省亦與从縊同,惟展轉變易,遂不易辨耳。"稍後,孫詒讓又在《名原》(下第32頁)中申述了這一觀點,並進一步明確了⬚、⬚等字的意義:"若然,縊或皆有宮室之義,故从宀爲形與?"孫詒讓把⬚、⬚等字的上部釋爲宮室之"宀",中下部釋爲樊之省,是有問題的。實際上,這個字的各個構件還是比較清楚的,基本上可以分爲上、中、下三個部分,上部多作冖,或作𠔼,中間爲"口",下部爲双。上部不是房屋之宀,特別是冖形體,最能說明這一點②;中部之"口"更不是"縊"字的省寫。孫詒讓之後,古文字學家多有考釋。陳邦懷釋爲"弅"之初文,葉玉森、丁山等從之;郭沫若釋爲"挽"之古文,李孝定從之;唐蘭釋"冥",義爲"以巾覆物",假爲"挽",屈萬里、楊潛齋等從之;李瑾釋"冥",象"婦女生子導引之象";姚孝遂認爲當釋"冥"讀"娩"③。由上可以看出,諸家在字形的隸定上,基本趨於統一,即都傾向於隸爲"冥"字,但在對"冥"字的結構,表詞的分析、解釋上則並不統一。我們認爲,這個字的

① 羅振玉、王國維、王襄、郭沫若、李孝定、張秉權、白玉峥、姚孝遂等均是其說。見《甲骨文字詁林》第3175—3178頁。朱芳圃《孫詒讓年譜》對此作了極高的評價。

② 李圃《甲骨文選注》(第257頁)認爲:"甲骨文冥字字形作⬚,冖與甲骨文祭祀字有關的⬚(牢)、⬚(宰)、泉(按,原形爲甲骨文)諸字中之冖同構,當爲祭祀之類的專用形體。冥屬明母,大凡明母字多具昏暗不明義……古當有陰陽之觀念。冥當取陰陽轉化之義,即由陰轉化爲陽。在蜌,則蛹爲陰,孵化成蟲爲陽;在瞑,則閉目爲陰,張目爲陽;在暝,則日落爲陰,未落爲陽;在冥(挽、娩),則懷胎於內爲陰,分娩於外爲陽。由於冥指稱由陰轉化爲陽,故娩(挽、娩)後世發展成爲雙音合成詞'分娩'。這個'分'指的應當是分陰陽之義。卜辭⬚(毓、育)、⬚有別。毓、育爲婦女生育之義,冥(挽、娩)則爲祭祀生育神之舉。"李先生字形之分析極有道理,與表房屋的"宀"形有別,可爲一家說。卜辭中此字上部多作冖,個別作𠔼。

③ 見白玉峥《校讀》第5901—5902頁、于省吾主編《甲骨文字詁林》第2067—2071頁。

考釋，有以下幾點應該引起注意。第一，🝃、🝃字上所从之∩、∩形，下端均有内斂之象，與“牢、泉”等字甲骨文形體所从同，當含有“包裹、掩藏”之類的意義。第二，🝃、🝃字下所从之𠬞，與𦥑別，𠬞兩手相背向外，𦥑兩手相對朝裏，取義當相反。相對朝裏，當有使合攏遮阻（堵掩、阻隔、阻斷）義，“弄”字等是其證；𠬞兩手相背向外，當有分開引導義，《説文》𠬞部：“𠬞，引也，从反収。”可爲旁證。第三，合上下兩個構件觀之，當取把本來相對斂封、掩藏的東西用雙手導引打開。具體到文句中，當以李瑾説爲長。🝃、🝃上所从，可以隸爲“宀”，但不是房屋之象，也不是巾帳之物和山谷之象①，而是與“字”之上部相同，當指人之下肢。整字會“分娩”之義，與“字、毓”等字的差別在於：🝃、🝃強調分娩這一動作，而“字、毓”等則泛指生育、哺育。

_____

① 朱歧祥《殷墟甲骨文字通釋稿》（第276頁）認爲🝃字上部所从∩象山谷，整字表“以手堵掩谷口，示禁出入”，不可取。

結　語

前面，我們分六章討論了晚清著名學者孫詒讓的文字學研究，力求做到掌握材料全面，分析問題準確，評價得失公允、客觀。其主體部分是第二至第五章。下面，我們再將全書主要觀點歸納總結如下。

一、關於考釋方法

經過對孫詒讓考釋古文字材料的全面梳理，我們認爲，孫詒讓有以下突出的貢獻：

（一）孫詒讓是系統地、較爲科學地運用偏旁分析方法來考釋甲骨文、金文的第一人。他已經能够非常熟練地使用這種方法。這從以下幾點看得非常清楚：第一，他已用偏旁分析法來考釋“群字”，早於大家公認的唐蘭；第二，他已能自如地“以偏旁證單字”“以單字證偏旁”。這説明他已明確認識到文字符號的系統性，這個系統裏的各個偏旁符號不是孤立存在的，同一個偏旁符號既可以與其他偏旁符號對立，單獨成字，也可以與其他偏旁符號相互組合，共同構字①；第三，他已能通過偏旁分析法辨析“形近異字”、確定“異形同字”；第四，孫詒讓已注意到古文字系統裏的“義近形旁通用通作”的現象，這爲後來唐蘭總結這一規律打下了基礎，也爲古文字的考釋開辟了一條新途徑；關於“義近形旁通用通作”的問題，我們作了一個例釋，並提出了一些應該注意的問題。

（二）孫詒讓是用歷史比較法來考釋甲骨文、金文等古文字的第一人。羅

---

① 李圃的字素理論把字素分爲穩性字素和活性字素兩大類，從静態和動態兩個方面來觀察漢字的基本單位，更爲科學、合理。參見《甲骨文文字學》中的相關討論。

振玉在《殷虛書契考釋》中提出了"由許書以溯金文,由金文以窺書契"的考釋古文字的歷史比較法。這個方法無疑是極其正確的。問題是,從學術史的角度看,最早運用這種方法來考釋甲骨文的當是孫詒讓。孫詒讓在《契文舉例》中,已經從"甲骨文與《説文》""甲骨文與金文""甲骨文與其他古文字"進行多方位的比較。另外,孫詒讓也已運用出土文獻與傳世文獻互相印證的方法來考釋甲金文和論證傳世文獻的可信性,並且有相當成功的範例。從這個角度講,上一個世紀由王國維、羅振玉等提出的,並被廣泛認同的所謂"二重證據法",實際上在孫詒讓那裏早就使用了。

（三）"假借讀破"的方法是自乾嘉以來,廣泛運用於訓詁學中的方法,而孫詒讓已把這種方法運用到古文字的考釋中。孫詒讓已經認識到"音近音同聲符通作"的構字現象、"含有音近音同聲符字通用"的用字現象。孫詒讓大量的用從訓詁學中引進的方法來考釋甲骨文等古文字應該説是一個創舉。這爲相關學科方法的借鑒開了個好頭。孫詒讓的據音考釋也存在着一定的問題,這是那個時代學術的局限性所導致的。

（四）孫詒讓創據文例、句式釋字之法,解決了一些疑難問題。

二、關於文字學理論

過去這方面的研究十分有限,重視不够。實際上,孫詒讓作爲晚清文字考釋的大家,如果在文字學的理論層面没有較高認識、没有什麼建樹的話,文字的具體考釋就會受到限制和影響,比如没有文字的發展演變觀,就不可能把甲骨文、金文、小篆等聯繫起來觀察考釋文字,等等。歸納起來,孫詒讓在文字學理論方面,主要有以下突出的成就。

（一）在近現代學術史上,首先提出了"文字起源於契刻""文字起源於圖畫"的兩個著名論斷。這兩個論斷現在已被大多數學者所接受,但是,很少有人把這個功勞歸到孫詒讓的名下,這是我們做學術史研究時,應該特別闡明的。

（二）提出了"象形字發展的三階段"説,這也應該是孫詒讓的一個創獲。儘管這個學説所分幾個階段的界限,在實際的操作中不易劃分,但是,客觀地講,還是很有理論價值的,這個學説爲他考釋古文字時提出的"篆意"和"篆勢"的概念,作了理論鋪墊,也爲後來學者提出科學的"筆意"和"筆勢"打下了基礎。

（三）功過參半的"轉注説"。孫詒讓論述了作爲造字方式的"轉注"以及"轉注"字出現、增多的原因,從大方向看,這些論述是合理的、是有見地的:第一,認爲主要是爲了解決"文字創制之初,文字符號與語言詞語不對稱的現象,即一字一形過多的兼表多義"的現象問題;第二,分析"轉注"字的構字方式和特徵,也不失爲一種有效的解釋;第三,認爲"轉注"是一種造字方式,不是僅存於表詞層面的用字之法,也是有一定見解的。

三、關於釋字

孫詒讓考釋的甲金文字的成就,應該説隨處可見。金文考釋的成功率,學界早有定論;甲骨文的考釋的成就,也不可小覷。總體來説,孫詒讓的古文字考釋,有幾點應該充分肯定:

（一）《契文舉例》開甲骨文考釋之先河,首創之功不可没。

（二）總體地看,學術界對《契文舉例》釋字的評價,經歷了從否定爲主到肯定爲主的轉變過程,也就是有一個趨勢:肯定的人越來越多,肯定的内容越來越多。這種肯定的趨勢是建立在對《契文舉例》的研究越來越深入的基礎之上的。

（三）具體地看,孫詒讓在甲骨文的考釋上,也是成績顯著的。據我們的考察和統計,孫詒讓考釋甲骨文的成功率大致在50%左右,從絶對的層面看,比例當然不高,但如果放在特定的背景下看,這個比例還是十分可觀的。

（四）孫詒讓的文字考釋,無論是甲骨文,還是金文,都有很多十分精彩的例子。如"爲、射、車、赤、去、今、貝（貞）"等等。

綜上所述,孫詒讓不愧爲清代樸學的殿軍,站到了那個時代學術的前沿,取得了令人信服的成績,對後來的學術研究産生了重要影響。

主要參考文獻

白玉崢　《契文舉例校讀》，《中國文字》合訂本8卷、10卷、12卷，藝文印書館
　　1988年。

蔡尚思　《中國文化史要略》，湖南人民出版社1981年。

蔡運章　《甲骨文與古史研究》，中州古籍出版社1993年。

長　水　《岐山賀家村出土的西周銅器》，《文物》1972年第6期。

陳　劍　《上博竹書〈仲弓〉篇新編釋文》（稿），簡帛研究網2004年4月18日。

陳夢家　《殷虛卜辭綜述》，中華書局1988年。

陳維稷主編　《中國紡織科學技術史》，科學出版社1984年。

陳　偉　《上博五〈季康子問於孔子〉零識》，簡帛網2006年2月20日。

陳煒湛、唐鈺明　《古文字學綱要》，中山大學出版社1988年。

陳雄根　《從〈廣雅疏證〉看王念孫的聲轉理論及其實踐》，《中國文化研究所
　　學報》20卷，香港中文大學1989年。

程邦雄　《釋"對"》，《古漢語研究》2001年第4期。

———　《釋"五"》，《語言研究》2000年第4期。

———　《釋"✻（簑）"》，《江漢考古》2002年第4期。

———　《孫詒讓的甲骨文考釋與石鼓文、古幣文》，《古漢語研究》2004年第1期。

———　《說"屯"》，《語言研究》1999年第1期。

———　《說"業"》，《中國文字研究》2001年第3輯。

———　《釋"迷（遷）"》，《華東師範大學學報》（哲學社會科學版）2002年第
　　2期。

———　《說"亞""啻"》，《天中學刊》2001年第1期。

———　《釋"☖（ 驩 ）"》,《語言研究》2002年第1期。

丁　　山　《數名古誼》,《史語所集刊》第 1 本第1分,1928年。

董樸垞　《孫詒讓著述考略》,《溫州師專學報》1980年第2期。

杜廼松　《孫詒讓在甲骨金文研究上的貢獻》,《學林漫録》第六集,中華書局
　　　　1982年。

段玉裁　《説文解字注》,成都古籍書店1981年。

———　《斷句套印本説文解字注》,臺北漢京文化事業有限公司1980年。

方法斂　《庫方二氏所藏甲骨卜辭》,商務印書館1935年。

高　　明　《古文字類編》,中華書局1980年。

———　《中國古文字學通論》,北京大學出版社1996年。

郭沫若　《卜辭通纂》,科學出版社1983年。

———　《甲骨文字研究》,科學出版社1962年。

———　《兩周金文辭大系》,科學出版社1957年。

———　《兩周金文辭大系圖録考釋》,上海書店出版社1999年。

———　《石鼓文研究》,科學出版社1982年。

何琳儀　《戰國古文字典》,中華書局1998年。

洪家義　《金文選注繹》,江蘇教育出版社1988年。

侯志義　《西周金文選編》,西北大學出版社1990年。

胡　　適　《中國哲學史大綱》,東方出版社1996年。

胡樸安　《中國文字學史》,北京中國書店1983年。

胡奇光　《中國小學史》,上海人民出版社1987年。

華東師範大學中國文字研究與應用中心編　《金文引得》(殷商西周卷),廣西
　　　　教育出版社2001年。

黄　　侃　《黄侃論學雜著》,上海古籍出版社1980年。

黄侃述,黄焯編　《文字聲韻訓詁筆記》,上海古籍出版社1983年。

黄德寬　《釋金文☖字》,《容庚先生百年誕辰紀念文集》,廣東人民出版社1998年。

黄金貴　《古代文化詞義集類辨考》,上海教育出版社1994年。

黄然偉　《殷周青銅器賞賜銘文研究》,香港龍門書店1978年。

江淑惠　《郭沫若之金石文字學研究》,臺灣華正書局1992年。

蔣紹愚　《近代漢語詞匯研究》,《蔣紹愚自選集》,河南教育出版社1994年。

蔣維喬　《中國近三百年哲學史》，中華書局1978年。

金鐘讚、程邦雄　《孫詒讓的甲骨文考釋與〈說文〉小篆》，《語言研究》2003年第4期。

經本植　《古漢語文字學知識》，四川教育出版社1984年。

李　圃　《甲骨文文字學》，學林出版社1995年。

———　《甲骨文選注》，上海古籍出版社1989年。

李孝定　《甲骨文字集釋》，臺灣史語所1965年。

李學勤　《古文字學初階》，中華書局1985年。

李學勤主編　《清華大學藏戰國竹簡》（一），中西書局2010年。

李珍華、周長楫　《漢字古今音表》，中華書局1993年。

林　澐　《琱生簋新釋》，《古文字研究》第3輯，中華書局1979年。

林素清　《讀上博簡竹書（五）札記兩則》，《新出楚簡國際學術研討會會議論文集》（上博簡卷），中國武漢，2006年。

劉　鶚　《鐵雲藏龜》，上海蟫隱廬石印本，1931年。

劉寶俊　《戰國楚簡"心"符系列特形文字研究》，華中科技大學2012年博士學位論文。

劉起釪　《釋〈尚書·甘誓〉的"五行"與"三正"》，《文史》1979年第7輯。

劉又辛　《從漢字演變的歷史看漢字改革》，《中國語文》1957年第3期。

———　《"右文說"說》，《語言研究》1982年第1期。

———　《訓詁學新論》，巴蜀書社1989年。

———　《漢字發展史綱要》，中國大百科全書出版社2000年。

龍宇純　《中國文字學》，臺灣學生書局1968年。

陸宗達　《說文解字通論》，北京出版社1981年。

陸宗達、王寧　《訓詁方法論》，中國社會科學出版社1983年。

羅邦柱主編　《古漢語知識辭典》，武漢大學出版社1988年。

羅君惕　《秦刻石碣考釋》，齊魯書社1983年。

羅振玉　《石鼓文考釋》，《羅雪堂先生全集·六編》九，臺北大通書局1976年。

———　《殷商貞卜文字考》，玉簡齋本，1910年。

———　《殷虛書契考釋》，東方學會石印增訂本，1927年。

馬承源　《商周青銅器銘文選》，文物出版社1988年。

馬承源主編　《上海博物館藏戰國楚竹書》(三),上海古籍出版社2003年。

馬飛海主編　《中國歷代貨幣大系》,上海人民出版社1988年。

孟蓬生　《上博竹書(三)字詞考釋》,簡帛研究網2004年4月26日。

秦永龍　《西周金文選注》,北京師範大學出版社1992年。

裴錫圭　《談談孫詒讓的〈契文舉例〉》,《孫詒讓紀念論文集》,《温州師範學院
　　　學報》1988年增刊。

裴錫圭、李家浩　《曾侯乙墓竹簡釋文與考釋》,湖北省博物館編《曾侯乙墓》
　　　附錄1,文物出版社1999年。

裴錫圭　《説"僕庸"》,《紀念顧頡剛學術論文集》上册,巴蜀書社1990年。

──　《文字學概要》,商務印書館1988年。

饒宗頤　《殷代貞卜人物通考》,香港大學出版社1959年。

容　庚　《金文編》(修訂第四版),中華書局1985年。

商承祚　《説文中之古文考》,上海古籍出版社1983年。

沈兼士　《沈兼士學術論文集》,中華書局1986年。

〔日〕釋空海　《篆隸萬象名義》,中華書局1995年。

舒　懷　《高郵王氏父子學術初探》,華中理工大學出版社1997年。

孫海波　《卜辭文字小記》,《考古學社社刊》1935年第3期。

孫孟晉　《先徵君籀廎公年譜》,未刊手稿,1933年。

孫延釗　《孫徵君籀廎公年譜》,杭州大學古籍稿本油印本,1960年。

孫詒讓　《契文舉例》(樓學禮校點),齊魯書社1987年。

──　《名原》(戴家祥校點),齊魯書社1985年。

──　《古籀拾遺》,上海掃葉山房1918年。

──　《古籀餘論》(戴家祥校點),華東師範大學出版社1988年。

──　《周禮正義》(王文錦、陳玉霞點校),中華書局1987年。

──　《籀廎述林》,上海千頃堂書局1918年。

──　《籀廎述林》,上海古籍出版社2002年。

孫雍長　《轉注論》,岳麓書社1991年。

湯餘惠　《讀金文瑣記》(八篇),《出土文獻研究》第三輯,中華書局1998年。

唐　蘭　《殷虛文字記》,中華書局1981年。

──　《獲白兕考》,《史學年報》(北京大學)1932年第4期。

———　《古文字學導論》(增訂本),齊魯書社1981。

———　《何尊銘文解釋》,《文物》1976年第1期。

———　《天壤閣甲骨文存考釋》,北京輔仁大學1939年。

———　《中國文字學》,上海古籍出版社1979年。

王　筠　《説文釋例》,北京中國書店1983年。

王　力　《同源字典》,商務印書館1982年。

———　《中國語言學史》,山西人民出版社1981年。

王超六　《孫詒讓與甲骨文字學的創始與發展》,《瑞安文史資料》1984年第2期。

王國維　《觀堂集林》,中華書局1959年。

———　《兩周金石文韻讀》,《王觀堂先生全集》册六,臺北大通書局1954年。

———　《王國維全集·書信》,中華書局1984年。

———　《王國維遺書》,上海古籍書店1983年。

王宇信　《從〈契文舉例〉到〈殷卜辭中所見先公先王考〉》,《建國以來甲骨文研究》,中國社會科學出版社1981年。

王玉哲　《〈瑚生簋銘新探〉跋》,《中華文史論叢》第1期,上海古籍出版社1989年。

吳其昌　《殷虚書契解詁》,《文哲季刊》(武漢大學)1934年。

吳澤順　《劉熙〈釋名〉"一韻之轉"方法論考略》,《古漢語研究》2003年第4期。

吳鎮烽　《西周金文擷英》,三秦出版社1986年。

夏　淥　《造字形義來源非一説》,《武漢大學學報》1987年第2期。

向　熹　《詩經詞典》,四川人民出版社1997年。

蕭　艾　《第一部考釋甲骨文的專著——〈契文舉例〉》,《社會科學戰綫》1978年第2期。

徐　鍇　《説文解字繫傳》,中華書局1987年。

徐中舒　《怎樣研究中國古代文字》,《古文字研究》第15輯,中華書局1986年。

徐中舒主編　《甲骨文字典》,四川辭書出版社1990年。

徐中舒主編　《漢語古文字字形表》,四川人民出版社1981年。

許　慎　《説文解字》,中華書局1963年。

嚴一萍　《釋☉》,《中國文字》新10期,藝文印書館1985年。

楊樹達　《積微居金文説》(增訂本),中華書局1997年。

——— 《積微居小學述林》,中華書局1983年。

葉蜚聲、徐通鏘 《語言學綱要》,北京大學出版社1999年。

于省吾 《雙劍誃殷契駢枝》,石印本,1941年。

于省吾主編 《甲骨文字詁林》,中華書局1996年。

虞萬里 《榆枋齋學術論集》,江蘇古籍出版社2001年。

袁 瑩 《説"脣"》,復旦大學出土文獻與古文字研究中心網2011年9月26日。

詹鄞鑫 《孫詒讓甲骨文研究的貢獻》,孫詒讓國際學術研討會論文,浙江瑞
　　安,2000年。

詹鄞鑫 《華夏考》,《華東師範大學學報》2000年第5期。

張秉權 《甲骨文與甲骨學》,臺北編譯館1988年。

張静、黄德寬 《〈契文舉例〉的再評價》,孫詒讓國際學術研討會論文,浙江瑞
　　安,2000年。

張舜徽 《説文解字約注》,華中師範大學出版社2009年。

張永言、汪維輝 《關於漢語詞匯史研究的一點思考》,《中國語文》1995年第
　　6期。

張政烺 《何尊銘文解釋補遺》,《文物》1976年第1期。

趙 誠 《古文字發展過程中的内部調整》,《古文字研究》第10輯,中華書局
　　1983年。

趙光賢 《新五行説商榷》,《文史》1982年第14輯。

趙平安 《〈説文〉小篆研究》,廣西教育出版社1999年。

周法高主編 《金文詁林》,香港中文大學1974年。

周立人 《孫詒讓與章太炎》,《温州師範學院學報》1988年第1期。

周予同、胡奇光 《孫詒讓與中國近代語文學》,《孫詒讓研究》(杭州大學語言
　　文學研究室)1963年。

朱芳圃 《孫詒讓年譜》,商務印書館1934年。

朱鳳翰 《珥生簋銘新探》,《中華文史論叢》第1期,上海古籍出版社1989年。

朱駿聲 《説文通訓定聲》,武漢古籍書店1983年。

朱歧祥 《殷墟甲骨文字通釋稿》,臺灣文史哲出版社1989年。

後 記

本書是在博士學位論文《孫詒讓文字學之研究》的基礎上修改完成的。

論文選題得益於業師李玲璞先生。2000年以前，關於孫詒讓的研究，特別是關於孫詒讓小學方面的研究並不多。作爲甲骨文研究專家，李先生站在學術史的高度指出，甲骨文自發現以來，已有100餘年，研究甲骨文的第一部專著《契文舉例》問世也已有近百年，然而，關於甲骨文研究的總結，關於孫詒讓甲骨文、金文研究的總結，都還没有像樣的成果，從文字學史（主要指漢字學史）的角度看，甲骨文的發現以及甲骨文的研究，具有特別重要的意義，因此需要有專門的研究。

進入新世紀的十來年，學界關於孫詒讓的研究逐漸多了起來。無論是孫詒讓的經學、諸子學，還是版本校勘學、傳統小學等，各個方面都有了較多的成果，單是小學方面的研究就有好幾篇博士學位論文。這些博士學位論文，彼此相關但又不重複交叉，好像大家協商好了似的，可爲佳話。這些博士學位論文，有的後來作爲專著出版了，比如汪少華先生的《中國古車輿名物考辨》、朱瑞平先生的《孫詒讓小學讞論》、方向東先生的《孫詒讓訓詁研究》、李海英先生的《孫詒讓研究》等，在學術界都產生了廣泛的影響。除此之外，還有中國訓詁學研究會主編的《孫詒讓研究論文集》、俞雄先生的《孫詒讓傳論》等，也都從不同的角度對孫詒讓進行了研究。

綜觀上述重要的研究成果，關於孫詒讓文字學方面的研究還是比較少見，特別是以專著形式出現的還没見過，這就給我進一步的研究和思考留下了可能和空間。

本人天性疏懶愚鈍，安於現狀，但教學工作之餘，也還一直在關注該領域的研究情況，不斷對博士學位論文進行修改。我曾以相關題目申請教育部哲學社會科學基金,得到重點資助,也曾經計劃列入由許嘉璐先生主編的"孫詒讓研究叢書"之中,但都因本人主觀努力不够,未能正式出版。過去若干年,我陸陸續續把一些自認爲比較成熟、比較重要的章節,整理成文,在論題上直接冠以"孫詒讓"發表在一些專業期刊上,如《孫詒讓的甲骨文考釋與〈説文〉小篆》《孫詒讓的甲骨文考釋與石鼓文、古幣文》《孫詒讓的甲骨文考釋與〈説文〉中之古文》《孫詒讓的甲骨文考釋與金文》《羅振玉與孫詒讓之甲骨文考釋比較研究》等等,還有一些雖然没有在論題上冠以"孫詒讓",比如《釋"橐"》《釋"對"》《釋"🌟(籫)"》《釋"🌟(遷)"》《釋"🌟(驪)"》等等,實際上也多多少少與"孫詒讓"有關。

　　現在呈現給大家的這本小書,雖然是在博士論文的基礎上修改完成的,但與當初的文本相比還是有了較大的調整和改動,這主要體現在以下幾個方面:

　　一是綜合采納了答辯過程中各位評閱和答辯老師的意見。諸位先生都提出,論著的觀點要儘可能地與孫詒讓所處的特定時代結合起來,與中國文字學的學術史結合起來。這看似獨立的兩個問題,實際上是彼此密切相關的一個問題。從總體到各個細節部分,要完成這個任務是極其困難的,因爲要完成這個任務,不僅要客觀地把孫詒讓本身的文字研究材料分析好,研究透(實際上還不止於此,還要全面分析整理孫詒讓的所有研究),還要關注與孫詒讓同時和前後的其他學者的文字學研究情况。爲完成這個任務,業師玲璞先生和座師吴金華先生都曾建議我到復旦再做兩年博後,專門對這些問題進行深化研究。吴金華先生更是關懷有加,極力應承,並在我辦理此事遇阻時,特請時已身染沉疴的章培恒先生親臨我校做相關部門的工作。此事雖最終因諸種因素的掣肘而未果,但我心懷感念,永志不忘先生們的關懷愛護提携及督促之意!這項任務的完成因受環境、條件、時間等因素的限制,就衹能是目前呈現的這個樣子了:衹是在局部的、個別的地方做了思考和處理,整個任務的完成,還有待於今後①。

———————————

① 近些年,我指導的一些博士也陸續加入到這一研究中來,已完成的研究有譚飛《羅振玉文字學之研究》(2010)、張院利《戰國楚文字之形聲字研究》(2012)、吴慧《商承祚文字學之研究》(2013)、康盛楠《楊樹達文字學研究》(2013)等;正在研究之中的有王斐《董作賓文字學之研究》等。

　　二是聽從業師玲璞先生的建議,儘可能在客觀評價孫詒讓文字研究的基礎上,挖掘其深層的文字學思想和理論方法。比如關於漢字産生、發展的思想,關於漢字特徵、結構的認識,關於隱藏在從甲骨文到金文、再到籀篆隸楷的正統漢字演變觀,關於隱藏在具體漢字考釋裏的文字考釋方法等等,都儘可能在本書修改過程中進行抽繹歸納,使其得以被揭示出來,但用先生的要求來衡量,我深知尚有距離。

　　三是對個別問題進行了專題式深化探討。比如把第二章第二節的"形符通用通作"的部分内容,整理、修改、拓展成《孫詒讓的甲骨文考釋與義近形符通用》《"八""水"通作考》,把第四章第二節的"'無作先王貲'試釋",擴展加工成《再説"𩴱"》等,都是在原論文基礎上所作的較大幅度的再思考、再研究。

　　四是從形式方面對全文進行了統一的加工處理。

　　現在大家看到的這本小書,大致完成了以下任務:全面、系統整理了孫詒讓文字研究的材料;從這些材料中提煉出了孫詒讓考釋甲骨文、金文的方法;力所能及地挖掘了孫詒讓的文字學理論思想;初步比較並評價了孫詒讓的文字學成就。所有這些,應該説與我原初的設想和諸位先生們的殷殷期望,都還有相當的差距,在此,祇能留下遺憾了。

　　博士論文的答辯距今已有十多年,業師玲璞先生爲小書作序也已十年有餘了。記得2000年夏,博士入學報到的第一個晚上,也是我再次以學生身份住進華師大的第一個晚上,玲璞先生親臨宿舍,從生活到學業談了很多,其中,最讓我難忘的是先生意味深長的話:"晚了,時間不等人啊!"先生的意思我明白,是説我早該來讀書,現在來已經晚了! 過了不惑之年,我才想到再去深造,用古人的話説,是讀書、學習的時節已經過了,即使一個人天資再好、後天再勤奮,也難有所成就! 更何況我不在天資聰穎之列。我非常感謝先生既知不可教而教之,理解我並把我收在了門下,讓我有了登堂入室、求教請益的機會。我時刻都記着先生的教誨,在時間上不敢稍有懈怠,但還是應驗了"勤苦而難成"的那句古語。如今,先生之言,言猶在耳;先生之序,墨迹可鑒! 然先生却於幾年前駕鶴西去,手書之序竟成了給我教導的絶筆! 每每思之,不禁悲從中來,感慨良多! 好在小書終可脱稿,先生之序意亦可昭示於學界了!

　　小書耗時日久,其間多有當謝之人,在此一併致謝,感謝我家人一直以來的支持,感謝諸多師友的關心,感謝諸友生幫助處理古文字!感謝人文學院領導、學術委員會給予立項經費的資助,還要特別感謝中華書局秦淑華先生的寬容和責任編輯杜清雨老師的辛勞加工。

　　小書必有不少疏漏,誠請讀者批評指正。

程邦雄

2016年10月金秋於喻家山南麓寓所